U0927355

你的项目靠谱吗

大数据时代的精准定位

刘如江 著

湖南人民出版社 博集天卷 CS-BOOKY

目录

CONTENTS

推荐

时值作者新书即将出版，有幸抢先阅读，快速兴起的P2P网络借贷平台给了普罗大众参与项目投资的机会，学习借鉴本书作者总结提炼的项目评价6要素，可以增强我们银行对形形色色的企业发展前景的分析能力，从而提高贷款的风险识别与把控水平。

——涂清，某国有商业银行信用卡部副总经理

选择一个项目创业，或者公司在现有业务基础上进行转型，首先要考虑的问题就是“如何保证项目赢利”，这方面仁者见仁，智者见智，也有各种科学的或经验式的方法。但在阅读了《你的项目靠谱吗》之后，却让复杂的问题变得简单起来，恰好可以解决你在决策时的心态问题，会让很多创业者或投资者有一种豁然开朗的感觉。

——周世勇，北京合益荣投资集团总裁

这是我看过的为数不多的关于管理、营销、团队、成功的最优秀、也是最具备实际指导意义的书籍之一。心态浮躁的人在复杂社会面前只能被挟裹着前进，想要把事情做对，需要的是统筹能力，这一能力的基础就是你的知识有多少。现在有这样清晰、简单、有力，直指问题和解决方法的读物，不利用这一工具真是一种损失。

——袁朝晖，上海奥科赛飞机有限公司市场总监

没有背景和资源的人创业，大概是世界上最悲催的事情。每个人成功基本没有相同的，但失败总是在不同人、不同地点以基本相似的方式天天在上演。绝大多数人都会有尴尬地面临事业发展何去何从的困窘，都有自己做的想法，但付之行动的少，成功完成惊险一跳更少。在惊险一跳前，结合自己未来或现有的项目，一定要多阅读、对照此书，进行取舍和梳理。

——张凯，中海雅宝（北京）科技发展有限公司总经理

成功绝不是偶然，它是基于对事物规律的把握。运作一个项目到底要考虑哪些关键因素？本书作者给出了6个方面的考虑：即价格/交易额、利润率、接触面、转化率以及购买频次，并通过大量富有时代性和独特性的案例进行了阐述，非常值得一读！

——刘海龙，成都君海投资咨询有限公司副总经理

“项目”已经成为当今经济社会的热门名词。刘老师通过一个个鲜活的真实项目运作案例，阐述了如何发现好项目，如何操作好项目，以及如何评估一个项目等问题，深度解读项目背后的密码，探索商业模式的奥秘，对企业人有着极强的借鉴意义和价值，这是近些年来一本不可多得的最接地气的实战性经管书。

——蒋海东，南通鼎和新材料科技有限公司总经理

一口气读完《你的项目靠谱吗》，酣畅之余，意犹未尽。全书处处闪耀着作者对商业现象的独立思考和深度观察，纵横捭阖，旁征博引，为读者规划、分析、评价、实施商业项目提供了一套相当可行的指导框架模型。它的实操性是同类书中绝无仅有的！

——杨云麒，宁波瑞明电器总经理

本书既解释了恒久不变的商业核心价值，又紧跟时代步伐，告诉读者如何面对新时代层出不穷的商业模式。老古董，低价格的商品，通过新型销售渠道和模式，也能创造大价值。中国人大多数还停留在“无商不奸”的认识层面上，而西方早已将商业打上了‘文明”的记号，商业自有他的规律和价值，本书做出了很好的诠释。

——郑益东，澳大利亚 Ozsky PTY LTD 公司总经理

在资讯社会里，不难获取到海量的创业信息、经验和心得，但正因为如此，我们更需要一双慧眼，去参透隐藏在经济行为和商业逻辑之下的关键要素。刘老师的这本书没有堆砌材料，包装概念，你看到的是他反复运用和验证思维方法的过程。创业是个勇敢者的游戏，如果说只看一本书的话，就看这本《你的项目靠谱吗》。

——高雪迪，原宝洁公司高级研发经理、美国 High Start 公司创始人

每个人心中都有一个梦，而项目的选择是梦想成败的第一步。这本书深入浅出，抛开晦涩的理论，将更多的关注点投向了我们身边耳熟能详的案例，专注用最简单的语言给读者以深邃的启发，不但有“高大上”的成功企业再创业，还有接地气的“屌丝群体”成功案例，给读者以充分的思考空间和深刻的启发，是一本实用性很强的指导教材。

——杨金贵，高级商务策划师、对外经济贸易大学 MBA 导师

大部头的教科书和西式的管理理论难以指导中国本土的具体实践，真实的案例最有说服力。虽然每种成功都是难以复制的，但通过分析、解构这些商业案例背后的成功要素，并对这些成功要素进行组合、再造、创新，相信会大幅提高成功的概率。

——王亮，中国石化燃料油销售有限公司 HR 主管

刘老师的这本新作《你的项目靠谱吗》，将思想、理念、策略、方法、案例、实战融会贯通，一气呵成，其中不乏值得深入研究的哲学思考和人文观点，这在当今实为难得，尤其是以六项指标构建的商业模型，值得仔细研读，加以应用，决胜未来。

——邵伏阳，苏州市瑞兴达贸易有限公司总经理

资源是“红海”拼搏的支撑，研发是“蓝海”腾跃的能量，商业模式是胜利者的智慧与思考。把项目做成生意，从做一件事到持续获得利润，是很有挑战的一件事情。刘如江老师在他的案例分析里，细腻深入地阐述了生意是什么，如何选择项目、把握项目，并提出新的思维和商业模式，给我们以非常好的指引。

——赵宜春，天津市中哲正信科技发展有限公司总经理

难得作者海选大量不同行业、不同项目的鲜活案例，让商业模型的阐述不仅极富逻辑性，且通俗易懂接地气。看罢此书，反观纷繁复杂的各种商业模式，了然于胸，颇有醍醐灌顶淋漓酣畅之感。特别对于创业者，如何选择自己的创业项目，如何判断项目前景，本书提供了一套可以借鉴和衡量的工具。

——魏旻，SK 润滑油（中国）有限公司销售经理

六项指标分析模型

六项指标全都理想
的情况极为罕见
大道至简
非利润率最大化
企业经营和商业模式
选择的根本性问题
利润最大化
把握需更富弹性
幻化无穷
任何一项指标都不能
有太大的硬伤

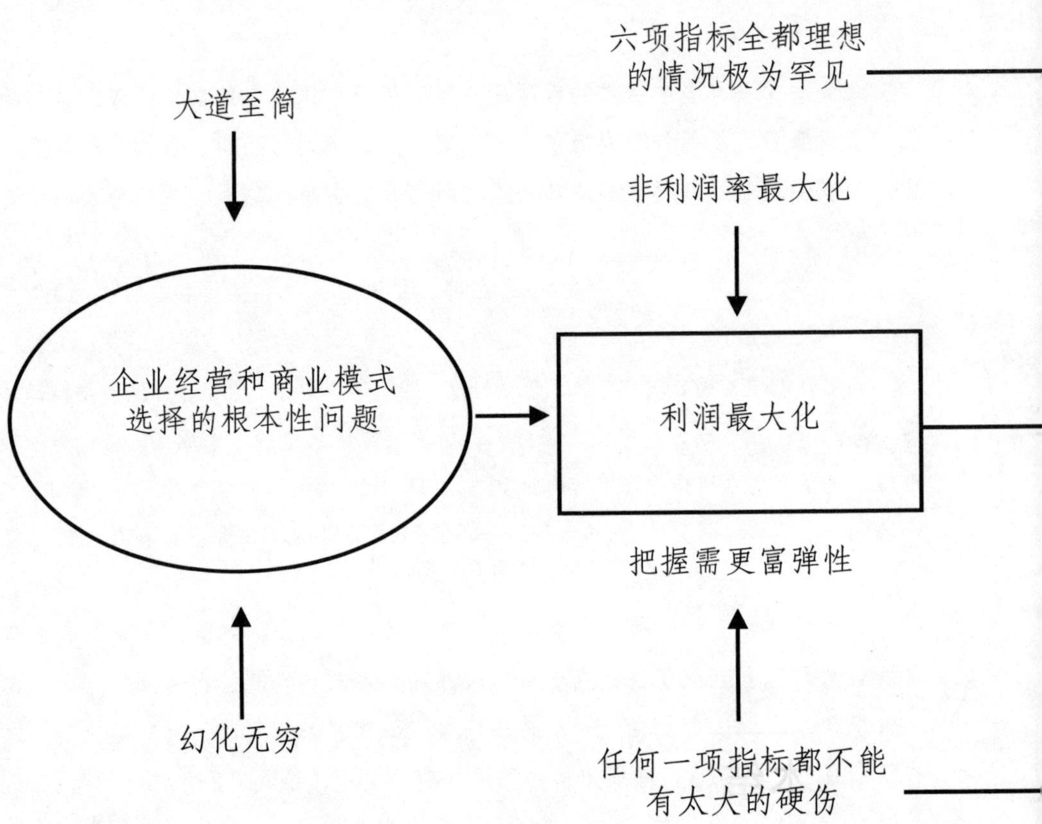

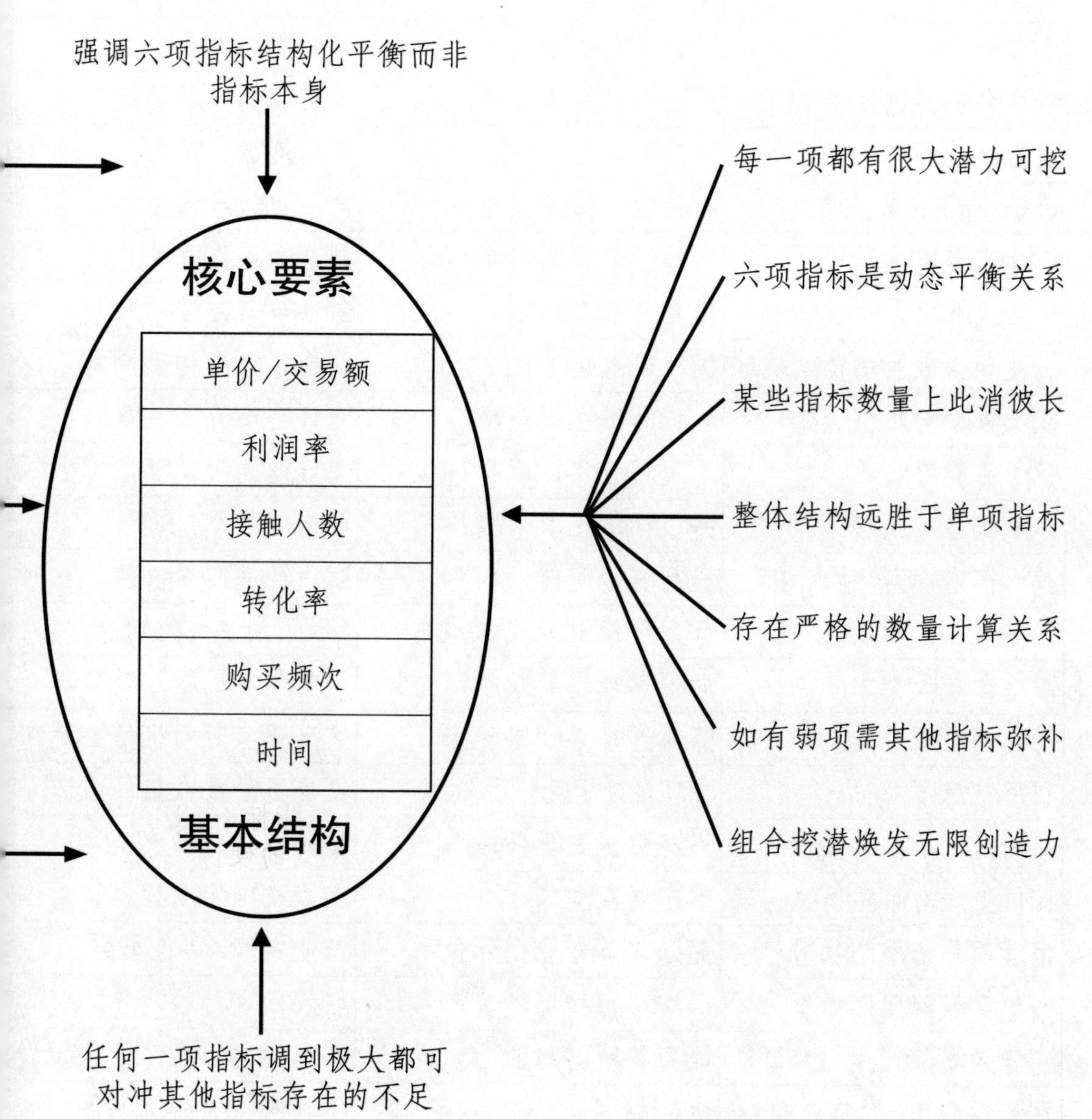

强调六项指标结构化平衡而非指标本身
核心要素
单价/交易额
利润率
接触人数
转化率
购买频次
时间
基本结构
任何一项指标调到极大都可对冲其他指标存在的不足
每一项都有很大潜力可挖
六项指标是动态平衡关系
某些指标数量上此消彼长
整体结构远胜于单项指标
存在严格的数量计算关系
如有弱项需其他指标弥补
组合挖潜焕发无限创造力

项目选择和挖潜矩阵

单价/交易额	利润率	接触人数
努力提高单价	产品卖更高价格	选择/变成大众化需求
销售单价更高的产品	提高生产效率	市场更大人口基数
追求更大批量	降低采购成本	市场更高人口密度
消费套餐促销计划	压缩人员成本	专业化的市场渠道
成套式销售	降低培训费用	互联网放大效应
亲子/情侣/家庭套装	降低物流储运成本	产品更为丰富多样
组合式消费	摊薄广告和品牌费用	制造时尚性噱头
一站式解决方案	提高产能利用率	激活口碑效应
机关和企事业单位消费	提升渠道性价比	制造紧迫感和恐慌感
赋予科技附加值	更低的批量损耗率	允许会员资格共享
赋予品牌附加值	采用可替代性原材料	更好的购买便利性
办卡式会员预售	品质标准上取下限	价格优惠/让利促销
赋予情感/面子附加值	提高资金周转效率	赋予产品刚需价值
提高供应的稀缺性	努力降低财务成本	销售/消息终端组合
制造和放大需求	向税务规划要效益	“长尾集成器”效应
特定销售渠道的创新	降低返修率和退货率	“孙正义时间机器”效应
利用信息不对称	合理的SKU设计	更多类型或数量的渠道
利用对方思维的惯性	提高资源配置效率	辐射半径的扩大
提供更好的品质和体验感	生产要素全球化	卖场或购物流程设计
推动用户消费档次升级	部分环节专业化外包	产业集群/特色集群
利用互联网团购	压缩房租和场地费用	名人代言借势效应
“傍大式”营销	提高某项附加值	利用突发性事件炒作
互为供应商/战略合作	博弈过程中点“错”成金	便利的交通物流条件

注：六项指标相互间是乘数关系，个别几项甚至还会此消彼长，整体上的平衡远比指标本身重要，某个单项不太理想，则须在其他方向挖潜。

转化率	购买频次/重复购买率	时间
产品的刚需程度	产品自身的消费属性	突破季节性局限
品牌的口碑效果	代金券和积分折扣制	突破节假日限制
供给的垄断程度	产品或服务的消费体验	有效利用碎片时间
相同价位更高品质	赋予产品成瘾的力量	挖掘中长期潜力
恐慌性购买行为	配套性产品的“强制”升级	挖掘单位时间潜力
购买和消费的便捷性	耐用品时尚品化	24×365深度挖潜
品牌形象强链接性	赋予耐用品金融属性	强化时间利用密度
地空联合营销	按照快消品理念改造产品	赋予同一事件更多功能
消息传递的精准度	让产品形成系列化和延续性	日周月季年不同视角
渠道选择匹配度	促销礼品的成套性	突破淡旺季的界限
产品定位的精确性	后期的定期升级和维护	即时性需求对接
沟通诉求的有效性	预售式购物卡或会员资格	延时性需求对接
意见领袖的评价	供给上的某种垄断性	以空间延伸换时间
专业人士的推荐	产品设计适当降低生命周期	全球化突破昼夜限制
成为攀比道具	产品体验与目标受众的匹配	考虑各种时间局限性
消费档次发展阶段	捆绑式销售策略	以人力组合换取时间
人口结构和受教育程度	三方协议锁定终端/用户	生产或服务效率倍增
包装等细节上的背书	对品质和品牌价值观的认同	挖掘时间差的潜力
逼签式成交技巧	在已有用户身上挖掘潜力	不同地域间的时间机器
沟通链的整体畅通	需求一站式解决方案	阶段性和长远性平衡
强制性附属产品配套	简化计费或者服务流程	行业的周期性和阶段性
在销售终端的能见度	与消费者建立情感强链接	相同用户的特征变迁
款型数量的适中	认证配套体系的封闭性	随时随地个性化点播

经营不是靠想象

导读： 选择项目最重要的问题，就是自己和项目之间的匹配性，这个问题解决得越好，成功的可能性就越大。在社会上，创业成功的概率不到 1%，但解决好匹配性问题之后，则可以提升到 70% ~ 80%。选择项目行业固然重要，然而，行业往往不是决定因素。

在今天的大竞争格局下，无论是创业，还是上班做好工作，都面临着极大的挑战。拙作《给你一个公司，你能赚钱吗》出版以来，已两年有余。在此期间，不断有读者通过各种渠道向我请教做项目的问题：**有的问什么项目好，有的问他的项目该怎样做**。由于时间原因，不能逐一解答。但所有的疑问都促使我深入思考，在新领域不断突破，并予以完善。由于本人工作的关系，同时也拜信息化时代所赐，我有幸深入了解了一些真实案例，涵盖的商业模式有数十种之多。

很多事情其实都没什么特别的：当你掌握真实的数据库和案例库之后，通过简单的比对分析，规律和模型就会浮现出来。"顺手牵羊"了许多案例后，我逐渐找到了一些感觉，并简单归纳了几条，最终拿出来跟大家分享，以便能帮助更多的朋友。大数据时代，没有任何可隐瞒的东西，即便我不做这件事情，也一定会有别人做。我能看到的，一定有数以千计的人能够看到。与此同时，我的看法也需要融入大数据，做进一步的检验。在本书中，我会精选 60 个案例，包括不同的行业和项目类型，以原生态的方式，来解读这些东西。

决定项目成败，最重要的因素是你是否打通了"任督二脉"。这也就是说，你的"思维链"和"资源链"是否基本畅通，或者是你在多大程度上做到畅通。简单来讲，"思维链"就是你做项目从理论到方法再到细节的整个过程，有一套可操作性较强的方案，且步骤和模块都比较配套，没有明显的硬伤；"资源链"则指的是支撑一个项目所需要的基本模块，比如"人财物产供销"内部价值链，或者外部直接相关的产业链环节。在实际操作中，"资源链"比"思维链"更重要。倘若"资源链"存在硬伤，项目启动后会有较大的麻烦。

事实上，"思维链"和"资源链"皆非抽象概念，而是与具体项目相匹配的。在项目正式运作之前，这"任督二脉"都应基本通畅。如果靠自己力量难以打通，则须设法借力。商场如同战场，兵贵神速，若等万事俱备，恐怕黄花菜都凉了。在项目启动之时，"任督二脉"大致打通即可，其他的可以顺势而为，在滚动中完善。打通"思维链"和"资源链"这"任督二脉"，又分有意为之和误打误撞两种方式。不管路径如何，打通才是关键，这个要切记。至于细节问题，我会在本书30多万字的内容中逐步展开。

除了与项目匹配的“任督二脉”外，判断项目是否靠谱，还要看一个基本模型，即：

某一指定时段可获得的财富数量＝单价/交易额[①]**×利润率×接触人数×转化率×购买频次×时间**

也就是说，在限定时间内，谁能更多更快地赚钱，主要受这六个变量影响。任一变量发生变化，对财富获取量的影响都是巨大的。在很多人心目中，好项目的标准最好是每个人都要消费，天天离不开，购买频次也比较高，或者是该领域在未来5～10年内需求能够井喷式发展。此种理念曾火得一塌糊涂。这貌似是真理，但只要用我们身边能接触的案例去复一下盘，就很容易发现瑕疵。“粮油米面”最符合这个标准，然而近15年来，中国发大财的人却集中在房地产、汽车和能源矿产领域，并非农民和菜贩，也不是粮油贸易商。

一般而言，这六大指标需要均衡，最好每项皆无硬伤。在实践中，这只是理想状态。倘若有些指标不太硬朗，至少其中某项也要能放大到极致。六项指标不但适合考察项目，亦可用作挖掘项目潜力。治疗风湿病的黑膏药属于典型的小众产品，按照传统方式卖，撑死也赚不了多少钱。可有位兄弟，通过互联网高倍数放大“接触人数”指标，纯利润一年下来就有300多万元。山东有个卖油酸的农民足不出户，在互联网上做做推广，单枪匹马，不靠关系，不搞公关，每年下来也有一两千万元的收入。还有近百个意料之外、情理之中的原生态案例，涉及几十个行业，我们在本书中逐渐展开，共同探讨。

选择项目最重要的问题，就是自己和项目之间的匹配性，这个问题解决得越好，成功的可能性就越大。在社会上，创业成功的概率不到1%，但解决好匹配性问题之后，则可以提升到70%~80%。选择项目行业固然重要，然而，行业往往不是决定因素。绝大多数行业其实都是成熟行业，只要行业倒不了，且不是太离谱，这里面就有发财的，也会有亏本的。其中当然有周期因素。行业处于波谷之时，龙头们都在亏损，但经历几个周期，整体上还是可以赚到钱的。怕只怕盲目跟风，“追涨杀跌”，只要坚守下来，解决好匹配性问题，定有可为。

选项目千万要选择适合你自己的行业，而不是那些大热门，当然更不要搞什

① 在本书中，“单价/交易额”指的是“单价”或“交易额”。

么时尚秀。倘若暂时没有合适的，也没关系，可以朝着你理想的方向去积累和完善。成功可以很复杂，也可以很简单。简单说，就是在某领域集聚自己的优势，在完善过程中进行结构化放大，即可成功。框架问题也就这么多，其他延伸出来的细节，我会融入案例中进行针对性阐述。

最后，谨以此书献给我的家人，献给长久以来关心我的亲友们，也献给那些我未能及时作答的“粉丝”。

前言

怎样做到利润最大化

导读： 利润最大化确实可以高度概括商业活动的目的，并用来指导项目选择，但对这个问题的浮浅和庸俗化的理解，在现实中给太多个人和家庭带来了灾难。但这在中国是再正常不过的事情，因为我们总是希望把问题简化，用一两句话就能说清。

如何比别人更多更快地赚钱，历来是社会上非常热门的一大话题。进一步提炼这个话题，其实就是如何使利润最大化。这是选项目做项目的一个核心问题。当然，在成熟的项目运作中也会有所涉及。自现代经济学产生以来，利润最大化基本变成了商业领域的一个宗教，经济拜物主义者更是将其天天挂在嘴边，以至于成为太多老板们的口头禅。但在更多情况下，也仅仅是口头禅而已，因为他们太多没有深刻领悟，以身修证，功夫没能真正上身。有人说做生意很简单，有人说做生意很复杂。真正懂商业的人，往往会对此笑而不语。**利润最大化确实可以高度概括商业活动的目的，并用来指导项目选择，但对这个问题的浮浅和庸俗化的理解，在现实中给太多个人和家庭带来了灾难**。但这在中国是再正常不过的事情，因为我们总是希望把问题简化，用一两句话就能说清。事实上，只有朝简化和细化这两个方向不断努力，构建一个缜密而又极富弹性的体系，才能说你在商业方面开始入门了。细节之处有魔鬼，简化之处同样有魔鬼。对待商业，我们需要时时刻刻怀着一种敬畏的心情，半点都马虎不得。

关于如何选项目，网上有很多高人高论。其中有高人将选择的秘诀归纳为三点：一是适用人群在面上要广，市场容量足够大；二是具有较高的重复购买频次；三是模式容易快速复制，最好还能形成垄断。按照这三个特征，最容易发财致富的当属标准化程度比较高的快速消费品生产和批发项目，特别是在餐饮、食品和饮料领域。但就特定时空条件来讲，这显然与很多事实并不相符。很多耐用消费品在各自的市场井喷期都曾创造过财富传奇，并在自己的黄金期催生了大批亿万富翁，其中不乏从社会底层成功逆袭的“穷九代”。太多案例在钢铁、汽车、家电、IT、房地产和互联网领域发生过。美国、日本，还有近30多年来的中国，相关案例举不胜举。限于篇幅，本人在此就不展开说这个问题了。

我们需要以更准确、更为结构化、更容易度量的方式来解决利润最大化这一问题。在本书中，我就自己的理解提出了一个参考模型，并结合60个案例、30多万字来加深对其中枝节的分析。在长达四个月的写作过程中，我对其中很多问题的领悟也是一点一滴深入的，太多东西超出了预期。其间，也穿插看一些儒释道的东西，对悟道和精进永无止境的感受也越来越深刻了。悟道更多应该是以身证悟。本书开写之前，我准备了 100 多个案例，自己感觉还可以。但在写作进行过程中，被我砍得剩下不到 30 个，后来又陆陆续续重新选了 30 多个案例。不知不觉中，又发现餐饮、养殖和种植等大农业类，以及文化教育传播类、互联网相关营销类所占的比重较大。最后，回过头一想，其实也正常：这些本来就是最近几年比较热门的一些领域，个别领域正处于或者即将迎来井喷式发展期。这又将催生一批明星企业家，用他们的璀璨光芒照亮夜空。

我们在本书中所提供的利润最大化参考模型是：

某一指定时段可获得的财富数量 = 单价 / 交易额 × 利润率 × 接触人数 × 转化率 × 购买频次 × 时间

也就是说，在所限定的时间内，谁能赚更多的钱，受单价 / 交易额、利润率、接触人数、转化率、购买频次和时间这六个变量影响。任一变量发生变化，对财富获取量的影响都是巨大的。虽然这里列出的是六项指标，但需要特别指出的是，**这六项指标之间的相互平衡要予以强调。这种平衡关系远比指标本身更为重要。只单看其中任何一项，意义都不是很大**。六项指标全都理想的项目在现实中极为罕见。一般来说，你所选项目的这六项指标上最好不要有硬伤。当然，如果你选择的项目的某项指标不太理想，那只能在其他几项上最大限度挖掘潜力了。实际上，这六项指标的每个变量背后都有很多影响因素，都有很多潜力可挖。即使模式完全一样的项目，操作的人也完全一样，由于时空条件不同，都会产生非常明显的差异。你在乡村开家超市，利润基本上很难赶上城里，因为客流量明显不同。即使在同一城市，由于地段不同，项目效果也会存在天壤之别，否则也就不会产生商圈这个概念了。

单价 / 交易额。在项目运作中，最为直观的当属产品或服务的价格。“单价 / 交易额”指标在利润最大化的挖潜中比较直接，通常也是人们最容易想到的。在这里我可以列举几个常见的挖潜方向，至于进一步的理解和体会，大家可以结合本书中的案例来进行。价格高不是问题，关键在于你要赋予它足够的理由。成本是支撑价格的首要因素。如果你的产品在原料、研发、生产、工艺、包装、物流、仓储或流通这几个方面的成本确实高，而且每个环节上的高成本都在行业正常生产效率之内，在这个层面上，就是人们所常说的一分钱一分货。比如在服装行业，选用的面料材质不同，单价上立马就会拉开一个明显的档次。化纤、棉麻、丝绸、貂皮，不同的质地，其售价肯定不一样。想必我们也听说过，东南沿海地区的服装代工厂对不同的做工都是明码标价，你要什么样的做工都可以，但价格不一样。标准化的做工，标准化的价格，基本上可以做到童叟无欺。

在旅蒙晋商的时代，经常有一块砖茶就换牧民一只羊的现象。乍听起来，很多人会骂商人过分奸诈，但其实这里面有一定的合理成分。在过去交通极不发达的情况下，从产茶的湖南和福建等地将茶叶运送到人烟稀少的草原上，一路下来的运输成本是很高的。当时没有火车、重卡等大型运输工具，靠的是骆驼等畜力。1937 年成书的《绥远通志稿》记载，直到抗战之前，内蒙古中西部地区的棉布价格，跟河北、山东的相比，就高出一倍。这其中因素很多，但物流和流通成本无疑占有很大的比重。即便是在物流和市场经济如此发达的今天，草原上蔬菜和水果的价格，绝大多数情况下，还是明显比内地高很多。

技术附加值是支撑高单价的强劲因素。在细分领域，追求“专精优特”可以有效达成这一目标。专注于“专精优特”，最后可以通过占领技术制高点来达到令人仰止的地步，并最终形成垄断和强大的品牌优势。中欧和北欧的很多企业都是以此来获得竞争力和超高单价的。一块瑞士手表可以换取中国的几十吨粗钢，一架波音飞机能换 8000 万双袜子，实际上都是建立在超高技术附加值的基础上的。很多价格之间的比例关系也谈不上合理不合理，这些都毕竟是在自由的市场经济环境下形成的。品牌附加值和技术附加值也没有任何人强加。当然很多人也可以说这是来源于垄断。可是，这种垄断也是在科技研发能力基础上形成的，并没靠什么行政资源或者攀龙附凤。在这里需要特别指出的是，某些高技术附加值的产品并不见得是可有可无的东西，有太多的细分产品在用户那里属于绝对刚需，也许全球范围内也只有那么一两家能够提供。其中就包括与相当比例的传说中的核心零部件。

事实上的垄断在相当多情况下可以导致高单价。垄断并不一定意味着高价，比如公交系统，但垄断极易导致高价。垄断并不是一个抽象的概念，所有垄断都是特定时空条件下的产物。形形色色的垄断，包括行政垄断、自然垄断、靠技术力量形成垄断，以及特定条件下的供给奇缺，客观上都能够推高“单价 / 交易额”这一指标。在郊区半夜打车，景区里面的餐饮服务，还有某些地方发生过的挟尸要价，他们之所以都开高价甚至天价，实际上都是建立在事实垄断基础上的。仅此而已，不需要做太多的解读。对于大多数垄断，通过加大供给是可以逐渐打破的，但有些则未必可以，因为存在着行政原因之外的其他一些方面很现实的壁垒，其中尤以高技术方面的壁垒最难突破，绝非靠简单的加大资金投入力度就能解决。

品牌化和情感附加同样可以推高产品和服务的单价。品牌化包括 VI（视觉设计）、包装、产品线、沟通诉求和传播体系，以及知名度、美誉度和忠诚度“三度”建设。品牌化和赋予情感价值，可以让产品和服务产生明显的溢价效果。品质基本一样的产品，知名名牌的价格就是要高很多。要想提高单价水平，很多传统的东西就要按照包装化、品牌化进行改造，并注入全新的人格化内涵。朝着礼品化、情感化方向定位的产品，比如脑白金、哈根达斯、月饼、钻石、虫草，以及前几年的茅台酒，其单价水平都曾出现过大幅攀升。一个产品的面值一旦跟面子挂钩，实际上就给单价指标赋予了一种神奇的力量，其潜力想不释放出来都变得非常难了。当然，如何切实做到这点，也是非常考验人的事情。

交易额，我们可以理解为单次交易的总价。对于利润最大化来说，这个显得更为关键。商业模式对交易额的挖潜，相对来说方式很多，较为常见的方法就有基于单价优惠的批发、多品种组合、套餐模式、团购、傍大主义、一站式需求解决方案、与专业渠道商对接、提供成套产品、会员制办卡模式等。采取诸如此类的方式，在成交客户身上最大限度地挖掘销售潜力。这类方式无论是对于包装产品，还是散装产品，在绝大多数情况下都是适用的。在很多情况下，单价、总价和交易额的界限并不是那么明晰。比如，大米可以按斤来计价，也可以按袋来计价，即便是标准的包装化产品，很多时候也是需要通过称重来计价的。对交易额进行挖潜，其应用范围极为广阔。小到一个地摊，大到一些跨国公司，都可以采取这种方式。将五双袜子打包成捆销售，争取大型企业团购，像富士康那样为大公司代工，或者将整个项目包装成一个产品转让，通通属于此类范畴。情侣装、亲子装、郑渊洁的《皮皮鲁总动员》、王健林的商业地产综合体、水果套装礼盒，实际上都是在交易额指标方向上挖潜的具体反映，变型模式也更为精彩和丰富多样。

在“单价 / 交易额”上挖潜，还有一个极为重要的方向，就是在选择产品的时候，尽量选择经营金额高的产品，或者促使用户消费档次升级，消费或使用更高级别的产品。这也就是某些品牌所谓的向上销售。娃哈哈在多元化项目的选择中，一个很重要的原则就是零售层面的“单价 / 交易额”至少要过百。其童装、奶粉、白酒、欧洲精品货等项目，莫不是如此。至于通过向上销售来挖掘利润最大化的潜力，在啤酒、服装、家电、汽车和润滑油这些领域显得更为明星。某国际品牌润滑油，自 2009 年以来，就是凭借着横向销售和向上销售这两把利剑，硬是实现了营业额翻番。与此同时，当“单价 / 交易额”的取值足够大的时候，仅此一项就足以抵消其他指标上的瑕疵。

利润率。我们本书所说的利润率，既包括毛利润率，也包括纯利润率。利润率的挖潜，其方式也是多种多样的。人们最容易想到的便是抬高单位售价，压低单位成本，比如某个企业在成本上有优势，或者有办法拿到更为便宜的原材料，但在售价不变、甚至是不断下降的情况下，还有很多另外的利润率挖潜手段。其实在提高利润率的过程中，更为有效的办法是大幅提高劳动生产率。这又可以通过提升技术手段和强化管理能力来实现。每一次更高效率的机器的发明，比如蒸汽机、电动机、自动化生产设备、IT 技术，都使生产效率得以几十倍上百倍地提升。在这里举一个例子。原来每件产品的生产成本为 50 元，通过对生产设备进行升级换代，现在可以压缩到 5 分钱。当然，每一次管理层面的革命也会快速提高企业生产效率。“泰罗制”“福特制”“丰田制零库存管理”“目标管理”，都曾使生产效率高倍数提高，实际上也就相当于降低成本，提高了利润率水平。提升技术手段和强化管理能力，在项目选择和运营挖潜方面，是永远有效的。

对于像旅游、饭店、电影院、互联网、IT 软件和在线教育这样的项目来说，边际成本很低，边际收益却越来越高。这些项目对利润率挖潜的方式更大程度上依赖于增加客流量和放大接触人数。比如一个新建的旅游景区，年接待量 10 万人次和年接待量 100 万人次，在景区建设和维护的成本上并没有发生什么变化的条件下，所产生的利润率差异却相当大了。一个电影院满座能容纳 500 人，每张票 50 元，某场电影卖出 100 张票和卖出 500 张票，所产生的利润率差异也是十分大的。在餐饮类项目上，必须考虑空间上的客容量以及时间上的翻台率，这两项指标对其边际成本的影响是比较大的。那些网络游戏在这个问题上显得更为极端，有多少人在玩，不光影响着利润率水平，甚至还直接决定着你在巨亏还是在赚钱。而对于途客运项目来说，客流量和满座率更是直接决定了项目本身能否成立。内蒙古某个县城距离北京400多公里，最近十多年来从那里到北京发展的人非常多，两地之间来往挺频繁。有人就是看中了其中的商机，开通了往返于两地之间的长途大巴，两辆车来回对开。四五年下来了，只是勉强维持费用。虽然说也能有点盈余，但很有限，因为满座率基本停留在三分之一到二分之一之间，通过各种手段挖潜，效果也不明显。火车提速和私家车的普及，还有几个来往于两地之间的进货商务车，一直制约着他们的发展。从长期的发展态势来看，甚至对他们越来越不利。将来高铁开通，很有可能会对他们构成最后的致命一击。

更为便捷的交通物流以及通路模式的变革，同样会有利于利润率潜能的释放。以海运、飞机、公路和铁道为代表的运输技术和基础设施条件的飞速进步，使得不同的生产要素可以在全国甚至是全球范围内得以更为畅通地配置。地域之间的资源禀赋差异很大。即便是相同的生产要素，价格往往也会有天壤之别。比如，石油在中东和中国的售价，绝对是两个完全不同的概念。中国的人均劳动力成本就是远低于美国。在这种情况下，家乐福、沃尔玛和苹果公司依靠在全球范围内整合资源，大大压缩了成本，提高了利润率水平，或者是顺势将售价压低，从而赢得了更大规模的竞争优势。在市场流通环节，无论采取什么样的通路模式，都无可避免地存在着雁过拔毛的现象。也就是说，在通常状况下，渠道层级和中间环节越多，相同产品在终端的售价就会越高，或者留给每个环节的蛋糕份额就越小。渠道扁平化，或者将经销商和终端的角色混同，同样可以压缩成本，在一定范围内提高利润率水平。大型连锁超市以及电子商务模式的出现，都将流通领域的渠道压缩到了极致，其结果是大大提升了渠道效率，释放了利润率或者是利润总额方面的潜力。未来在商业模式角度方面，有没有效率更高的通路模式呢？从大的方向来说，基本是不会有了，但在具体的一些操作模式变型方面还有巨大空间。

采用各种方式降低损耗率，也是提高整体利润率水平的一种很好的方法。在某些细分领域，单位利润率和整体利润率是两个差别很大的概念。蔬菜、水果和某些应景型产品就是这样。此类东西最终赚不赚钱，不能按照单位量，比如说每斤的利润率来计算，而是应把一批货当作整体来进行考量。如果按斤来算，可能产生暴利；如果按照批来算，有可能就不会产生暴利了。单位利润率和整体利润率的差距在相当大程度上取决于损耗率和滞销率的高低。如何大幅降低损耗率和滞销率？这里面也隐藏着太多的细节和学问。特定时空条件下形成垄断也可以提升利润率水平，但这个难度相对来说比较大。在一个开放式的竞争领域，暴利或高额利润不会长久持续下去，利润率会呈不断下降的态势，直到回归一个正常的状态。当然，一些特殊行业，尤其是行业集中度高且带有一定垄断性质的领域，比如国际铁矿石市场，其利润率还存在坐着飞机直线上升的可能。竞争和垄断存在着此消彼长的关系，在不同时空条件下具有非常大的差异性。

换个角度来讲，利润率取决于成交价格和成本构成之间的对比关系。除了提升价格外，在几个结构性的成本构成中，任何一个要素的变动，都会对利润率有着或强或弱的影响。这里面存在着动态平衡、交互影响的关系。这些结构性的成本要素中，比较常见的有原料、包装、研发、设备、工艺、仓储、物流、劳动力、财务、税费、损耗、广告和公关等。这些还都是粗线条的不完全罗列。在现实中结合具体项目，实际情况往往比这要复杂得多。如果其中的几项要素得到了压缩，但又有另外一项显著提高，比如人员工资，整体上的成本可能不降反升。由于种种原因，当整个领域的利润率被压缩到零、甚至是负数的时候，相关的产品或者服务只能被淘汰，或者是涨价，而坚守却变成了权宜之计，并不能长久。在这种情况下，降低成本倒是有可能的，但空间可能不是很大。从另一个角度来讲，偷工减料，采取替代性材料，也可以降低成本，提升利润率。假如遭遇特殊情况，此招未尝不可用，但前提是产品质量一定要坚守最起码的底线，否则就会一溃千里，自取灭亡。在成本控制和利润率挖潜过程中，“识度”和“掌度”是非常关键的，切忌张弛无度。

接触人数。在本书中，接触人数更多指的是接触到你项目相关信息的人数，或者是在限定时空条件下对整个行业存在需求的“消费者/用户数量”。当然，这也可以理解为“行业/领域接触人数”和“项目接触人数”两大概念。对“接触人数”有直接影响的是项目本身的定位。一般来说，细分领域项目的“接触人数”就要比大众化项目差一些，但这也不是绝对的。尽管整个领域处于相当的细分状态，我们还是可以通过“长尾集合器”等多种手段来解决具体项目“接触人数”的问题。扮演“长尾集合器”角色的可以是专业领域的媒体，也可以是专业化市场、产业集群体，甚至可以是特种渠道贸易商。比如，像古玩类市场，属于再典型不过的小众化市场，但倘若你去北京潘家园古玩市场的话，就会发现那里绝对要比社区菜市场热闹，供需两旺，可以极大满足你的好奇心和观赏欲。那里不光把北京喜爱古玩的人都给吸引去了，甚至还辐射整个华北地区。在工业领域，某些高精尖的备品配件所针对的接触人数在市面上更为狭窄。此类产品也只能通过极为专业的国际展会，或者是相关杂志、点对点信函去推广。“接触人数”和“转化率”是一个相对应的概念，受更多因素的影响。具体情况我们在后面会详细谈到。

将小众产品升级为大众产品，是通过“接触人数”挖潜、实现“利润最大化”的重要方式。这个方面的案例很多，比较典型的就有汽车、家电、IT 和数码产品。通过降低价格和提高劳动生产率，使得“旧时王谢堂前燕，飞入寻常百姓家”。这个方面还有另外一种变型，就是某些地方性很强的产品华丽转身为全国性和世界性的。在这个过程中，需要企业对产品重新进行包装或定位，或者借助突发性事件一战成名，获得跨越式发展。2003 年的“非典”实际上成就了一批行业和企业：山东大店“口罩村”、呷哺小火锅、加多宝凉茶、京东商城、阿里巴巴，都借着“非典”的机会实现了跨越式发展。2012 年以来，“两洲一湾”地区的严重雾霾同样也促成了 PM2.5 口罩以及空气净化器的井喷式发展。2003 年，统一润滑油借伊拉克战争的机会在央视上强势推出了“多一些润滑，少一些摩擦”广告，不但在大众心目中叫响了润滑油这一品类的行业品牌，还直接促使统一润滑油由小油厂跃升为民族一线品牌，市场销量爆炸式增长。在小众产品向大众产品升级的过程中，消费者口味、购买习惯、消费理念、流行趋势都发挥着重要作用。

互联网、电子商务以及物流行业的长足发展，也非常有利于“接触人数”这一指标的挖潜。借物流和信息流的强劲支撑，有太多的产品和品牌，其“接触人数”快速突破了地域和渠道上的局限，在全国范围内畅通无阻，近乎野蛮地挑战着人们的想象空间。在这种情况下，一批有影响力的淘宝天猫原创品牌横空出世，在品牌的星空中璀璨夺目。七格格、韩都衣舍、裂帛便是其中的代表。就连一些传统的工业原料生产商也在通过百度网盟实现全国范围内的高精准营销，倍增他们的“接触人数”和“转化率”。基础设施和交通工具的飞速发展，使得处于各大中城市的某些商业模式及其服务项目将半径越来越大的地域覆盖了进去，客观上也放大了它们的“接触人数”。本地消费覆盖半径较短的商业模式同半径较长的商业模式竞争，明显处于一种不对称状态。互联网、高铁、高速公路和私家车，以及其他公共交通和物流体系的快速发展，在极大方便人们出行和货物流动的同时，也在加速中心城市和规模化的区域城市对县城、乡镇以及村落商业资源的抽取。像皮衣等特色产品生产批发集散地，已经将方圆300公里范围内的零售店“消灭”掉了。在一些县城，品牌服装店和电脑专卖店都越来越难以生存，并非当地没有需求，而是“本地消费”被某些“中心”抽走。大中城市某些商业模式“接触人数”的放大，在很大程度上意味着周边同类模式“接触人数”和“转化率”的缩小。需要特别注意的是，即使在同一城市内部，类似的现象也同样存在着。

广告、渠道和终端网络的作用整合在一起，实际上就相当于“地空联合”，立体式地去扩大“接触人数”甚至“转化率”。在“接触人数”拓展的过程中，口碑营销也是值得关注的一种方式。口碑营销在本质上是利用熟人圈将传播的接收者转化为转播的发出者，使信息在他们那里可以得到二次传播。这实际上是在打造一种信息传播的互联网。这个巨网中的每个人都是一个节点，既是信息的接收者，又是信息的发出者。在这种状况下，“接触人数”会以一种超链接的方式实现几何级数的增长。到目前为止，微信是互联网历史上用户增长最快的一款新软件。微信用户数达到第一个亿用了433天，达到第二个亿用了不到6个月，而达到第三个亿又缩短到不到5个月。之所以会出现这种增长速度和后续加速都特别明显的现象，跟“接触人数”在熟人圈中的口碑营销是分不开的。“产品即广告，服务即营销”，在互联网时代的“接触人数”拓展过程中，发挥得更加淋漓尽致。还有一种较为常用的扩大“接触人数”的办法，就是争取单位团购，或者是临时集合起来的团购，譬如与某些团购网站合作。

在“接触人数”潜力挖掘过程中，制造或者寻找各种各样的噱头是较为有效的一种方式。明星、教授、专家和“公知”等意见领袖或公众人物，由于具有强烈的聚焦效应，如果在信息传播上能与他们建立某种内在关联，往往就能取得事半功倍的效果。要是还能搭上某个重大的突发性事件，其效果则会更佳。无论如何，通过制造噱头等手段，确实能在较短的时间内让“接触人数”指标放卫星，但最终能产生多大真正的商业价值，还要看内在的关联性以及美誉度，或者是有没有恰当的套现“道具”。在世俗的理解中，名与利往往是联系在一起的；但在“利润最大化”的挖潜过程中，名更多是和“接触人数”高度关联，从名到利之间还存在着“转化道具”和“转化率”的问题。近些年来，有不少人寄希望于网络恶炒来达到名利双收的目的。有些人在短期内确实火遍神州，但基本也是火一把就死，如同划过夜空的流星，几个月后在人们心中连记忆的残痕都没留下，更不要说什么商业价值了。无论对于企业还是个人，这种情况在现实中都不胜枚举。那些有内涵且基本功扎实的品牌和企业，确实通过制造噱头实现了跨越式发展，比如统一润滑油。

转化率。在通往“利润最大化”的道路上，“转化率”是十分关键的一项指标，可能还是最关键的，因为这直接影响到成交人数。在“接触人数”变化不大的情况下，你的商业模式在多大程度上能够成立，更大程度上取决于“转化率”。影响“转化率”最直接的因素就看你所提供的产品或服务，在目标消费群那里是否属于刚需。这种刚需的程度越高，“转化率”相对也就越高。比如，“柴米油盐酱醋茶”就要比“琴棋书画诗酒花”的“转化率”高很多。当然，正是因为后者受众面窄，转化率低，所以相关商业模式的提供者被迫采取高定价模式，以此来对冲风险。从明清到现在的各类图书中，销量最大的一直就是考试辅导材料，差别只在于过去的考试材料对应的是八股文科举，而现在则对应的是教辅、高考、公务员考试、CET、托福、GRE 和职考等门类。这倒不是因为它们有多好看，而仅仅是因为这些是相关群体的刚需，“接触人数”和“转化率”都要比其他类图书高很多。吴敬梓在《儒林外史》中成功塑造了一个奇葩——匡超人。匡超人本是农村少年，落魄书生，后来为了生计，他就炮制各类八股刻本，竟然靠这些考试材料开始发迹，甚至还被民间个别不明真相者奉为“先儒匡子”，让人笑掉了大牙。

信息传递的精准程度，对“转化率”有着很大影响。在广告界有句名言——“我知道一半的广告费是被浪费掉了，但我不知道浪费的是哪一半”，很大程度上说的就是这种情况。在这里实际上又延伸出一个问题，就是流传甚广的“精准营销”和“精确打击”，通过这两种方式来倍增“转化率”。在互联网推送技术兴起之前，信息传递的精准程度主要看所选择的媒体或渠道、其受众定位跟目标消费群体之间的匹配程度，以及在此基础上如何进一步组合和优化。在相当长的时期内，这还是一项非常专业且高端的技术。但伴随着搜索引擎、大数据、云计算和个性化广告推送技术的兴起，从整体上来看，这种定位之上的转化率得到了极大提高，广告费用的浪费风险已经没有 10 ~ 20 年前那么大了。由于最后的成交情况是受“接触人数”和“转化率”这两项指标共同作用，在这里还存在着思路上的微创新。通常来说，细分程度较高的产品，比如某些工业品，不太适合在大众传媒上做广告，因为其“转化率”会相当低。但某些“营销鬼才”就是不信这个邪，敢于突破常规，利用强势大众传媒为自己的细分产品做广告，结果取得了巨大的成功。按照他们的理念，只要你能用一种方式将信息成功传递给13亿中国人，即使只有十万分之一的“转化率”，最终成交者还有1.3万人。用高“转化率”对冲低“接触人数”，跟用高“接触人数”对冲低“转化率”，本是一体的两面。

品牌知名度、印象和口碑，对“转化率”的影响更为直接。品牌知名度较高的产品，虽然不见得品质最好、性价比最优，但相对来说，还是可以值得信赖的，尤其是在那些市场经济严重不成熟的国家和地区，更是如此。不要强求消费者什么，因为他们没有条件、也没有精力成为你所专注领域的专家。他们更大程度上只能凭借几项比较简单的指标，凭印象和感觉去判断，顶多再了解一下口碑。而且品牌的核心价值，就在于简化和标准化，将很多烦琐和专业的东西省掉，便于消费者甄别。要想提高你的产品和服务的“转化率”，就必须按照目标用户群的“隐形评判指标”来塑造自己的产品和品牌。在没有绝对强势品牌的领域，消费者更多是从广告、VI设计、介绍材料、包装品相以及曝光率等方面来对产品内在的品质进行感知，而且要和消费者自身内在的品味和价值观念匹配。价格在很大程度上确实会影响到“转化率”，但也只是其中的一个参考要素而已。价格因素的这种影响不应该过分抬高，也不应该过分贬低，要在正视客观情况的基础上寻求突破，才是真正的理性选择。很多商家抱怨消费者傻，只看外表不看内在。如果换位思考的话，这些抱怨者在消费很多商品的时候，其实不也同样如此吗？如果让你系统深入了解那些东西，你是不是也照样感觉很累？将心比心，何必问人？

让某项东西成为攀比的“道具”，赋予其时尚内涵，是在较短时间内快速提升“接触人数”和“转化率”的一大法门。有这种魔力的产品，实际上是在制造“饥饿”和“恐慌”，会给你带来一种巨大的心理强制力。如果你不照着那种设定的情景来做，就基本被判定是OUT（落伍）了。苹果和特斯拉，还有一些互联网公司，实际上都非常善于制造这种气场。其结果，自然是“接触人数”和“转化率”都非常高，而模式的创造者也顺利成为了耀眼的商界明星和创业偶像。2012年1月12日，苹果零售店三里屯店门口，上千人排队等待购买iPhone 4S手机，大批“黄牛”也排在队伍里，甚至有人带着棉被前去排队。2013年9月，苹果iPhone 5S和

iPhone 5C 在全球多个市场首发。为了能够第一时间抢到新机，许多“果粉”在新机开售前几天，甚至十几天就已经在苹果店外排队。我们不排除这些人当中，有相当比例的人是以各种形式“组织”来的，但在市场上造成的强大气场确实不可小觑。在几年前，有一个想创业的“90 后”网友对我说：“你们‘80 后’‘跟 90 后’存在着很大的代沟，对这个群体还不太了解。”他说，他们几个都在小饭店打工，一个月也就挣 1000 多块钱，不吃不喝也要买一个苹果手机，要不感觉很没面子。最后问我，这样做是不是很败家。我笑了笑没说啥，心想苹果的营销真够成功。

消费层次发展阶段以及人口结构和受教育程度，对某些项目的“转化率”有着不可或缺的影响。这些因素的变化，会在更深层次上影响到特定商品和服务的“转化率”，这个在我国极速发展的工业化、城市化和全球化浪潮中表现得尤为明显。随着全国人口以更快的速度向各大中城市集中，以及国民消费能力和消费档次的升级，原来定位于中低档市场或者农村市场的品牌，其生存空间受到了极大挤压；而原本定位于中高端市场，特别是在一线城市和省会城市拥有良好渠道和网络基础的品牌，其“接触人数”和“转化率”不同程度地得到了井喷式发展，营收和利润总额同样呈现出一路狂奔的态势。包括汽车、家电、服装、饮料、日化、手机，甚至连润滑油行业都出现了类似的情况。除了人口大迁徙和消费水平整体升级外，“75 后”“80 后”和“90 后”渐成消费主力，也是巨大的影响因素。这个年龄段接受过高等教育者占比相当大，而且出生越晚的越是这样。他们的消费口味更容易受欧美理念影响，更容易通过互联网等渠道获取信息密度较高的资讯。所有这一切，正好对以跨国公司为代表的中高端品牌有利，而不利于“农村包围城市”、原本接地气的本土品牌。不论你服还是不服，市场结构性的变化就在那里，不增不减。

购买频次。在通往“利润率最大化”的道路上，“购买频次”是跟特定时间段紧密联系在一起的，在很大程度上可以变相地理解为“重复购买率”，对于某些产品或者品牌来说，其实也是品牌黏着力和忠诚度的一种体现。影响产品或服务“购买频次”，最根本的因素是其本身的特性。耐用品和快消品之间有着天壤之别。不同的耐用品之间，其“购买频次”的差异也相当大。譬如米面粮油，我们起码每个月都会购买几次，汽车通常六七年换一次，而房子的消费周期至少是 20 多年，甚至更长。“购买频次”的第一影响因素，无疑是产品自身的生命周期，对于那些刚需类消费品而言，更是如此。对于耐用品来说，一般“利润率”都比较高，其“购买频次”挖潜的一大方面，就是将这些产品赋予时尚化、金融化、消耗品化的内涵，甚至采取定期升级换代的模式。在这个方向，最为典型的就是服装、电脑和手机等产品。很多服装实际上穿五六年都没问题，但被赋予时尚内涵后，基本每年都得换；电脑四五年就得换一次，而程序员的电脑，所需的更换周期则更短；很多手机使用六七年还很好用，但由于时尚化的因素，现在的更换周期基本为一年半到两年。在实践中，这也推动了企业产品设计理念的转变，就是产品零部件在使用周期和强度的设计上，不是说越强越好，而只在其通常的更换周期上限内不出问题即可，要不就属于“质量过剩”“品质浪费”了。这个在面向白领的时装设计中最为明显。当然，其他行业也不同程度地存在着这种情况。

对于消费周期较短的刚需类产品，行业整体上的“购买频次”是有保障的，但对于具体的品牌或项目来说，只存在潜在的可能性。要将可能转化为现实，还有很多工作需要做。这里面的法门千差万别，但核心的有两条：一是体验，二是“成瘾”。靠体验延伸出来的东西很多，包括内在品质、品牌形象、选用材质、包装风格、款型外观、使用强度、过程联想、真实性价比与心理预期的匹配程度等。“接触人数”和“转化率”，更大程度上是自外而内的一种选择过程，感性的成分比较大；而对于那些消费周期较短的刚需产品，特定品牌的“购买频次”是一种自内而外的选择过程，理性选择的比重相对要大得多。常言道，“能蒙人家一时，蒙不了人家一世”。其实，在“接触人数”“转化率”和“购买频次／重复购买率”这几项指标的动态平衡上就能显示出来。品牌资产，最重要的还是用户体验的沉淀及优化。当然，这种体验的积累与优化，跟用户自身的结构性特征有很大关系。同样的品牌，同样的产品，甲的体验跟乙的体验是不一样的。即便还是甲，三年前的体验和三年后的体验也是不同的。正因为如此，品牌以及产品线必须讲究定位，而且这种定位绝非一劳永逸，还得善于移动打靶，不能刻舟求剑、守株待兔，否则会从深层次上影响到购买频次潜力的释放。

对于某些产品和品牌来说，如何让消费者“成瘾”是非常关键的，这在现实中更为直接地影响着“购买频次／重复购买率”这一指标。消费者或用户一旦有了“瘾头”，就难以回头。当然我们并不提倡那种为了一己私利而戕害消费者的行为，比如在面汤里放罂粟壳。这里所谈的“瘾头”“成瘾”和“上瘾”，更大程度上是贬为褒用，是在不危害消费者身心健康的前提下，在产品设计和营销挖潜等方面多下功夫、下足功夫，让产品或服务产生强大的黏着力，最终在消费者那里转化为强烈的信赖感和依赖感，让他们欲罢不能。某些领域的顶级品牌，确实可以产生“成瘾”般的魔幻效果。郑渊洁的《童话大王》、当年明月的《明朝那些事儿》，在读者那里都曾取得类似的效果，这让出版商大发其财的同时，也在名声上成就了自己。这其中又延伸出来个新问题，就是在消费者“上瘾”之后，你还得能持续提供后续的产品或服务。在文学、影视作品等体验经济中，就是要形成系列化和各种形式的全集。网络游戏最大的特点就是容易让人上瘾，这也是其最受人诟病之处。假如让教育和网游融为一体，使孩子的学习像网游一样上瘾，并通过适当的结构设计，塑造其思维和行为模式，则无论是对个人还是民族，都将是一件功德无量的事情。

在“购买频次”挖潜方面，还有一些较为纯粹的销售手段上的创新。其中较为常见的方式，就有会员积分制、次卡会员制、会员卡打折制、代金券、购物卡、买N赠1、套餐促销、捆绑销售、会员共享等众多模式。由于这些方式或多或少都有时效要求，通过这些纯销售变型来挖潜，在现实中也是非常有效的。前期会员制售卡情况，甚至成为某些商业模式能否成立的关键，这在游泳健身、儿童游乐场、美容美发等项目中显得尤为重要。在一些儿童休闲食品中，其包装内常常内置一些卡通时尚玩具或小卡片，要想凑成一整套，你就得连续买好多次这种食品。很多小孩干脆就奔着小礼物去了，而食品吃都不吃就扔在了一边，想想还真有点“买椟还珠”的味道，但你也不能不赞叹商家的眼光。很多时候，小孩一撒娇，当家长的你还真的没办法，你只能去顺从他，毕竟这也算不了什么大不了的事儿。移动和联通的定制手机，在很大程度上使用的也是类似手段。他们用套餐制话费折返的方式，锁定了你两年内的“购买频次”和“交易额”，排除了限定时间内竞争对手抢走用户的可能。这种思路在渠道和终端促销中应用得也比较广泛，基本上是采用“厂家—经销商—终端”三方协议、年终返利，或承诺的其他形式的奖励方式来锁定终端网络，不给竞争对手留下可乘之机。

某些产品的配套和强制定期升级，也是对“购买频次”进行挖潜的重要手段。这一般体现在某些大件耐用品的耗材上。在汽车、打印机、电脑、手机、空气净化器，以及某些生产设备上表现得比较明显。这些东西在品牌和型号设计上，特别强调配件与产品之间的适配性，产品说明书上甚至还有特定的推荐范围。其实，很多配件本来既可以是标准化的，也可以是个性化的，但由于厂家自身利益上的考虑，非得弄成个性化的，这样实际上就绑定了消费者，相当于在商业模式上划了一个势力范围，挖掘了一个金矿。在汽车强保期内，一般对润滑油等产品都采取指定品牌、指定更换渠道的政策，要不出了问题不负责。打印机墨盒、笔记本键盘、电池和电源线，以及空气净化器的滤片，还有剃须刀刀片，都是这种情况。在定期升级和收取年费方面，时代光华为大型企业个性化量身定制的网络商学院，以及正和岛高端商界人脉与价值分享平台的会员年费制，就非常典型，因为到期必须续费，要不以往的积累和沉淀就相当于归零了。也许很多人会认为这是垄断，其实也不算什么垄断，这些是由商品和行业特殊性决定的。而且，这些行业、品牌之间的竞争还是很激烈的，他们通过强化耗材适配性来划分势力范围，这在行业内部属于通行规则，是在市场的自然演变过程中形成的。

时间。在面向“利润最大化”的六项挖潜指标中，“时间”这一指标相对来说用得比较少，但这丝毫不影响它的重要性。有太多的商业模式，放在三年内看，跟放在十年内看，或者放在20年内看，差别是非常大的。就拿京东这样的电商来说，放在三五年的时间段来看，绝对属于典型的败家项目，甚至有人说电子商务就是一个骗局，永远不会盈利。但从10～20年的时间来看，这种模式将颠覆整个商贸行业，成为流通领域的主流，真正赚钱也是迟早的事儿。其实，任何新事物、新的商业模式，都会经历一个类似的过程。时间轴上的弹性延伸，对于像收藏品和大型机器设备之类的特种商业模式，还是非常利好的。在社会上总有那么一些项目，三年不开张，开张吃三年。所以，商业模式的选择，还有项目本身的的挖潜，可以在延长时间轴的方面多做文章。对于边际成本很低的一些项目来说，更适合这样做。在网游领域，过去十多年里还是产生过一批非常经典的游戏。随着岁月变迁，这些游戏已经不再火爆，但在某些细分人群中还存在着一定市场。除了正规开发商还在运营外，社会上还有一些人通过私服淘金，从中攫取暴利。图书市场上也存在类似的情况，像郑渊洁这样的大佬自不待言，某些小有名气的作者，多少年了还在让自己当年火过一把的作品发挥着余热，甚至还成就了出版商。这就如同挖了一口井之后，守着这口井卖水。

除了时间轴上的延伸可以挖潜外，在有效时间分布的密度上，同样可以有所作为。比如车站或者大型商务区的肯德基、麦当劳，一天24小时营业，一年下来的有效营业时间甚至可以扩充到 365×24 这种饱和模式。还有一些建构在“开放式创新”和“群体创新加速”基础上的商业模式，比如维基百科，每天 24 小时，全球范围内都有人在不断浏览和更新其中的内容，将受众、消费者、用户和生产者融为一体，用户和生产者的时间利用密度被挖掘到了极致，自然其产生的影响力和黏着力也是超强的，用户的体验性也越来越好。本书当中也提到几个案例，比如一些本土餐饮项目，突破了一日三餐在时间上的局限，将有效营业时间挖掘到了 16 个小时。虽然项目本身看上去不太起眼，但五六年下来所产生的利润却是很可观的。“一阴一阳之谓道”，虽然有些项目可以将时间利用效率挖掘到极限，但还有一些项目在时间利用上却存在着严重的硬伤，这在项目选择中也是需要特别注意的。在某些写字楼集中的区域，面向工作餐的中小型餐饮，其有效营业时间仅为中午的两个小时，但受地段影响，房租却特别高。另外，一些旅游景区和城市广场，其餐饮或住宿的有效营业时间也就是短短的几个月。类似问题，必须结合具体项目，予以认真考虑。

在时间利用效率的挖潜方面，还必须考虑“时间碎片”的因素。有效营业时间或者工作时间，往往是按照月、周、天，或者 5×8 这种方式来计算的。但即便是在每天 8 小时的工作时间内，总会产生大量的时间碎片，比如在车站等车，每天挤地铁，甚至是上个任务和下个任务之间的间隔。这种时间碎片不是你通过规划就可以清理掉的，往往带有很大的被动性、临时性和随机性。如何让自己或用户的时间碎片产生价值，其实也是一门学问，互联网和智能化技术的产生与深入发展，都极大推动了时间碎片向金矿转化的进程。在互联网领域，连连看、开心农场、愤怒的小鸟、打飞机等小游戏，都很好地抓住了这种契机。在移动互联网时代，微博、微信的火爆，其实跟用户的大量时间碎片也是有莫大关系的。以壳牌为代表的优秀企业，与时代光华合作，量身打造了个性化很强的网络商学院系统，使得自己的员工可以利用时间碎片随时随地进行自我培训，不但大大降低了企业的培训成本，而且还将员工的时间碎片更为积极和有效地利用了起来。其实，传统的“淡季做市场，旺季做销量”理念，也是在这个方面对时间利用效率进行挖潜的一种表现。北宋那个砸缸的司马光曾经说过，读书一定要背诵，烂熟在肚子里，只有这样，无论你骑马赶路，还是夜不能寐，都可以很好地去吟咏那些文章，想想它们的意思，你的收获就要更为集中和丰富。他之所以强调这种方式，其实也是在他那个时代对“时间碎片”的利用与挖潜。

按照“一个平台，多种功能”的理念，倍增单位时间内的效果产出，其概念内涵是尽可能挖掘包括时间在内的某个资源投入向度上的潜力，使其达到对公司、项目或个人有利的多种效果。比如，在促销品的选择上，不但要注重促销功能，还要注重品牌传播、渠道渗透等方面作用的发挥。再比如，公司的宣传资料在传播公司品牌形象的同时，还应当扮演实用培训手册和工具书的角色。从逻辑上来讲，这种功能向度上的多元化倾向，不但要在较为现实的几个功能方面挖掘潜力，也应该为未来的某个发展趋势预留发展空间。这种思维，可以渗透在实物上，可以渗透在公司日常业务上，可以渗透在某个临时性事件上，甚至还可以渗透在公司员工个人的职场理念上。这是一种追求进步最大化的狼性理念，但这种狼性并非损人利己，而是互进共赢的理念。这在某种程度上，相当于在不增加太多时间和资源投入的基础上，同时做了好几件事情。比如，某件事情的几项功能如果分开做的话，相当于要做六次，而你在做同一件事情的时候就将这六个功能集合在了一起，实际上你的效率就是别人的六倍。能把这种理念转化为行动力的公司，是一家可怕的公司。能把这种理念转化为行动力的员工，是一个潜力非常巨大的员工。同样的时间和人财物投入，有可能产生以往十倍甚至是更高的效益。如果考虑到叠加式影响力的发挥，对企业竞争力的促进，将是呈几何级的。

时间差，在很大程度上就意味着商机。很多商业模式在不同国度和地域之间的普及，存在着时间差，这为某些模式跨国、跨地域复制提供了可能。互联网领域的情况，往往如此。美国一旦有个什么新兴互联网应用模式，中国这边就会有人去复制，而且其中的时间差越来越短。此类在神州大地上成功引种和移植的项目，就有百度、QQ、淘宝、支付宝、新浪微博等著名的产品。在这些模式迁移的过程中，最初山寨的成分比较大，但随着时间的推移，都注入了太多微创新和持续精进的成分，已经成长为非常独特的一些模式，后来再有模仿他们的，已经不太可能取得成功了。北上广等一线城市，跟二、三线城市，也存在着明显的发展梯度。这也为二、三线城市复制北上广一些成熟的模式提供了巨大的发展空间，比如房地产中介连锁以及简约式的中式快餐连锁，都是这种情况。**时间差在商业模式中的应用，还更多体现在反季节种植、销售、仓储，以及行业周期把握等方面**。太多人就是利用这些手段实现致富，甚至是暴富的。时间差，甚至会成为打击竞争对手的重要武器。在某些消费品行业，存在着明显的淡旺季周期，且经销商一般都同时代理着几个竞争品牌。如果某个品牌在旺季来临之前能成功挤占经销商的资金和库存，就长了自己的威风，灭了对方的锐气。

如何实现利润最大化，如何选择新项目，如何对现有项目进行挖潜，是一个博大精深的体系，有太多的指标和方法可供我们去参考，真可谓是千变万化，不一而足，很多模式还处于不断的创造之中。但不管如何变，万变不离其宗，根本性的指标只有我们所提到的这六项，其他的都是在此基础上，无中生有，一步一步地延伸出来并为其服务的，而且都带有较为苛刻的适配前提。合理且富有效率的思维，是建立在“四维时空结构”基础上的，在企业经营中如何实现“利润最大化”，谨记要考虑具体的时空条件，以及在“资源链”中的动态匹配性。在本书中，我们只是针对较为常见的一些方式方法，并结合近些年来自不同领域鲜活生动的案例，来加深理解和领悟的。最后，我们还是要再次强调，**本书更多的是从结构化思维角度，强调六项指标之间此消彼长、动态平衡的关系。如果仅仅是割裂化和静态化去理解这六项指标，是对本书宗旨的最大违背，除了不能有效解决问题外，在实际应用中还会带来很大麻烦**。我们提到的六项指标，在某些具体条件下，其中几项还存在着非常明显的“悖反”关系，比如“单价”与“接触人数”、“单价”与“转化率”。但这并不影响在某几项指标上的挖潜，使项目在整体上达到平衡。当然，如果你项目的某项指标不太理想，或存在硬伤，则只能在其他指标上最大限度挖掘潜力了，这类情况实际上也很多。对于那些转化率超低的产品，就要想方设法超高倍数放大“接触人数”，并提高“接触人数”的精准程度，而且还必须让“单价/交易额”和“利润率”这两项指标坚挺。在指标组合潜力基础上的创新，往往更具有颠覆性，更能创造财富传奇。

放飞你的创造潜力吧，让自己的事业和人生更加美好！

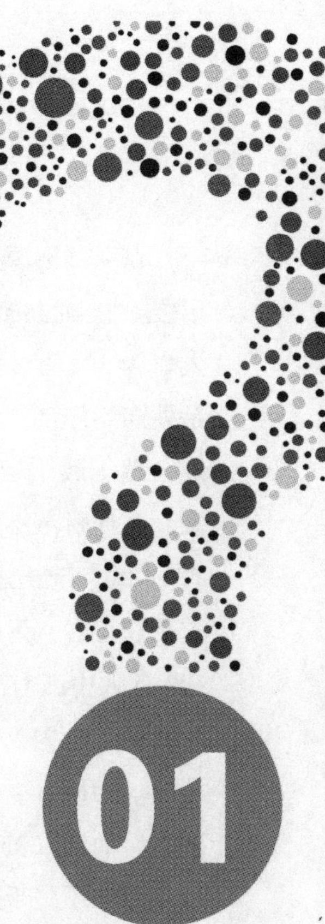

01 瑞士产业发展模式及其奥秘

导读：与我国企业大而不强的特征相反，瑞士企业的发展模式，更多表现为“小而美”“小而强”，其竞争力和“利润率”水平，在全球范围内达到了令人叹为观止的地步。他们更多走的是“专精优特”路线，技术附加值极高，原材料和能源消耗率却很低，产品虽然大多属于细分领域，但超高的“单价”和“转化率”足以对冲“接触人数”的不足。

在欧洲国家当中，瑞士的情况比较特殊，属于典型的内陆国，而且多山，地形复杂，国土面积狭小，4.13万平方公里，人口又不算太多，截至2012年底，人口为804万，其中外籍人超过23.3%。照通常情况看，无论发展内向型经济还是外向型经济，都缺乏必要的纵深，尤其不适合发展外向型经济。但令人称奇的是，瑞士属于地道的发达国家，被“世界经济论坛”评为世界竞争力最强的国家，人均财富雄踞全球第一。2013年，瑞士公司登上财富世界500强榜单的公司有14家。瑞士还是绝对的诺贝尔奖强国，截至2013年，瑞士产生了24位诺贝尔奖获得者，另外总共有100多个诺贝尔奖获得者与瑞士有紧密的关联，瑞士每100万人中就有1.111个诺贝尔奖获得者，排在其后的英国、美国、德国则分别为0.840、0.712和0.341，为此甚至有人调侃，说瑞士人生来就是为诺贝尔奖而奋斗的。2013年，瑞士GDP为6687亿美元，大致刚好超越中国传统上的富庶省份浙江，而浙江的面积是瑞士的2.46倍，人口是瑞士的6.87倍，需要特别注意的是，浙江还属于交通异常便利的沿海省份。当然，瑞士最为引人瞩目的，还是银行业以及大批国际组织总部的所在地。

瑞士之所以能摆脱内陆多山、幅员狭小、资源缺乏、两头在外、人力成本高企的不利影响，化不利条件为有利条件，许多方面在国际舞台上都能接连创造奇迹，跟它的一些基础条件及发展模式有着很大的关系。第一，瑞士被德国、法国、意大利、奥地利和列支敦士登所环绕，民族和语言都具有多样性，法语、德语、意大利语和英语并行不悖，瑞士本土这种国际化程度比较高的语言及文化环境，让瑞士人具有了先天性的语言优势和跨文化沟通能力，这使得瑞士企业在拓展海外市场的过程中更能适应不同的目标市场。第二，瑞士国民的文化和科学素质整体上都比较高，本土拥有密集的高等教育网络和优质资源，瑞士员工素质很高，瑞士企业员工特别是一线工人的理论和实践知识都很丰富，动手能力特别强，他们还十分舍得投入大量资金引进世界上最先进的全自动化生产设备和检验设备。第三，瑞士国内消费的高水平、消费者群体的多样与高端性，决定了瑞士企业在生存之初就必须要做出令这些挑剔的国内顾客满意的产品，这种精神内化到了民族文化、企业文化，甚至民众的灵魂深处，为其产品及服务的超高品质奠定了不可或缺的基础。第四，瑞士企业或术业专攻，或为大企业生产配套产品，避免低附加值的大进大出，以有效规避内陆多山地区的劣势，他们有的专攻某些极小的新兴科技领域，处于知识价值链的高端，虽然这样会限于比较狭窄的专业技术范围之内，但不乏高精尖技术；有的则与世界500强大企业建立研发合作联盟，参与其特定研发领域的活动，融入以跨国公司为中心的全球知识体系之中。第五，在产业选择方面，瑞士更多聚焦于那些原材料和能源耗费极少、但对产品或服务性能要求相当高的产业及项目，尤其是那些高增值和高科技工业产业，比如私人银行、高档旅游业、信息科技、环保科技、精密仪器、医疗器械、医药分离和提纯、蛋白质三维构造制药、生命科学技术等方面，整个主导产业群都和瑞士的地理区位及资源构成所允许的技术进步路线相匹配。第六，在全球范围内发展真正意义上的“总部经济”，瑞士不仅是目前欧洲跨国公司设立总部最重要的基地，也是各类国际性机构设立总部最集中的地区，单单日内瓦就聚集了超过150个这样的机构，是与纽约并驾齐驱的世界两大最重要的国际活动中心之一。第七，瑞士的“总部经济”还体现在发展“雀巢类”跨国集团上，可以在世界任何地方设置加工车间，瑞士人提供的是品牌、信用、技术和管理，而将整个公司最有价值的研发、创意和管理的“大脑”部分放在本土，而将价值链的其他环节放在全球范围内其他更适合的地方。

以瑞士为代表的一些中欧和北欧国家，高端制造业都比较发达，但在更大程度上依赖的是中小企业。与我国中小企业“散乱差”、山寨、质次价廉，以及我国大型企业“大而不强”的现状不同，瑞士的中小企业“强而不大”，走的是“专精优特”路线，将产品或服务做到极致，做出全球范围内其他人难以取代的特色。正是因为如此，瑞士的物价和人工成本历来比美国高30%，比欧洲其他国家高5% ~ 10%，基本上属于全球最高的，但这丝毫没有影响瑞士国家和企业在全球范围内的竞争力，瑞士是全世界很少几个对华贸易顺差的国家，靠的就是瑞士数量众多、比例较高的精益求精中小企业。与我国的中小企业一样，瑞士的中小企业同样是规模小、人员少，一般只有十几人、几十人，中型企业一般也不超过500人，相当比例的企业自身不具备科研力量，但是为了适应现代市场科技产品的激烈竞争，瑞士中小企业的市场敏感性、前瞻意识特别强，他们积极主动与各科研机构、高等院校和大公司的科研单位联系，密切关注市场需求的变化，不断推陈出新，引导消费，以创造新的市场需求。由于历史文化惯性和出于现实因素的考量，瑞士中小企业十分善于细分市场，且充分发挥决策快、经营机动灵活等特点，以小批量、多品种的生产方式，生产众多深受目标消费者欢迎的产品，并最终使自己的细分领域在全球范围内形成强大的市场竞争力。

瑞士产业模式是内陆经济一个非常成功的代表，它成功破解了“两头在外”“大进大出”和“物流与人员成本双向高企”所带来的难题，在产业格局层面某种程度上也暗合了我们的六项指标，从而使得整个国家的商业模式得以成立。其一，将“单价”指标做到极致，比如将金属手表打造成美轮美奂的工艺品，鸡蛋大小的一块儿钢，其价格就是一吨上好钢坯价格的几十倍甚至是数百倍，很多时候别看交易量不大，整个行业的容量与大宗交易品、中低端产品无法相比，但具体到某个企业，其“交易额”还是非常惊人的。其二，支撑天价必须有很强劲的理由，瑞士制造精准的定位和精湛的工艺，就为此提供了强大的背书，尽管价格高，但他们的很多产品，一方面对于用户来讲属于真正的刚需，另一方面即便是一块小小的点心，都让你感觉到像是一个杰出的艺术品。与中国制造的“四低”模式不同，瑞士制造属于典型的“四高”模式，即高价、高品质、高成本、高利润，内部价值链各个环节都能分配到比较优厚的蛋糕。其成本相对于“利润”“利润率”来讲，根本算不上什么。其三，瑞士制造的“接触人数”，主要受制于行业和项目本身的定位，但都受益于过硬的品质保障。面向大众化的消费品，如雀巢，在自己所属领域内成为全球第一品牌，“接触人数”极具弹性；细分领域的产品，“接触人数”可能不是太大，但也能有效覆盖到绝大多数自己的目标受众。其三，由于极度注重定位和品质，用户的体验性往往超级好，“转化率”和“购买频次”（或“重复购买率”）是瑞士制造的强项，这同样是非常利好的，瑞士产品你不能碰，一旦有过使用体验，就很容易产生情感和心理上的依赖，欲罢不能。受益于良好的品牌、品质和用户体验，对于大多数瑞士制造来说，“时间”指标都是有利的，瑞士手表曾经一度受到日本电子产品的冲击，但最终还是依靠精湛的工艺、精益求精的精神、对艺术品导向的狂热追求和产品自身的重新定位而获得了转机，犹如枯木逢春，更为兴旺发达。

王健林和万达集团的营销密码

导读：万达是中国工业化、城市化和全球化进程中的受益者。他们的订单地产模式大幅降低了自有资金使用量，极大提高了自有资金使用效率，在客观上也提高了“利润率”水平。同时他们还以商脉人气“一站式”解决方案，最大限度挖掘“交易额”“接触人数”“转化率”和“购买频次”等指标潜力，使得整个商业模式的盈利效率最大化。

2013 福布斯中国富豪榜发布，大连万达集团董事长王健林以 860 亿元人民币的净资产成为中国内地首富，超过 2012 年内地首富娃哈哈集团董事长宗庆后约 30 亿美元。王健林和万达集团再一次以“土豪”形象在媒体上赚足了眼球。大连万达集团创立于 1988 年，目前已经形成商业地产、高级酒店、旅游投资、文化产业、连锁百货在内的四大产业。2013 年，万达集团企业资产达到 3800 亿元，年收入 1866 亿元，净利润 125 亿元。到 2013 年底，已在全国开业了 85 座万达广场、51 家五星级和超五星级酒店、75 家百货店、1247 块电影屏幕、81 家量贩 KTV。其中，万达商业地产公司拥有全国唯一的商业规划研究院、全国性的商业地产建设团队、全国性的商业管理公司，形成了商业地产的完整产业链。

万达集团这些年的历程，很大程度上也是中国经济腾飞的一个缩影。放在大的时代背景下，万达集团的成功其实既在意料之外，也在意料之中，既是一个传奇，又是一种必然。自 1978 年党的十一届三中全会以来，中国经济发展逐渐步入正轨，中国长达数十年的几件大事已经注定。其一，排在首位的是城市化。发达国家城市化率一般都在 80% 以上，且这种城市化直接表现为都市化。中国的情况虽然特殊，但最终至少 70% 的人口是要进入城市化范畴的，而且其中又要有一半以上的人口集中在 50 ~ 60 个大中城市，其实大致上就是直辖市、省会城市，各省居于第二，第三位次的地级市。具体到产业而言，带动效果最直接、最明显的，就是市政工程、住宅地产和商业地产。其二，工业化以及后工业化时代的产业换代升级。2006 年之前的中国，全社会最为热衷的投资是办厂，这种特征在 20 世纪八九十年代显得更加明显。2006 年 1 月 1 日，我国全面取消农业税，这在很大程度上标志着国民经济中工业的主导地位已经到了非常稳固的阶段。在 1978—2006 年的 28 年间，神州大地上的财富传奇也更多集中在工业制造领域。其三，在中国注定要发生的事情还有全球化。改革开放使中国得以承接产业在全球范围的转移，神州大地上飞速发展的城市化和工业化都受益于这波转移浪潮，并进而形成正向互动和良性循环。这波浪潮，自 2001 年中国加入世贸组织而逐渐达到高潮。这些都更直接地推动了沿海和东部地区的繁荣，客观上推动了区域内重点城市消费档次的升级，进而倒逼这些城市商业服务及配套功能的快速升级，比如城市综合体、高级商务酒店、百货商场、文化旅游城等。不管是误打误撞，还是有意为之，在 20 多年时间里，王健林和万达集团所从事的领域及对节奏的把摧，正好跟这三大节奏相吻合，在水涨船高的过程中成就了自己的首富事业。

在整个大的历史背景下，王健林和万达集团的理想无疑是远大的。然而远大的梦想固然重要，但更为关键的，是如何通过一整套切实可行的方法，让其变成真真切切的现实，使梦想成真。在这方面，万达集团无疑是高手。第一，以“订单模式”化解资金压力和投资风险。在项目正式开工之前，万达集团和相关企业或者租户签署联合发展协议，约定相关条款，包括目标城市选择、面积要求、租金条件等。为实现快速发展，万达和与自己签署联合发展协议的租户约定，全国除北京、上海外，其他所有城市采用平均租金，不再就单个城市租金水平进行谈判。与此同时，在设计方面，万达集团根据租户需求量身定制，并与主力租户事先签订合同或确认书。第二，以商脉人气“一站式”解决方案，来尽力规避项目本身带来的不确定因素。在万达的商业地产和文化旅游区项目中，一般选择当下不太繁华也不太偏僻，但在十年左右时间内“旺气”会出现“井喷”的地段。另外，万达集团将不同业态融为一体，有机整合了商业、商务、写字楼及居住等多种城市商业功能，在业态间形成了良好的互动作用。以有机的生态组合的方式，全方位满足消费者休闲、购物、娱乐、商务一体化的“一站式消费”需求，对其产生强大的“黏着力”和“吸附力”，最大限度挖掘每个消费者的消费潜力，提高消费者人次平均利润贡献率。第三，贯通相关产业链，产业链上下游通吃，肥水不流外人田，力求沿着产业链形成垄断，以产业链各环节利润组合、互补、调控，来形成独特的核心竞争力。在商业地产模块，商业规划院、地产开发、商业管理、文化旅游规划、酒店设计、万达学院、奢侈品交易、高级酒店、连锁百货这些相关业务融为一体。而在文化创意领域，万达集团的产业链汇集了电影院线、影视制作、舞台演艺、电影科技娱乐、连锁娱乐、报刊传媒、字画收藏、主题公园和文化旅游区等业务。万达集团所涉及的领域，乍看上去五花八门，“狗占八堆屎”，属于典型的多元化策略，违背了近些年来企业界所提倡的专业化精神，但万达集团的多元化属于相关性和紧凑型的多元化，形散而神不散。第四，以高端商业地产为“道具”，将自己的利益与地方政府、银行、官员政绩和关联企业绑定，产权自有，以租代售，抵押融资，盘活资本，拥地增值，取得了“四两拨千斤”的效果。这也是其在短短的20多年时间里，能以火箭般速度成长的一大秘诀。

结合我们的六项指标，万达集团的商业模式可以这样去看：其一，利用各种手段的组合，将交易额指标做上去，万达的商脉人气“一站式”解决方案，就是要最大限度上在消费者身上挖掘销售潜力，并以“城市商业综合体”的方式来增强体验性和黏着力，进而解决“接触人数”“转化率”和“购买频次”等方面的问题。其二，如果按照自有资金的利用效率来看，万达集团真正的“利润率”还是非常高的，**商业地产项目是按照“订单模式”进行销售的，而且利用各种方式将业主、银行、投资方的资金都给整合了进来，并且在我国加速城市化的过程中，地产价值在快速增值，这更加强化了万达的“融资效率”和真实“利润率”水平，资源配置效率极高**。因此，才得以在不到30年的时间内创造奇迹。其三，产业链通吃，是万达经营模式的一大特征。这样做虽然也会面临很大的风险，但好处也是显而易见的，就是控制整个产业链各环节的蛋糕分配权，在自己的控制范围内，最大限度做大“交易额”和平均“单价”，以及做高平均“利润率”水平，同时还能在“接触人数”“转化率”和“购买频率”之上做文章。其四，每种模式在其市场“井喷期”，或者“井喷期”即将来临的时候切入，“接触人数”和“转化率”都会处于非常良好的状态之中，而万达集团在过去接近30年的时间内，基本上都很好地踏准了这个节奏，首富事业的炼成与此有很大关系。

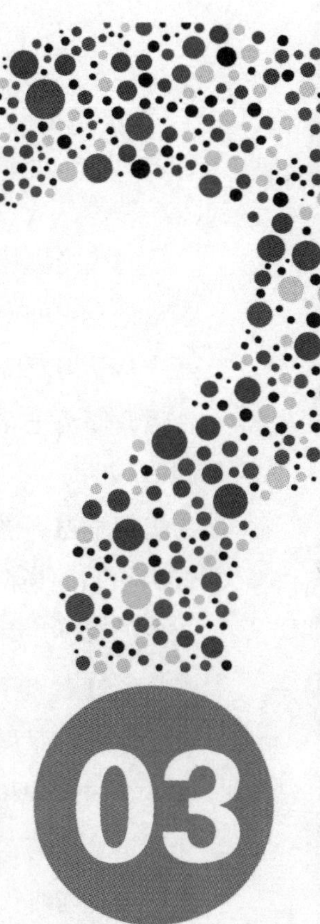

03

时代光华网络商学院与传统培训模式的颠覆

导读：以视频和课件库为核心的在线教育模式，在 4G 网络支撑下的移动互联网时代具有巨大的发展空间，所能覆盖的“接触人数”将是一个天文数字。在这种新兴模式下，体现为“单价 / 交易额”的教育成本非常亲民，人们可以按照自己的适配时间、知识结构及相关需求，自由安排个性化的培训计划。这种模式将使教育领域出现颠覆性变革。

时代光华是我国最为著名的企业培训机构，从2000年创办开始，就一直致力于培训学习的产品化、产业化和产业链化。经过十余年的积累、发展与转型，已逐步从学习资源供应商升级为基于网络的组织学习方案服务商，并向着产业链平台运营商迈进。目前以网络学习服务为主业，业务涵盖内容、平台、课件软件定制、移动学习、多媒体产品、教材、公开课、内训、组织学习咨询服务等领域，为组织学习提供专业解决方案，同时坚持“内容为魂，平台为用，服务为本，运营为王”的导向。2006年，时代光华正式在全国启动e-Learning（数字化学习）业务运营，并由上海公司负责运营。

经过七八年时间的持续努力，时代光华在线教育服务已达到非常成熟的地步。第一，课程门类齐全，包括通用管理课程、行业课程和定制化课程，整个课程体系的设计和架构基于“由面到点”的设计思路，这里的“面”是指通用管理课程适合所有的行业；“点”是指课程的针对性体现在行业课程和定制课程服务上，壳牌与时代光华的合作，除了通用型课程外，还包括双方针对壳牌内部具体企业情况定制的个性化课程，风格与通用模块一致。第二，e-Learning实施服务，在积累5000多家企业客户的基础上，总结分析不同行业、不同规模的企业的经验和教训，提炼出e-Learning的不同阶段和流程，以及每个阶段相应的实施要点、方法和工具，最终帮助企业实现人才发展和业务发展的战略目标。第三，时代光华这些网络培训资源，主讲人都是像余世维、曾仕强、高建华这样具有丰富实战经验的讲师，整个数据库还处于不断快速更新之中，目前已经覆盖了70%以上的国内一流讲师，拥有5000多个小时自主知识产权的通用课件，并依据岗位胜任力模型，实现了岗位化、方案化、体系化、微单元化和形式多样化，正向着行业化、个性化和多媒体化方向发展。第四，这些资源更大程度上是时代光华光盘培训资料以及相对应讲义的网络版，在此基础上又有所创新，当我们进入一个讲座页面后，在左侧上方出现的是该讲座的“视频窗口”，在视频的下方设置了该系列讲座的目录、意义、目标、对象、讲师和提纲六个按钮，供用户查询相关内容，在页面的右侧则出现的是相对应的图文并茂的网络Word版的讲义。第五，时代光华的在线教育系统还在数据库的基础上设置了方便的管理功能，例如企业可以发布相应的学习计划、了解部门和学员的课程学习情况、根据条件查询有关部门及学员的学分情况，同时该系统还拥有发布公告、个人学习计划管理、学习实施以及内部交流平台等功能。

时代光华的此类在线培训系统是在线教育模式的集大成者和最新表现形式。其实质是一个在线视频、课件、讲义、选课、测评和管理体系相结合的互动式培训资料数据库，是基于大数据、云计算和个性化思维的一种体现，在模式上与可汗学院各有千秋。在时代光华模式下，员工、经销商及其他学员完全可以根据自己的实际情况制订个性化的学习计划，使得培训更有效率。**这种模式打破了传统培训的“三规”模式（规定时间、规定地点、规定学习课程），建立了新型员工学习平台。相关人员可以根据自己的知识储备状况、相关专业门类和时间安排，随心所欲进行学习，不用担心落课误课，培训过程也不会对自己的正常工作和生活造成太大影响**。企业人力资源部门也可以通过相应记录对某个员工的学习过程进行评估和指导。为了适应无线互联网时代智能化教育的需要，时代光华可为企业提供基于 Android 系统的移动学习端，此学习端兼容安卓、苹果系统的手机或平板电脑，学员可使用学习端完成时代光华公共课程的学习，以及参加考试等。时代光华的在线教育，代表着未来智能化教育模式的一大方向，并推动着教育培训快速向随时随地、个性化、智能化和一对一的趋势发展。

时代光华的在线教育系统主要面向国内各大中型企业推广，并力争个性化定制，与此同时，还针对中小企业和个人用户销售通用课程类的时代光华在线学习卡。从某种程度上说，时代光华是在利用培训课件方面的大数据资源，来向企业销售应用端口，以与他们的网络商学院需求对接，截至 2013 年年底，他们已经为 5000 多家各行业的知名企业建立了网络大学，并成为他们的长期战略合作伙伴，而其整体上的终端用户保有量已经达到 200 多万。从长远发展趋势来看，整个在线教育模式会朝着如下几个方向发展：一是以时代光华为代表的模式，会向中小学生课程辅导、高校课程体系延伸和迈进，尽管实施者不一定是时代光华，但肯定会有机构朝这个方向努力，终究会有那么一家获得成功，就犹如搜索引擎领域曾经发生过的那样。二是以可汗学院为代表的模式，会向企业经营管理的某些细分领域延伸，在这个过程中会涌现出一批萨尔曼·可汗的明星级讲师，在这种模式的基础上还可能会出现对明星级讲师和互联网平台进行整合的平台，互联网精神及创新在这个方向上极具想象空间。三是网游超仿真多媒体互动式体验培训。随着 4G 等技术的普及，这种培训方式在智能手机上更有杀伤力，它不但可以兼容前两种方式，而且其中的功能和体验性会空前强大。网游的神奇之处，就是游戏过程涵盖了更具弹性的人类学习法则——发挥主动性和判断性，注重由浅入深和循序渐进，声音、图像、颜色、符号、文字、动作和事件多维环境的信息感知，自愿付出劳动，对知识经验进行模型假设，按需而学，重复和滚动性学习，不同背景和程度的学员在一起学习，注重学习乐趣、宽度和深度，重视学习交流性、竞赛性及趣味性，发现性和探索性学习，知识的可分解、转移和储存，等等。网游类在线教育方式更具有智能化、大数据和云计算特征，将在学前教育、中小学课程辅助、高校课程体系、企业通用培训和其他特种训练等方面，释放出超出绝大多数人想象力的能量，世界将因此而不同。

结合我们的六项指标来看，时代光华的在线教育模式蕴藏着这样一些内在的逻辑和潜力：其一，从整体上来看，通过在线视频教育库，时代光华为企业和个人大幅降低了培训费用，无论是培训项目的“单价”还是“交易额”，都受到了极大的压缩，这使得那些以通用模块为生的培训公司，其生存空间日益逼仄。尽管这样，时代光华还是通过向企业主推网络商学院和定制化课程来提高“交易额”指标。其二，类似于时代光华这样的企业在线教育资源库，边际成本递减，边际效益递增，因此坚持的年头越久，所服务的人数规模越大，其“利润率”水平也会越高，“时间”指标对其商业模式也是十分有利的。其三，在线教育模式，特别是到了移动互联网时代，最大的好处就在于“接触人数”方面有着巨大想象空间，移动互联网和即将到来的 4G 网络更是会将这种“接触人数”尽可能放到最大。其四，“转化率”主要受平台品牌影响力、实际需求程度和试用体验效果多重因素影响，但在这些方面，时代光华由于积累雄厚、细致，某些内容和服务细节上还在不断精进，因此在各种企业培训类的在线服务中，他们的“转化率”基本上是名列前茅的。其五，在这种商业模式中，如果面向大中企业，“购买频次”相当稳定，基本上是每年一次，网络商学院和定制化课程是这些企业的标配和刚需，而且价格敏感程度很低，被竞争对手排挤出去的可能性也很小，对于一些中小企业和个人用户而言，只要是其内容体验性和黏着力还比较好，重复购买率也是有所保证的，“购买频次”也基本是每年一次。其六，“时间”指标对于时代光华非常有利，一方面是因为时间越久，数据库资源就越丰富，其黏着力和体验性也就会越强；另一方面，时间越久就意味着所积累的长年战略合作伙伴数量越多。

04 呷哺火锅连锁的生意经

导读： 呷哺火锅在经营模式上基本是以肯德基和麦当劳为蓝本，又结合中餐的特点进行了很多改良。呷哺通过中餐标准化、时尚化、简约化、品牌化和流程化的成功改造，大幅提升了单店的客容量和翻台率，进而将“接触人数”“转化率”和“购买频次”潜力挖掘到极致。其连锁店的聚焦式高密度布局和同心圆策略，也在强化着这几项指标。

除了海底捞之外，在北京，呷哺就是名气最大的火锅连锁了，如果用门店数量来衡量，呷哺的数量还远远超越了海底捞，属于真正的龙头老大。海底捞的知名度是靠营销案例打造出来的，但直到 2013 年底，分布在全国范围内的店面数量是 88 家，而呷哺在北京采取的是高密度布局策略，共有 235 家店，光这个数量就足以奠定其在北京市场的地位了。呷哺 1998 年创立于北京，目前在全国拥有 452 家连锁店，遍布北京、廊坊、唐山、石家庄、秦皇岛、沧州、霸州、三河、邢台、邯郸、上海、苏州、无锡、常州、昆山、沈阳、开原、济南等近 20 个城市。同传说中的海底捞一样，到呷哺吃饭同样需要排队，最起码在北京的火爆程度并不比海底捞差。呷哺属于火锅连锁快餐，其新颖的吧台式就餐形式和传统火锅的完美结合，开创了时尚小火锅的新业态，在他们的连锁店当中，店面都被布置成了吧台自助式火锅，整体上的装修风格简约时尚，跟北京其他火锅店有着很大不同。顾客进店之后，服务员会给每人送上一份宣传纸，这既可垫桌子用，也可宣传呷哺的最新菜品及活动，同时这还兼具价格透明的菜单功能，基本上是以套餐为主，也可以根据客户需求单点。

与其他火锅连锁相比，呷哺具有自己鲜明的特色：第一，呷哺的涮锅以各类蔬菜为主，深受女士小资们的欢迎，客人以女性为主，男人一般都是陪着女朋友、老婆或者母亲来的，就餐方便快捷且价格相对便宜。第二，呷哺提供的是自助小火锅，标准方式是每人一个锅，但也有鸳鸯大火锅的服务，呷哺提供颇具特色的麻酱包，这些都是由他们自己所调制的，味道跟其他地方店不太一样，非常特别。第三，食材上实施“农餐对接”工程，建立呷哺农业基地，并与种植合作社签署种植合同，保证新鲜蔬菜货源稳定和可追溯，实施全球名品名优产地食材采购策略，严把产地关，确保呷哺食材品质处于行业领先地位。第四，秉持“不煎、不炒、不炸、原汁、原味、原素材”的经营特色，采用中央厨房标准化生产，保证呷哺锅底、调料等食材品质和口味高度统一，同时整体把控食材加工、物流运输和各质量标准的严格执行。第五，按照人头细分的套餐服务，每份基本都够一个人吃，如果人多可以同时点几份套餐，既方便了顾客，也方便了自己配菜和上菜，其实这也是标准化服务体系的一部分，客观上提升了每一个店面的运营效率。第六，在品牌形象、VI 体系和服务风格上，更加接近麦当劳、肯德基、吉野家、永和大王，与本土传统的火锅店风格有着很大不同，氛围和体验性更加时尚、现代、简约和轻松，这也是他们跟其他火锅连锁最大的区别。相对而言，呷哺在中餐标准化、时尚化、品牌化和流程化方面的探索是比较成功的，堪称典范，相关经验非常值得同行去学习和理解。

呷哺的成功，在很大程度上得益于我们所提到的六项指标之上的挖潜。其一，从单店来讲，采用吧台式小火锅，很大程度上相当于在空间方面提高了“客容量密度”，而标准化程度较高的“套餐模式”实际上也是在时间方面拓展了客户量，这两种方式综合在一起，就相当于在时空两大坐标上最大限度挖掘了“接触人数”这项指标的潜力。其二，在连锁网点协同作战方面，不管是误打误撞还是有意为之，呷哺的策略都是得当的，**他们最早不是全国各地四处开花，而是选择北京这样的市场，采取“高密度”布点策略，网点高密度布局，靠无处不在的店面和外在装修形象，就能很好起到的品牌传播的效果，使得自己的品牌影响力得到极大强化，在客观上也为自己节约了大笔广告费**。从传播学角度来讲，这也是在强化受众上的“接触人数”，并提高相应的“转化率”。其三，时尚的装修和设计风格，按照人头的量身套餐定价机制，可回溯的绿色食材供应链体系，简约、大方且富有质感的服务风格，与白领消费相配套的价格体系，在相当大程度上提高了自己的品牌黏着力，实际上也是在优化“购买频次”指标，网点高密度布局策略，同样对“购买频次”指标起到优化的支撑作用。所有这些，都是呷哺在长期的实践中不断摸索出来的。

呷哺的老板台商贺光启原本是从事珠宝业的，在 20 世纪 90 年代初，他就已经是台湾有名的珠宝实业家，在台湾多地开有珠宝厂，来到北京发展后，还是照旧从事珠宝生意。1996 年，北京的珠宝市场开始逐步萧条，大量首饰堆积，卖不出去。就在贺光启正在为下一步的发展头疼时，他偶然发现了北京快餐业市场的机会。那时候国内快餐业的市场基本上只有麦当劳跟肯德基两家，生意非常火爆，尤其像王府井的店面，每次等候的人群都排上长长的大队。贺光启看到了希望，有了将中餐投入快餐业的大胆想法。在当时看来，这多多少少有些豪赌。呷哺在大陆的第一家店于 1998 年在北京西单明珠开业。由于定位和风格奇特，当时市场上接受的还是中式传统大火锅，呷哺火锅业务发展得并不理想，火锅没有卖出去，但是出乎意料的是饮料可以卖掉数千杯，很多消费者把呷哺当成了休闲水吧，他们也在想方设法提高客户黏着力和平均每个顾客的“交易额”贡献率，但辛苦付出并没换回相应回报。

2003 年的“非典”，让食客们的消费习惯发生了很大变化，分餐式小火锅快速成为时尚，这种巨大的天时条件最终让呷哺得以咸鱼翻身，“交易额”“利润率”“接触人数”“转化率”和“购买频次”这些指标都实现了逆袭。“非典”虽然结束了，但为了避免细菌传播，更多人选择了分餐的形式，一人一锅的火锅形式也因此大受欢迎，呷哺进而迎来了越来越多的回头客。市场打开，也在支撑着品牌影响力的井喷。呷哺北京西单明珠分店曾创造一天 2000 位的客流量纪录，每天平均 7 次的翻台率甚至超过某些著名的美式快餐。2008 年初，呷哺拥有了 40 家门店，同年 11 月，英联投资向呷哺餐饮投资了 5000 万美元，其后呷哺的开店速度开始狂飙，2012 年底在各地拥有 300 多家门店，到 2013 年底，光在北京就拥有 235 家，各国范围内共达 452 家。贺光启计划在全国开设六家分公司，五年规划是要开设 1800 家门店，而未来目标则是把呷哺开遍世界，“在每座城市比肯德基多一家店”。“遍布中国，走向世界，成为中式快餐连锁行业领导者”，也是他们的企业愿景。

呷哺和哈哈镜是近些年北京餐饮市场的两朵金花，尽管模式不尽相同，但也不乏一些异曲同工之处。第一，都以北京城区为依托，在采取网点高密度布局的模式下，以一种近乎同心圆的方式一圈一圈向外扩张，其成长具有强大的内生力和生命力。第二，都是以中餐或者地方特色小吃为切入点，并按照快餐化、时尚化、简约化、标准化和后现代的理念范式进行包装，在风格上更加适应都市白领的口味，“简约而不简单，并具有一定的品味”，这本是一种美式的消费理念，但在中国都市白领中渐成主流，当然这也与我国城市化发展整体上进入中后期有很大的关系。第三，进入 2010 年后，聚焦式密集型布局策略逐渐转化成“品牌红利”，这为其网点的井喷式扩张奠定了基础，而互联网团购、大众点评等模式的发展，在他们销售网络的快速拓展过程中也发挥着不可低估的作用。第四，某种程度上都是在本地化“产品消费”逐渐被电商掏空，本地化“服务消费”快速扩张的时代背景下发生的，属于我们这个时代正在发生的商业巨变过程中的绝佳样本，当然他们最近几年的发展历程更是餐饮领域行业集中度快速趋于集中的一个缩影。

05 娃哈哈为何要强行进入白酒行业

导读：饮料行业已缺乏足够发展空间，娃哈哈集团多元化发展，在很大程度上是不得已而为之。他们在多元化项目的选择上，对产品“单价”“利润率”“接触人数”“转化率”和“购买频次 / 重复购买率”都有所要求，且还要考虑目前和长远的行业集中度。其最后选择的项目基本都有些快速消费品的影子，只是单位售价要求高很多，最好能够破百。

2013 年 11 月 5 日，无论是好是坏，在娃哈哈集团的历史上都将注定成为刻骨铭心的日子。这一天，娃哈哈在北京召开新闻发布会，宗庆后正式宣布娃哈哈进军白酒行业，以茅台镇为原产地的酱香型白酒——“领酱国酒”也随之横空出世。一时间，社会上各种质疑声接踵而至，不少人都感觉宗庆后有点老糊涂了，纯粹在瞎折腾。其实，这些对于身经百战的沙场老将“宗教父”而言，又何尝不知道呢?！毕竟白酒行业水深水浅，之前他都是领教过的。发布会现场的宗庆后，表情与其他人不太一样，千般滋味，万般感触，都夹杂其间。这里面首先是踌躇满志，宗庆后“老骥伏枥，壮心不已”，肯定希望在自己有生之年，将娃哈哈集团带入世界 500 强，并进一步做大，继而永续发展，成为百年老店。此外，他多多少少有点忧虑，前面是凯旋门还是滑铁卢，都是天大的一个未知数。头顶光环，明知风险极大，却又不得不做，这才是英雄心中最大的隐痛!

白酒，只是娃哈哈多元化布局中的一环。在宗庆后眼中，娃哈哈集团的多元化版图有几个重点方向：首先是饮料主业的上下游，也就是奶牛养殖等源头原料，以及包括超级终端在内的流通环节；其次是高新技术产业，锁定的目标在工业机器人和人工智能领域；再次则是矿产资源，娃哈哈集团曾考察过菲律宾的一些项目。目前已经实质性运作的，包括童装、爱迪生奶粉、娃欧商场、节能电机、欧洲精品货进口，以及新近正式涉足的酱香型白酒。这些项目乍看上去关联度不大，却具有共同的特征：**一是产品“单价”较高，属于零售价至少几十元、上百元的产品；二是“毛利润率”空间较大，如果将“单价”和“毛利率”相乘，单次零售所获毛利相对来说较为可观**。这与其饮料主业有着本质不同，也是需要特别注意的。

500 毫升的饮料，主流零售价为 3 元，即使按照 90% 的毛利率计算，卖一瓶的利润也仅为 2.7 元，而这个钱还得在厂家、经销商、批发商、零售商、广告公司、公关公司、促销员、物流公司和地产物业等众多利益相关方当中进行分配。从最近 15 年饮料价格的走势来看，基本稳定在 2.5 ~ 3 元之间，价格弹性极低。尽管我们并不知道娃哈哈饮料真实的成本构成，但各模块成本的增长都是刚性的，特别是像人员工资和储运物流模块，十多年来翻了两三倍。有些成本在利害关系的强制下，表面上可能不会增长，但“关键人”的积极性却在下降。世人皆知卖水是暴利，然而其间痛苦欢乐，也只有“大当家”的自己更加清楚。快销品的经销商都越来越感觉自己是搬运工，赚来赚去也就赚点辛苦费。其实，厂家某种程度上又何尝不是这样呢?！15 年下来，卖水早就不再是当年的暴利行业了，“净利润率”早已回归正常。“流水如印钱”，差不多成了人们头脑中的一抹记忆。

照目前情况，一瓶 500 毫升的饮料，主流价格能卖到 5 元，已经是相当不容易，要想卖到 10 元，比阿波罗登月容易不了多少。为了应对日趋微利所带来的挑战，饮料企业一般有几个方面的事情可做：其一，不断推出更大的包装形式，如 600 毫升、1000 毫升、1500 毫升等，在此基础上做高零售单价。其二，捆绑促销，将 3 ~ 5 瓶饮料捆绑在一起，整体上给一个优惠价，拉高单次交易额和整体销量。其三，在瓶型上花心思创新，多搞几个异形瓶，在消费者毫无觉察的情况下“偷工减料”，价格还按常规的 500 毫升卖，实际早就换成了 450 毫升或 400 毫升。其四，持续推出饮料新品，增加不同口味，增加自家品牌被购买的机会，或者倍增同一消费者购买频次，部分新品甚至还拥有良好的提价功效。包括娃哈哈在内的饮料巨头，这些手段基本都用过。

上述手段对于饮料企业解决单价偏低的问题，并没有太大帮助。大包装消费比例本来就偏低，对平衡单价提高不了几个百分点。捆绑式打包促销，只是短期的权宜之计，不能常用。减量不减价，对于提高零售单价没有任何帮助，也就是降低几分钱的生产成本，其他成本并不会因此而改变。推出新品，也并不能促使零售价格翻番。与其他行业相比，这些都是饮料行业难以破局的硬伤。而娃哈哈所选择的多元化领域，无一例外，都是零售单价高且毛利空间大的领域。比如现在推出的“领酱国酒”，价格为 100 ~ 400 元，而按照白酒行业通行的说法，再好的白酒，其生产成本即使放大到极限，也在 20 元之内。宗庆后的多元化，更多是为了突破饮料行业固有的局限，谋求更高效率、更大空间的发展。

从我们的六项指标来看，娃哈哈最为理想的多元化创新方向，在客观上必须具备这么几个特征，或者可以立足于这样的一些前提：第一，消费者层面的单价或者是单次交易额至少能超过 100 元，最好是处于 200 ~ 1000 元的区间内，厂家的纯利润率至少能保持在 10% 左右。这两项指标最好能够多多益善，如若不行，也别强求。第二，产品或服务所面向的人群基本还是大众化的，潜在的“接触人数”和现实可以实现的“接触人数”都有着较为切实的保证，且产品本身还是相对有利于娃哈哈的品牌迁移，渠道和资源最好也能跟饮料主业有一定程度的匹配。第三，产品“转化率”相对要较高，可以比饮料低一些，但也不能相差悬殊。当然，这跟产品和品类的选择以及相应的定位体系有很大关系，也受制于品牌策划和渠道策略。但渠道方面对于娃哈哈来说，基本都不是太大问题，有数百亿元的饮料销量作为背书，娃哈哈集团的童装、奶粉和白酒等产品，轻松地就能把一些基础销量给渠道摊派下去。如果产品选择得还算恰当，只要是能保证产品的终端网络能见度，“转化率”相对来说还是可以保证的，这方面娃哈哈无疑具有更多优势。第四，“购买频次”（或“重复购买率”）一方面跟产品或服务给消费者带来的体验程度高度相关，另一方面在更大程度上受制于行业及领域的选择。当然，理想状态还是快速消费品或者类快速消费品。只要是大的领域和方向没有选错，品牌和营销方面的“购买频次”指标挖潜，还是可以通过一些手段去努力的，相对来说，娃哈哈和宗庆后在这方面还属于高手。第五，行业格局目前还处于“春秋”时期，接下来是由“春秋”时期向“战国”时期过渡，没有过于强势的品牌。但从趋势来看，或者是未来 5 ~ 10 年，能实现高速成长，或者是产业集中度有巨大的整合和提高空间。

结合以上指标分析，我们可以很清晰地看出来，娃哈哈的多元化项目，为什么选择来选择去，最终选择的是童装、白酒、奶粉、欧洲精品货贸易那些项目，其内在逻辑就是这样的。这些领域并不是非常适合娃哈哈，但相对来说还是要靠谱一些。

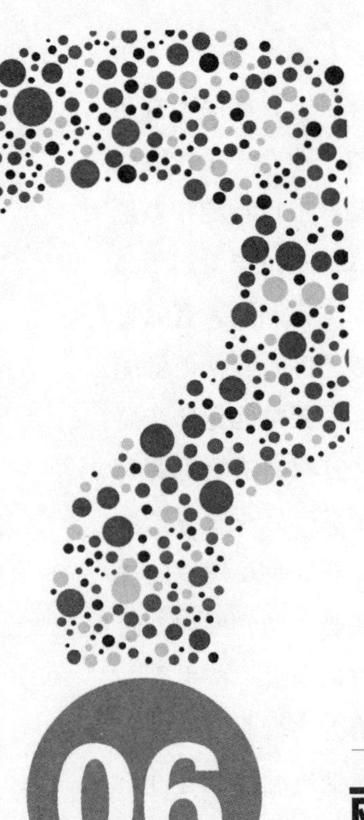

06 丽华快餐的崛起及其背后密码

导读：快餐外卖的“利润率”并不算低，其发展难点在于如何发掘“交易额”和“接触人数”指标潜力，并提升生产和配送效率。在这些方面，丽华快餐是通过生产标准化、优化产品线、合理布局配餐中心和配送网络、聚焦重点城市和团餐市场来达成目标的。他们还实施基于电话、互联网和 APP 客户端的会员制数据库营销来挖潜“购买频次”。

目前在中国盒饭外卖领域，名气最大的恐怕就是丽华快餐了。丽华快餐 1993 年创办于江苏省常州市，至今已有 20 多年的发展历史。丽华快餐是餐饮业“无店铺经营”模式的先行者，他们以快餐工厂模式打天下，起初用 3000 元创业，现在已有 3000 多名员工，并计划上市。截至 2013 年年底，丽华快餐已经在北京、上海、广州、深圳、大连、南京、苏州、无锡、常州、郑州等全国 10 余个大中城市拥有近 100 家快餐配餐中心，成为中国最大规模的专业送餐公司，跻身中式快餐十大著名品牌企业。丽华快餐在品牌上强调“卫生、营养、快捷”的产品特性，以及“一份起送，半小时送达”的品质服务。在这 20 多年的发展历史上，丽华快餐不断刷新着奇迹。丽华快餐走进了 100 多家驻华大使馆、领事馆，乘上了特快列车和上海始发的“和谐”号动车组，同时还在中国国际旅游交易会、中国国际工业博览会、F1 中国上海大奖赛、北京 2008 奥运会和北京 2008 残奥会、北京奥运会（上海赛区）、国际汽车展览会、世界夏季特殊奥林匹克运动会、“好运北京”奥运测试赛、第 21 届世界大学生运动会、第十届全运会、第三届全国体育大会、50 周年国庆阅兵、春节晚会、申奥庆典、迎接新世纪晚会、央视抗洪赈灾义演等历次重大活动中成为指定供餐单位。此外还在北京、上海两地参与了北京 2008 年奥运会和残奥会、2010 年上海世博会的供餐工作。2010 年，丽华快餐成为江苏省第 17 届运动会的唯一餐饮服务商。2007 年，丽华快餐在北京新建了 17000 平方米的专为奥运供餐的大型快餐工厂，同时在长三角地区兴建了大型的物流配送中心和上海快餐工厂。

丽华快餐的运作模式在整体上具有以下几个方面的特征：第一，配餐中心生产工艺标准化、工业化，引进大型先进、的商务厨具和现代化的加工机器，在一段时间内所提供的菜单品种相对集中，一般品种在 10 个菜以内，这在很大程度上保证了饭菜生产和配送的质量与效率。第二，为了提高生产效率和实现质量标准化，丽华快餐的配送中心配备了搅拌机、滚揉机、面筋塞肉机、肉圆机，规模大的配送中心甚至还配置了米饭生产线、全自动洗碗机等设备，丽华快餐还斥巨资引进了先进的食品卫生化验设备，在各地区均设有化验室，确保从原材料进货到成品的质量都能得到严密控制。第三，在采购方面，与国内知名食品品牌企业强强合作，建立了稳定的全国粮油、副产品批发直供基地，集中规模化采购，节约了不少成本，更为重要的是确保食材和食品的绝对安全。为此，丽华快餐还建立了拥有先进设备的企业食品化验中心（营养分析室、细菌化验室）和一支专业化的检测队伍。第四，丽华快餐面对不同的用户，分为两大发展方向，一是面向普通消费者散户的 B2C 模块，在这个方向上，丽华快餐最终发展成为“中式送餐王”：二是面向众多机关企事业单位、学校和大型活动的 B2B 模块，在这个方向上丽华又细分出了“单位团餐”“校园食堂”和“活动餐”，最终成长为“大型团餐专家”，同时又在另一个向度上发展出了“标准盒饭”和“现场散打”两大服务模式。第五，丽华快餐得以井喷式发展，主要得益于连锁经营、与时俱进的网络化订餐系统、无店铺经营模式以及科学合理的生产运作流程。他们从 1997 年开始陆续采用计算机接线系统、计算机传输系统、无线对讲系统和无线寻呼系统，网上订餐服务、400 全国统一订餐电话等客服手段，目前他们还推出了 APP 应用端，部分城市的分公司甚至还推出了独立的微信公众号，以最大限度地保证服务的弹性和品牌传播效果。丽华快餐还在全国率先引入 GPS 全球定位系统，并且应用到企业的送餐互联网传输系统。第六，丽华快餐在目标城市的核心城区采取高密度布局策略，而不是撒胡椒粉。这张越织越密的网，不但极大提高了送餐效率，而且可以使规模化大生产的优势效应放到最大，提高了资源配置效率，最终也倍增了企业的利润水平。第七，利用价格机制方面的游戏规则来达到促销和推广的目的。比如，在那些服务城市的限定区域内，一份起送，单笔消费金额在 50 元以内，电话订餐收取 4 元送餐费，网络订餐收取 3 元送餐费，手机 APP 订餐收取 2 元送餐费，超过 50 元免送餐费，比较偏远的部分区域统一收 6 元送餐费。丽华快餐拥有自己的官网商城、网络会员体系和移动互联网服务端，激励用户使用他们的网络和会员系统，以便积累相应的用户数据，供营销挖潜。

结合本书中的六项指标，我们可以较为清晰地感受到丽华快餐高速成长背后的某些密码。其一，虽然强调“一份起送”，单份盒饭的价格相对来说比较便宜，但在送餐区域范围上却有所限制，而且在 50 元之内需要另加送餐费，超过 50 元免费。与此同时，他们在业务方面主攻“团餐”，这些手段实际上都是在想方设法做高“交易额”指标，使得销售和配送更有效率。其二，原材料集中采购，大幅缩短上游供应链长度，采用专业机器设备进行规模化工业生产，服务网点和配送线路高密度、紧凑型布局，利用经济手段撬动消费者单次点餐消费金额，发展无店铺经营模式，菜单品种（SKU）阶段式聚焦，都有助于对“利润率”指标挖潜。这些手段也在一定程度上为降低单价、有效抢夺快餐服务散户市场准备了条件。其三，在“接触人数”之上，丽华快餐一方面通过连锁的方式扩大服务和接触面，另一方面主攻机关和企事业单位以及大型活动供餐服务，此外还发展网络会员制和口碑营销模式。从其结果来看，效果非常明显。长达20多年的专注坚守下，在中式快餐的盒饭外卖领域沉淀下了强大的品牌效应。其四，盒饭外卖的“转化率”主要受制于饭菜本身的质量、价格上的竞争优势、送餐服务方面的质量，以及在市场上的品牌影响力和口碑，在这几个方面，丽华快餐基本处于完胜状态，因此其“转化率”“体验性”和“购买频次”都要较之于一般的快餐外卖强很多。其五，盒饭品类本身属于快速消费品，在“购买频次”方面具有很好的潜质，其他的就是看相关品牌如何挖掘潜力了。丽华快餐除了品质良好、价格实惠和送餐快捷之外，还结合自己的官方网站实施会员制数据库营销体系，服务方式与时俱进，一直延伸到移动互联网APP应用端，这些方式都有助于提高客户的“黏着力”和“重复购买率”，从客观上促使用户“购买频次”潜力在更大程度上得到释放。

丽华快餐在专注自主产品外卖的同时，在目标城市的核心城区积累和沉淀了非常成熟与专业的餐饮外卖配送服务体系。在这个基础上，**丽华快餐开始着眼于整合社会上其他餐饮服务资源，将自己的配送资源打造成一个开放式的平台。**2010年，丽华快餐在北京创建了“到家美食汇”品牌，专注于为城市中高收入家庭提供特色餐厅外卖服务。消费者和用户通过“到家美食会”的呼叫中心、网站或手机客户端，可以方便地从周边知名特色餐厅订餐，并由“到家美食会”的专业送餐团队配送到家。“到家美食会”品牌的目标是为消费者提供最优质的餐饮外卖服务，让消费者在自己期望的时间和地点品尝到自己喜爱餐厅的菜品。截至2013年年底，“到家美食会”已经同上千家知名餐饮企业建立了合作关系，并开通了北京、上海和杭州三个城市的送餐服务，待模式成熟后还会将这项餐饮服务推广到全国主要城市。

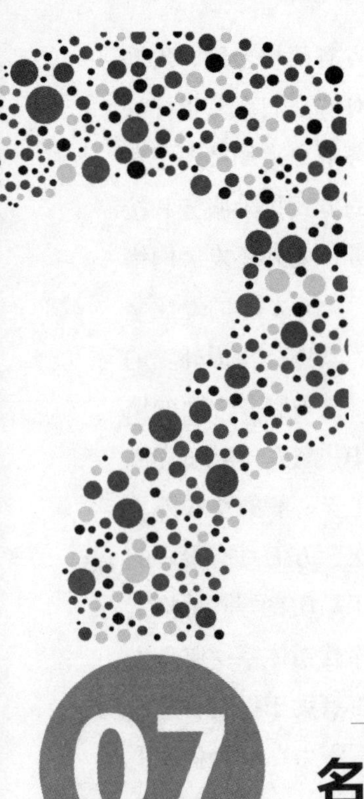

07 名牌学校和医院连锁化的市场潜力

导读：在文化、创意和个性化服务领域，进行标准化、流程化、互联网化和智能化改造，可以促进相关优质机构和资源在“接触人数”上释放潜力，惠及更为广泛的群体。在城市化发展阶段进入中后期的今天，有移动互联网、物联网、智能化技术、大数据和云计算的支撑，名牌学校和医院的连锁化具有极大的发展空间，孕育着无限商机。

对于中国人来说，连锁经营早已不是什么陌生现象了，就连现在的教育和医疗领域，最近十多年来都出现了很多连锁机构，但这些领域的连锁，在整体上又呈现出比较明显的中国特色。第一，医疗和教育领域的连锁基本上都来自于民营机构，公立的知名学校和知名医院办分校分院的也不时有所耳闻，但整体上规模还不是太大，在市场上还远远没有形成气候。第二，无论医疗还是教育领域，相关的连锁机构针对的都是外围、细分和处于补充地位的市场，比如医疗多集中在牙科、妇科、生殖科、整容、中医针灸、风湿病等细分领域，而教育则更多集中在少儿英语、中小学课外辅导、软件编程和幼儿教育等相关领域。第三，标准化和专业化程度相对来说还比较低，机构的水平良莠不齐，相对于其他行业的连锁来说，行业集中度还很低，整体上仍处于发展的初级阶段，远未进入井喷发展期。第四，服务专业化、流水线化、标准化，模块分离和集中重组程度都比较低，统一管理、统一推广，学术、科研和案例等数据库深度共享，大多数做得还不是很到位，工作人员整体上的资质也不是太理想，顶多只是借用地缘优势把某些名企或者名师聘请过来兼职。

伴随着这十多年来我国城市化进程的飞速发展，以及交通技术条件的极大改善，更多的人口涌入排名前50位的城市，或者是到这些城市看病和就学，最终导致了这些城市的看病难和上学难问题变得越来越突出。每年“两会”前后，教育和医疗资源公平化，都会成为整个社会关注的焦点。面对这些问题，无非是“供”和“需”两大方向之上的调整思路：其一是以某种合适的方式，增加优质教育和医疗资源的供给；其二是利用各种手段限制新增需求的过度涌入。在目前市场化和城市化浪潮中，后一种思路无疑不太具有现实的可行性，那只能在前一个思路上挖掘相应的潜力了。在增加优质资源的供给层面，其实包括建筑和设备在内的硬件问题，问题都不是很大，因为这些都可以通过花钱直接解决，剩下的核心问题就是软件方面的资源如何配置和整合了。

目前在优质医疗和教育资源增加供给上，主要是开设分院和分校，其品牌授权的成分要远远高于软件资源整合。目前此类现象在北上广地区较为常见，很多郊县的教育和医疗机构一旦“换一张皮”，披上市区某著名机构授权的外衣之后，很快就告别了“门前冷落车马稀”的境地，客流量变得火爆起来，而实际上老师还是原来的老师，医生还是原来的医生，流程还是原来的流程。每当想到这些，我自己就联想到了《聊斋志异》中“画皮”的故事，心里自然而然跟着偷乐。想想也是，品牌，特别是名牌，本身就具有一种化腐朽为神奇的魔力，特别是在中国这样一个国民思维偏感性和直觉的国度里，更是这样。

不少媒体将“分院”“分校”形象地称之为“医院连锁店”“名校连锁店”，但在实际上这种模式算不上真正意义上的连锁。发展成熟的连锁模式，大致上要具备这么几个方面的特征：其一，具有统一的品牌和 VI 形象、统一的流程和服务标准，而且在数量上有一定的保证，最起码是三家以上甚至是几十家上百家。其二，有统一的采购和研发能力，服务及其对应的细节流程化、流水线化和标准化，有着统一的细致入微的操作手册。品牌和服务黏着力的构建，更大程度上是来源于细节层面专业化和标准化的规范，对“明星”服务者的依赖程度较低，而“分院”和“分校”更大程度上是在拿某些名医、名师资源的共享来说事儿，在相当大程度上还停留在“个性化”的手工“匠人”阶段，服务质量的稳定性和标准化还远远未达到成熟连锁模式的应有水平。其三，从长远的发展来看，所有连锁结构最为之前的东西，是在专业领域强大的、细致入微的数据库，以及对这些相关数据的挖潜能力，这也是优质资源标准化、专业化和高速复制化的前提和基础，这在一些零售连锁企业当中，已经做得比较到位了，对于名牌医院和名牌学校来说，要想真正发展为连锁事业，这种数据库和数据挖潜能力的建设，以及打造专业化的标准化研发团队，同样也是不可或缺的必由之路。

在医疗或教育机构连锁化方面，公立名牌机构需要向那些民营连锁机构学习。尽管这些民营机构连锁经营的发展程度相对来说也比较低，但与那些公立机构相比，毕竟已经有十多年的经验了，相关方面的积累，整体而言，还是远远超越了后者。这也是非常现实的一个客观情况。**从未来 10 ~ 20 年的发展趋势来看，优质医疗和教育机构的连锁化必然会成为难以阻挡的一个潮流，而物联网、大数据、智能化等领域的技术以及开放式创新，都会使优质医疗和教育资源在连锁化过程中的效力将会得到更为集中的释放，目前在创办“分院”和“分校”过程中所存在的一些问题，都可以得到极大缓和与改善。**未来优质医疗和教育资源在连锁化的过程中，必定会涉及利用互联网思维来挖掘和整合相关资源的问题，其实这个过程既是一个“连锁化”改造的过程，又是一个“互联网化”改造的过程。利用互联网思维颠覆和重塑传统行业，目前比较典型的案例就有苹果与智能手机、特斯拉与电动汽车、可汗学院与在线教育、维基与网络百科。互联网思维和智能化技术迟早是要和各行各业高度融合的。从目前的情况来看，优质的医疗和教育资源的连锁化正处于高速发展的前夜，大幕将启，无限的商机如潮般涌动。

利用连锁化和智能化对医疗和教育行业进行改造，具有以下几个方面的好处：第一，提高相关加盟机构的“单价 / 交易额”指标，这个方面潜力的挖掘，很大程度上是沾了品牌化背书的光，某些机构一旦披上了“名院分院”“名校分校”的外衣，收费标准一般都要提高不少，尽管实际上他们的软硬件服务水平并不一定提高了多少。第二，其“利润率”水平也往往会提高不少，但“利润率”提升跟效率倍增有很大关系，比如医药产品的集中或联合采购，服务标准化、流程化所摊薄的单次服务成本，统一推广和传播所带来效果之上的高性价比，以及品牌本身所带来的溢价能力。第三，对于那些“名院”或“名校”来讲，“转化率”往往不是问题，当资源处于供不应求时，如何提升“产能”或“服务容量”才是最关键的，这在我们的六项指标中，更为直观的体现就是“接触人数”，通过连锁化和智能化的方式，极大提高“服务产能”和“接触人数（服务人数）”，这项指标绝对是优质医疗和教育连锁化的价值所在。第四，“购买频次”在医疗和教育行业比较特殊，医疗相对来说，还是有一定的“重复购买”行为，但在某种程度上也要看定位，在绝大多数情况下，医疗和教育的“购买频次”变型为“口碑效果”或者“客户转荐率”，这实际上又取决于“名院”和“名校”软硬件品质的复制程度，而信息化、智能化及其对应的管理技术对此必将有着巨大的支撑作用。整体上来说，可挖掘的潜力还是非常大的。

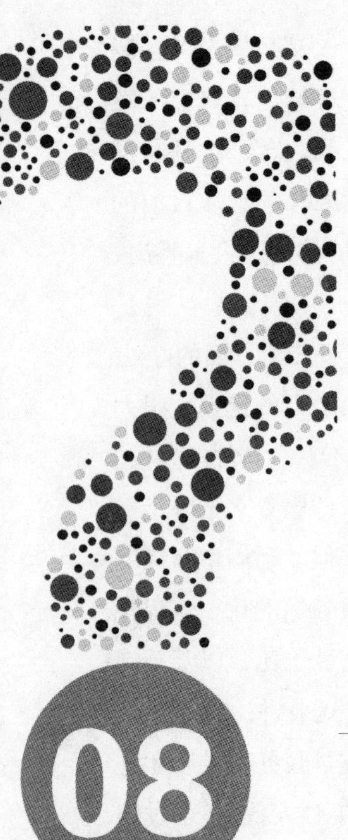

08 网上超市为何总不靠谱

导读：横在网上超市面前的最大障碍是平均每单“交易额”所产生的利润能在多大程度上弥补平均送货成本。要想使这个商业模式成立，如何最大限度地做高“交易额”和“综合毛利率”，成为经营者所要思考的核心问题。可是一旦做高这两项指标，网上超市就已经不再是传统意义上的生活超市了，名与实之间发生了背离。

进入 21 世纪以来，连锁超市和网上购物成为两大时尚概念。似乎只要“触网”，“钱景”自然一片光明，说不定还可以去纳斯达克敲敲钟。正是受这种思潮的影响，从那时开始，国内不断有人“创造性”地投资网上超市，前仆后继，蔚为大观。但除了现在的“1 号店”和中粮旗下的“我买网”之外，基本还没有一家真正做起来的。仅就我自己所了解到的，这十多年来，各大城市做过此类尝试的就有 100 多家，时间最长的还坚持了 42 个月，最终也都铩羽而归。当然，一般选择此类模式的都是中小资本。他们大多从阿里巴巴、淘宝、当当和京东受到了启发，认为既然当当、淘宝能够成功，自己起码还是有希望的，只要被风投看好，事情就成功了一半。

我多年来跟踪了不少此类项目。综合各种情况看，这类想法多多少少有点想当然。**风投有风投们的标准：一是你的业务模式基本成熟；二是可以快速复制，或者迅速上规模；三是最好在国外有同样模式得到了市场验证**。这在相当程度上，就意味着导入期的巨额投入必须靠自己，风投是很难涉入的。一般而言，如果没有特别廉价且有效的推广方式，互联网项目在导入期所需的资金量至少是百万级的。假如没有这个级数的资金量，就意味着在“资源链”当中“财”这项指标上并不过关。你运作的项目半路沉船基本没有什么悬念。

另外，并不是所有产品都适合网上销售。这其中的制约因素就在于每单利润额和送货成本。换句话说，平均每单所产生的毛利至少应该高于送货成本。这就涉及我们所谈六项指标中的前两项，即“交易额”和“利润率”，先用这两项指标看当当。当当平均每本书的售价为 20 元左右，购两本才免运费，也就是说每单交易额不低于 40 元。出版商给当当的折扣，一般为四五折到五五折，而他们的售价主流上为六零折到六九折，大致上有 15%~20% 的毛利空间。目前图书定价基本没有低于 30 元的，即使按照 25 元计算，两本书当当的毛利也能达到 7.5 元，而其送货成本为 5 元 / 单，每单的毛利至少能达到 2.5 元。当然，在促销之时也可能会出现亏损，但毕竟还有出版商返利以及平时的较高利润作为对冲。

家电、手机以及其他数码产品，单价本身就高，平均每单价格都在百元以上，有的甚至上千元。即使是按照 10% 的毛利来算，每单的毛利润在 10 ~ 100 元之间，这已经算是保守的估计了。绝大多数物件的送货成本，每件在 5 ~ 10 元之间，最起码不至于亏损。服装就更适合网上销售了，因为它的毛利率保守估计也在 20%~30% 之间，一件衣服大多至少 50 元，平均每单交易额基本不会少于 100 元，就按 10 元 / 单的送货成本来算，去掉该项成本之后的毛利润还是有保障的。至于其他方面的问题，就看你自己如何经营了，毕竟还有可能赚钱。

我们再来看网上超市。网上超市的主营产品基本属于日用杂货。在相当长时间内，超过 50 元的单子不会多，我们暂且按照每单 50 元的平均值来计算。按照消费者理解，网上购物就是应该比实体店便宜，而且对送货速度要求比较高，忍耐限度顶多为 1 个小时。除极个别情况，网上超市在采购方面没有任何优势，价格偏高，没有账期，但你售价至少不能高于实体店，甚至还必须比人家便宜。这些因素叠加起来，平均毛利也就 10% 左右，通过优化产品结构等方式，做到 15% 已经不错了。通过以上数据，我们可以算出，每单的毛利润在 5 ~ 7.5 元之间。即便是按照平均每单 100 元来算，单次交易毛利润也不过是 10 ~ 15 元，可是做到这一步非常难。在利润基本固定的情况下，送货成本直接决定模式是否成立。

网上超市配送一般为两种情况：要不找快递公司外包，要不靠自己员工送货。外包给快递公司，每单成本为 5 元，只能保证 24 小时内送到。对于快速消费品而言，这个速度往往让人难以接受。不过在这种情况下，成本倒是可控。即使按照这个来算，光送货成本一项，就足以把毛利吃掉。倘若员工送货，在相当长的时期内，平均每半个小时送一单已经是相当不容易了。按照每天上班 10 个小时，饱和的情况下能送 20 单，全出勤整月下来 600 单。假定送货员月薪 1200 元，每单的成本降到极限，仍需 2 元。可是照现在的行情，月薪 1200 元，找体力精壮且甘于吃苦的送货人员，即使放在县城，恐怕也不太容易。按照目前的发展状况，真的雇这么一个人，月综合成本差不多也得在 3000 元左右，平均下来，每单也得要 5 元。这就意味着光送货成本一项，就足以把毛利润统统吃掉。

这还没有考虑网上超市的其他成本。通常来说，网上超市至少需要客服 1 人，还需要仓储条件、电瓶车、信息推广，甚至专职的捡货人员和管理人员。当然有人会认为，通过优化配送线路等方式可以降低成本，然而实践不断证明，这个空间并不是很大：一方面，线路优化需要建立在订单密集的基础上；另一方面，劳动力成本的快速飙升也在压缩这种可能。网上超市模式要想成立并发展壮大，必须在如下几个方面寻求突破：第一，提高每单的交易额，即在我们六项指标的第一项上做文章，比如导入单价比较高的一些产品，像小家电、手机、保健品、进口食品、箱包服装，或者是便宜产品打包销售，譬如啤酒饮料成捆卖，最终无论如何也要将每单的平均交易额至少做到 100 元以上。第二，选择高利润产品，也就是在六项指标的第二项上做文章，将毛利润空间做到 20% 以上，特别是那些价格不太透明的东西，或者是免去送货成本的服务，比如火车票、飞机票、移动充值卡、宾馆预订等。第三，努力放大网站信息的接触人数，提高用户转化率和黏着力，亦即在六项指标中的第三、四、五项指标上拓展潜力——当然，这三项指标必须建立在前两项指标过关的基础上，否则再努力也无多大意义。

事实上，1 号店这些年的发展历程，或有意为之，或误打误撞，都在暗合着这个道理。他们最初两三年所选择的主流产品，单位价格和利润空间都比较低，但目前其主推产品都在尽力做高每单“交易额”以及“综合毛利率”。他们的发展趋向已经越来越跟“生活超市”本身没有多大关联了，而更像一个中高档百货商店。支撑其规模和推广所需的费用至少是千万级的资金量。1 号店的蜕变过程非常耐人寻味。商业就是商业，**商业是非常现实的，拒绝所有不切实际的浪漫主义，无论你最初想法如何，最终都得向现实投降**。

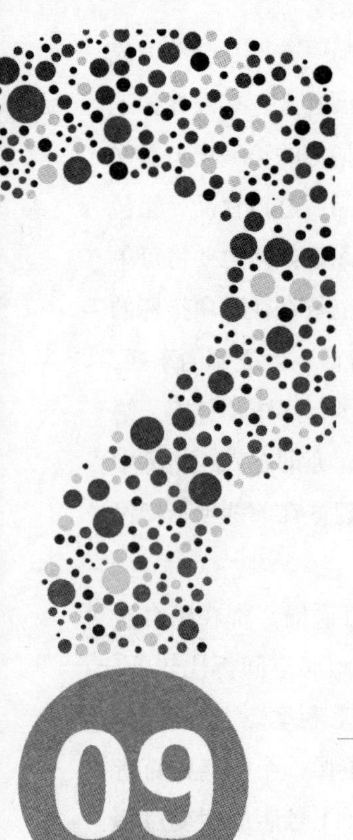

09 直销产品背后的法门

导读：直销在本质上属于个人代理，通路效率较低，且成本要远高于大流通。这个模式要想突破，必须将单价做到天价，以保证超高的“利润率”，否则就难以确保通路上各级个人代理人员的利益。主流的直销品牌，其产品还是具有一定真实效果的，生产成本和最终售价之间的高倍数巨大反差，是直销产品的最大特点。

直销模式进入中国已经有 20 多年了，是是非非一直争论不断。斥者，将其视作洪水猛兽；信者，将其视为济世良方。在其发展史上，还一度与传销惹上说不清道不明、剪不断理还乱的关系。20 世纪 90 年代，直销所涉及的产品鱼目混珠，泥沙俱下。其中不少系统，产品质量并不过关，欺诈的嫌疑很大。“沧海横流，方显英雄本色”。经过 20 多年时间，市场上还是沉淀下了一批优秀企业。也的确有不少人通过直销模式实现了自己的财富之梦，其间也充斥着大量“屌丝逆袭”的神话。只要“去情绪化”认真观察，我们还是要承认这些基本事实的。一个企业历经 20 多年，不但没有倒掉，还得以迅猛成长、发展壮大，其中绝对有着深层缘由。这些都值得我们去探究。

市场上主流的直销公司，都有几款销量可观的骨干产品，一般为保健品或者化妆品，其效果也能得到较好的验证，品质还是可以保障的。这也正是主流直销品牌得以从数以百计牌子中脱颖而出的最基本的原因。就拿保健品来说，他们主打的产品往往都是针对特定的亚健康或慢性病的人群，服用之后还真的都会有较为明显的效果。我有一位亲戚，就尝试过美国某知名品牌的产品。他的病中医、西医、各大医院都瞧了个遍，都基本没什么效果。吃了那个保健品之后，两三天内见效，身体各项指标逐渐恢复到正常状态，就连皮肤光泽、精神状态都达到了前所未有的水平。

保健品就是保健品，既非药品，也非毒品。药品是有治疗效果的，但保健品没有，一旦停服，一个星期后，其所有问题，往往都是“外甥打灯笼——照旧”，并不能治愈，更不能除根。毒品是有依赖性的，而保健品没有，即便是停服，也不会产生什么依赖性，上瘾之类的事情同样不会发生，绝不会像毒品那样对身体产生危害。正规的功能性保健品，总之就一句话：“吃就管用，不吃就不管用。”这没必要拔高，没必要贬低，事实上就是一种特殊的食品而已。如果经济条件允许，当作辅助食品长期食用，对身体保持健康状态还是很有帮助的。国家将此类产品定位成“保健食品”，其实是非常科学到位的。只是消费者往往不能很好地解读这四个字的准确含义，错误地将其当作药品，强求疗效。

主流直销产品往往都有这么几个特征：第一，其有效成分最终都是从特定的动植物身上提取出来的，比如某些果皮、粗粮胚胎、草药茎叶，生产成本其实非常低廉。如果你平时吃这些东西，也能达到同样效果，其原理跟食疗接近，只是经过他们萃取，成分更为浓缩；第二，终端售价常常是生产成本的几十倍，甚至是成百上千倍，或者单品价格数百元上千元，或者套装价格整体上达到这个水平，与此同时，渠道和营销成本极高；第三，效果都具有一定的真实口碑，在销售人员中真正发财致富的大有人在，但绝大多数人做不起来，直接或间接充当消费者以及义务宣传员的角色。在成功人士当中，各种类型的人都有，向上发展通道是开放式的。

直销模式在诉求上一贯强调节约渠道成本，然而其渠道成本却是最高的。目前，消费品主流的通路模式是“厂家—经销商—销售终端—消费者”，还有可能经销商和终端的角色融为一体，至于网上购物，则更多是“厂家—电商平台—消费者”的模式，即便个别行业和品牌，从厂家到消费者之间的中间环节顶多是三级。但这种传统渠道，由于批量大，且不同产品、不同品牌组合在一起流通，分摊到单个包装上的流通成本就比较低了。也就是说，传统流通模式下，我们所说的六项指标中，“交易额”“接触人数”“转化率”和“购买频次”这几项是占优势的，即便是“单价”和“毛利率”都相对较低，还是可以赚到钱，能够弥补成本，产生盈余，并获得长足的发展。

直销在本质上属于“个人代理”，而且只代理单一品牌，不太可能上量。换而言之，在我们的六项指标中，直销的“接触人数”“转化率”和“购买频次”指标都不理想。**直销模式从厂家到消费者之间真实的中间环节一般为 3 ~ 5 级，尽管是“个人代理”，但每一级都需要足够的收益来养家糊口，甚至可以实现发财致富的梦想。任何行业都不能保证所有从业者衣食无忧，但必须保证一定比例的人员能够做到财务自由**。在这种现实因素下，更多只能通过做高“单价 / 交易额”“利润率 / 毛利率”两项指标来达成目标。举一个例子，比如 A 产品的生产成本为 50 元，你将零售价格定为 1650 元，五级个人代理渠道，在各个环节当中，每售出一瓶当下奖励 150 元，年终再按任务完成情况返利 50 元，只有这样，产品才可以按照直销模式推广。

由于直销产品卖出去的难度比较大，概率非常低，整体上从接触到成交的转化率很有可能都不到 3%，购买频次也远低于常规产品，因此，要想获得理想的成交基数，则必须以接近海量的接触基数为前提。说到这里又有一个问题，一个人所能直接接触到的人数，在饱和状态下是有定数的，何况是在推销天价产品，这会更加限制其中的数量。在各种策略中，“人海战术”便是较为理想的解决方案。通过大规模发展、高比例淘汰、接触人数几何级放大、“屌丝逆袭典范”现身说法等方式，最终得以吸纳海量人员进入，以此来对冲那超低的转化率，以便获得必要的成交基数。对于常规企业来说，发展销售队伍，识人和选人更重要，但对于直销来说，更为关键的是“拉人头”，只要团队当中下线和人数足够多，靠概率总会有人成长为“销售黑马”。直销领域是“销售黑马”诞生的密集地，他们更多相信的是“赛马”，而非“相马”机制。其实，在这些问题上，直销、保险和理财行业具有很高的一致性，如果仔细琢磨，别有一番韵味。

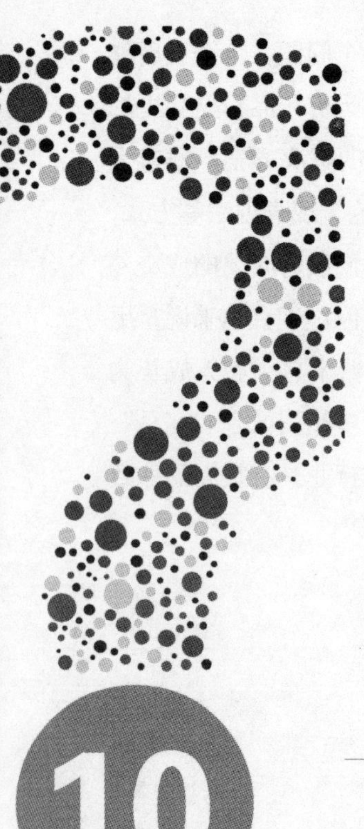

10 黑膏药背后的大智慧

导读：对于单价较低、“利润率”较大且需求概率超低的产品，能在多大程度上做到“接触人数”更为精准，进而大幅提高“转化率”，直接影响到项目的成败。互联网技术的持续发展，为这类原本难以有多大作为的项目提供了无限可能。除了保证“接触人数”的数量和质量外，通过打包将平均每单的交易额做大，也至关重要。

用于治疗风湿关节痛、腰间盘突出的黑膏药，属于典型的细分类小众产品，真实需求概率很低，基本不到1%，其单价又不可能做得太高。正因为如此，在传统渠道模式下，黑膏药一直处于被边缘化的地位，难以真正推广开来。个别掌握技术配方的，也在走街串巷兜售，但往往被视作江湖郎中，根本赚不了多少钱，甚至难以维持生计。本可以为千万患者谋福利的事情，却由于商业模式的问题，推广起来难上加难，无论对于配方拥有者，还是广大病患者，都着实令人遗憾。如何突破销量困局，成为摆在很多人面前的一大难题，但只要能够突破，就意味着前面等着你的，是大把白花花的银子。

此类黑膏药的生产成本，每贴也就不到0.2元，如果批量大的话，还可以降低一些，而社会上的零售价，一般每贴2 ~ 3元，通常成包销售，每包10贴。从毛利来看，利润空间还是很高的。这个东西如果靠自己零售，每天能卖出10包，已经相当不容易了，一个月下来的利润为5400元，光从个人角度来看，也算过得去，但已到极限。如果走药店等大流通渠道的话，涉及的问题较多，首先是正规批文，其次是广告投入，还有就是跟其他高单价药品及医疗器械之间的竞争，基本上也是难以走通的。互联网营销模式的兴起，为这种边缘化细分产品的销售，提供了无限可能。

我有一个朋友，年龄比我小七八岁，原来帮助一家连锁医疗机构做网络营销。一个偶然的机会，他认识了一位懂得黑药膏配方的医生，双方经过一番详谈，最终选择合作。刚开始他们选择各大论坛发帖、搜索引擎优化和邮件群发的方式进行推广，并通过淘宝网和支付宝与用户进行对接。那时大约在2010年，专门运作后的最初几个月，他们每月的营收就能达到两三万元，在三、四线城市，这个收入已经非常可观了，但这仅是刚刚开始，后来的状况变得越来越好。到了2012年，月营收就能达到十多万元，虽然个别月份受广告整顿等政策因素的影响，表现不是太好，但整体上的势头还是非常不错的。

2013年，这位哥们儿又经朋友介绍，引入战略投资和管理资源，对运作模式进行了升级：一是租用专门场所，扩大了客服、仓储和分拣等队伍；二是在延续原有推广手段的同时，又开始涉足百度关键词竞价、网盟广告精准投放；三是逐渐降低对淘宝和支付宝的依赖，除了第三方电子商务平台外，更多靠电话和QQ等网上对话软件与消费者对接，而在结款方面则更多采取了货到付款、快递公司代收等灵活多变的方式，最大限度降低用户的顾虑。从目前的情况来看，发展还比较迅猛，2013年下半年以来，月销售额均超过了100多万元，去掉各种综合费用，每月纯利润也有50万元左右。就对作为一个单品的黑膏药来说，这基本算得上一个奇迹了。

这位朋友年龄虽小，并非科班出身，初中毕业就在社会上闯荡，路子比较野，但头脑很好，也特别好学，学的都是实用招数，很接地气。本来这个产品疗效范围较广，倘若将情况如实跟消费者说了，反而给人的感觉不靠谱，似乎是那种典型忽悠人的“万金油”，信任程度会骤然下降。为了防止这种状况出现，他将同一产品各取部分功能，细分成三款，精准针对不同的群体，给人的感觉仿佛量身定制，专病专治。当这三款产品的信息，分别发在细分受众集中的地方，其“接触人数”指标在对象上更加精准，而其“转化率”也随之大幅提升。在此过程中，网络营销起到了减少中间环节，精准传递信息，高倍数放大销量的作用。

黑膏药之所以由原来不靠谱发展成现在竟能做成“千万级”的项目，其很重要的原因，就在于我们所说的那六项指标中的几项在参数上发生了很大变化。第一，在“单价/交易额”上，首先是10贴一包放在一起卖，患者往往抱着试试看的心态，一次会买三五包，这样单次交易额基本就上来了，2元一贴的东西，单笔交易额同样可以轻松做到50元以上。第二，“毛利率”，此种产品看上去不打眼，毛利率高达90%，只要销量能够做上去，其实属于标准的暴利产品，其利润空间并不比娃哈哈那些“水货”差，在某种程度上甚至还要更高一些。这么高的利润空间，也支撑了在推广手段上导入百度竞价排名、搜索引擎优化以及网络水军等方式。第三，“接触人数”，通过互联网多种手段组合推广，在较短的时间内海量放大信息接触人次，假如原来能接触到信息的人数为100人，现在则可能会达到两三万人，效率要比原来高数百倍。第四，“转化率”，**在不区分受众的传播模式下，转化率都不到1%，采用精确制导的“细分精准”沟通方式，转化率则可以提高到10%以上。在这种情况下，每天的成交单数是有保障的，这对于该商业模式的成立至关重要**。第五，“购买频率”，这种膏药尽管不是对所有患者都有效果，但对某些患者的病症还是有较为明显的缓减作用，因此具有一定的口碑和回头率，宣传上通常强调若干疗程，这些都在很大程度上提高了购买频率，让同一消费者尽量贡献更多的销量和利润。

在这个黑膏药网络营销案例中，我们的六项指标中的前五项指标都得到了极大的放大，第六项是辅助指标，因此整个商业模式的格局都发生了天翻地覆的变化。如果在这前五项指标中，那位兄弟能继续挖掘任何一项潜力，项目的营业额及净利润还会得到非常大的提升。当然，他还可以进一步导入其他产品，利用成熟经验继续复制这一模式，使经营规模井喷式发展，再造神话中的财富传奇。其实，很多超级细分的高利润产品都适合这么做。

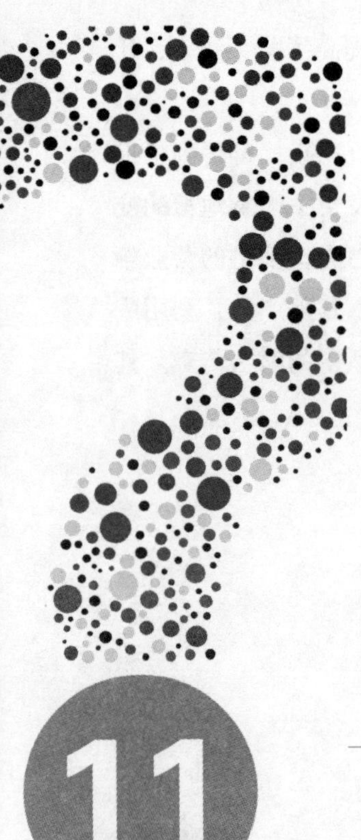

11 良医该怎么收费

导读：做任何事情，最基本的都是要为自己谋取合理的收益，对得起自身价值，能够养家糊口，让自己和家人的生活过得有尊严一些。当“接触人数”无法继续放大，通过一定的“道具”将单价或平均交易额做高，就是不得不做的事情了。很多时候，将简单问题复杂化，是不得已而为之的，跟道德层面的因素没有太大关联。

中医治病，更多时候不论你具体的病，而是看你身体系统整体平衡出什么问题了。很多病在西医来看属于不同病症，而在中医那里却属于同一个病的不同表象，特别是一些并发症更是这样。某些高手治病，几服药下去，你身上所有的病都没了。尽管中医的确存在太多不足，但整体治疗方案还是中医所长，它的理论体系在于恢复你身体整体上的免疫力和自我修复功能，跟那种“头疼医头，脚疼医脚”的方式有着根本的不同。中医治病的最高境界用的是针灸，高效便捷，生态环保，又基本没有副作用。其次才是汤药，医术精湛的仅凭一味很平常的药，就有可能把缠绕你多年的顽疾治愈。用几个桂圆，或者是一把麻黄，或者半两甘草，将某些看上去难缠的病治好，绝非虚无缥缈的传说。

我父亲早年学过医，尽管后来没吃这碗饭，但简单的针灸还是在行的。村子里很多人家里没钱，又怕误工，得了病尽量扛着，熬不住就请父亲扎扎。真还别说，小毛病针灸还真的管用。父亲最擅长的，是治疗带状疱疹（也叫“缠腰龙”）和腰间盘突出，前前后后为村子里十多个人治好了此类病，邻村的也有几个。有一年本家有位长辈，病得都难以走动了，他给人家连续针灸了三个月，把病给治好了。此类事情其实是要冒风险的，也不收人家什么钱，大多是乡里乡亲的，人家三番五次找来，情面上实在过不去，不得已而为之。

在现在的医疗体系中，不少中医一般能不针灸就尽量不针灸，能用多味药就尽量用多味药，能延续两三个疗程就尽量延续两三个疗程。这倒也不是说医生们无良，在更大程度上是被逼出来的。在世俗的评判体系中，靠针灸治再大的病，其价值也难以得到与之匹配的认可。在不少人看来，不打针不吃药，针刺两三天就好了，那这病根本就没什么大不了的，每扎一回收 50 ~ 100 元，他都感觉你在坑他，没开什么药，也没什么成本，凭啥就收我这么多钱？！因此在不少地方，主要靠针灸给人治病，即便真的疗效显著，医生往往还是贫困潦倒，不但自己一生清苦，全家人都跟着受累。

我有个朋友，江南人士，现在二十八九岁，业余研究“医易”已有十多年时间了，颇有造诣，属于此方面很有天赋之人。他随机缘偶尔也客串着给人治治病。刚出道的时候，曾有多次用几个桂圆把一些人的病给治好了，自己也很自得，认为古往今来的某些名医徒有虚名，占相当比例的病，治疗起来根本不需要那么复杂，还经常把某些药方搞得“玄乎其玄”的，不是水平不够，就是故弄玄虚。但时间一长，他就发现了很多问题，觉得自己这样做是在自寻烦恼，还曾郁闷过好久，心中万分矛盾。其一，他倾心竭力帮助病患，但有的人对他不是很尊重，尽管都是朋友介绍的，知根知底，但人家老是怀疑他的水平，感觉弄上几个破玩意儿瞎糊弄，甚至不屑之情流露于表面。其二，有人感觉如此简单就能有疗效，认为是很小的病，不太注重保养，该忌口的也不忌口，结果不断反复，到最后真的小病变大病，很难治了。其三，如同针灸，他的价值很难真正得到认可，自己费心出力，完全站在患者的立场上，最后连基本的回报都没有，钱就不要说了，连医好者发自内心的尊重都少有。

听了他的故事之后，我半开玩笑半认真地对他说，亏你学过《易经》，你这样做本来就是背“道”而行的，报应自然也来得很快，苦恼都是自找的，怨不得别人。第一，任何个人和家庭要想在社会上立足，尽管不一定为了发财，都必须建立在特定的物质基础之上。你老是靠几个桂圆把病治好，自己无疑就会贫困一生。人穷志短，时间长了，自己的精神状态和心情都不会太好，日久天长，这自然会在对患者的态度上反映出来，养成一副怪脾气，最终形成恶性循环。这种情况我在一些悬壶济世的名医身上看到过。第二，没花多少钱就把病给治了，病人在身体保养和其他配合措施方面就不会太重视。最终疗效不但会打折扣，而且平时照样不注重养生保健，表面上是为了他，实际上可能害了他。第三，你开的药复杂一些，适当用些贵点儿的药，整成几个疗程，只要你在病理上也说得头头是道，患者就打心眼儿里面佩服你，认为你的医术够高，他吃你的药心里也踏实，“药性+心理”双重因素配合，事实上恢复地更快，而且还会小心翼翼保养，痊愈之后还会对你感恩戴德，到处为你传播口碑。第四，每次治病都为自己争得合理回报，你自然不用为了生计而四处赶场子，在时间不太饱和的情况下，还可以不断复盘，深入研究，最终不但提高了医术，甚至还可以将独到精要之处梳理出来，回馈社会，造福于更多的医家和患者，这才是高德大爱、悬壶济世，更值得为世人所尊重和敬仰。第五，《周易》的基本精神是做事情要尊重规律，并尽可能做到多方共赢，同时在“善意有益于对方”的基础上，可以适当玩一些技巧。让每个患者都花上几百元，属于你的正常回报，无伤大雅，甚至还会皆大欢喜，取得良好的心身皆治的效果，何乐而不为呢！对于那些有钱的，你让他多花些钱也无所谓，对于那些确实没钱的，费用则完全可以减免。

技术好的医生，未必就是良医。良医会综合考虑各种合理因素，生理、心理、情绪、庄重感、仪式感，统统都要兼顾到。尽管很多东西本质上是在“做局”，但你没有那个“局”还真得不行。譬如，拍一张 CT 片子并做出相应分析，也就是 5 ~ 10 分钟的事情，为什么好医院非让病人等上几个小时甚至一个星期呢？在很大程度上是为了让患者有一种“正规感”“专业感”和“仪式感”，如果你 5 分钟把这张片子给他，对方往往非但不领情，反而还认为你做事太草率，视生命如儿戏。真正的良医，不但会照顾到病人很细微的情绪，还会让自己的人生和事业得到很好发展，并以更富有创造性的方式服务天下苍生。在这里插播一个小例子，按照中医讲究，看病必须具体问题具体对待，每个病人的药方和剂量都应有所差别，而且药方隔几天还得换一换。这种方式确实细致入微，做到了个性化，但在发生瘟疫之时，显然效率太低，照此方式救活不了几个人。当年蒙古大军围困汴梁，城破之后当地就发生了瘟疫，李东垣对此的解决方案就是不论差别，统一配方，统一剂量。这当然会有相当比例的人不太对症而命丧黄泉，但从整体效果来说，则救了数以万计的生命。

从事任何职业，最基本的都是应为自己谋取合理的收益，对得起自身价值，说得直白一点，就是养家糊口，让自己和家人的生活过得有尊严一些。从这个角度讲，行医和经商并不必然发生冲突，行医同样需要为自己生存发展获得合理回报，这本身也是“权利、义务和责任对等”的一种表现。为了做到这一点，我们六项指标当中的几项必须发生作用。**不论如何看病，你能亲自服务的患者，在人数上都有一个饱和值，也就是说，在“接触人数”指标上存在一个上限，那只能在“单价 / 交易额”指标上做文章了**，比如将每个患者平均贡献的营收做到 500 元左右，这就使得你不得不采用更为复杂、好看和专业的药方，量身定制疗程，而不能只凭几个桂圆两三天内就把别人的病治好。

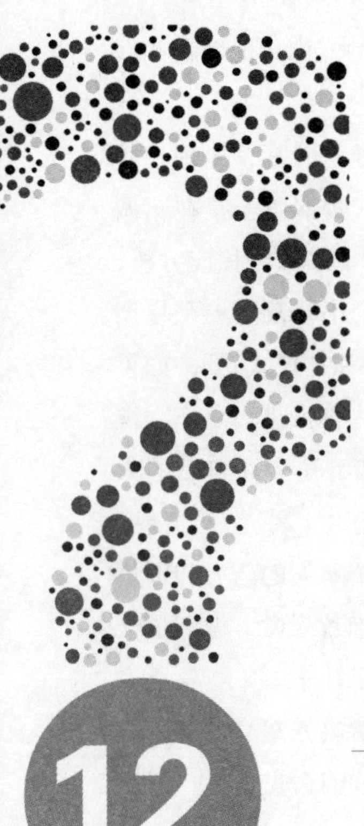

12 西部农村与“马太效应”

导读：一个地区的人口基数及密度，直接制约着“接触人数”这项指标。当人口基数和密度低到一定程度之后，“接触人数”就会受到很大限制。即便通常被认为“需求概率”和“转化率”都很高且与人们日常生活密切相关的项目，都会由于“成交人数”不足，整个商业模式都难以成立。这不是危言耸听，此类现象在西部农村已经大面积上演。

赵先生今年40多岁，是新疆一家油田的中层干部。他是从陕西关中平原农村读书出来的。由于工作繁忙，且父母都接出来跟自己生活，因此差不多有十年时间没回家乡了。到了一定年纪，人都容易怀旧，特别是生于斯长于斯的故土。为了了却心愿，重温一下儿时记忆，2013年夏天他还特别领上妻儿回了趟老家。这本来是件好事，但他后来跟我讲，回去还真不如不回去，心中增添了几分失落。

村子里留下的人没多少了，50多岁的人都算年轻，被遗弃的房子很多，县城通往镇里的客车是那种破旧的中巴，每天往复一次。镇上生活必需品的供给都不是很顺畅，基本是米面粮油之类的，要买其他的东西，只能跑到县城。日常生个病什么的，小病自己家里多准备些药扛着，实在不行就得到县里去治，镇上找个医生都比较难。乡村之间的小路快成了野草的乐园，雨水冲刷后的坑洼也没有人修补。正好我也是从西部农村出来的，这些年搞的就是经济分析和商业策划，了解到的类似情况比较多，平时亦有不少体会。

实际上这些事情还真不能完全怪政府，近年来，政府在民生方面的投入还是比较大的。乡镇卫生院得到了重建，医疗设施都配备了最新的，乡村校舍大面积修缮，电话、自来水和网络基本实现了村村通，原来没有汽车站的乡镇，都修建了崭新的车站，以乡镇为单位新建了不少养老院，基本做到了老有所终、“矜寡孤独废疾者皆有所养”。诸如此类惠民政策且落实到位的，还有很多。但政府也不是万能的，他只能管看得见的手，却管不了看不见的手。

那只看不见的手，就是市场经济。政府不可能面面俱到，更多配套项目需要由市场来提供。市场提供的项目本质上都是商业行为，提供者的底线是能以此为生，基本能养家糊口。特定区域内某类商业模式能否成立，人口基数和密度以及需求概率都是非常重要的指标。这些指标，更大程度上制约着我们六项指标中的“接触人数”和“转化率”两项的潜力。如果一个地方的人口基数和密度都上不去，那么可能的接触人数就会大大受到限制，再考虑到“需求概率”

和“转化率”因素，在一定时间内的“成交人数”同样会大受制约。很多人选项目，常说要选择那种每个人都有需求、基本每天都在消费的生活必需品，也就是说接近刚需之类的东西。但即便是此类商品或服务的提供，同样受制于人口基数及其密度。倘若某地的人口基数和密度降到一定程度后，即使是卖柴米油盐酱醋茶这些生活必需品，还得饿肚子，其他需求概率更低的非刚需商业模式就更难支撑了。

本人老家所在的乡镇，现在连铅笔、墨水、作业本这些看似很平常的东西都难以买到了。这听起来有点匪夷所思，但千真万确。为什么会出现这种情况呢？答案很简单，商店卖这些东西，除了不赚钱之外，还可能出现积压。农村户籍上的人口出生率本身就在下降，最近十多年急剧发生的城市化进程，基本将45岁以下的人口都“抽”进了大中城市。在内蒙古中西部，农村进城人口更多集中在呼和浩特、包头和鄂尔多斯三大城市。接受义务教育的孩子，选择在父母务工所在地就近上学。在这种情况下，留在农村上学的儿童屈指可数。

我们老家那个乡，当年属于旅蒙客商途经的重镇，2003年前后，基本每个村都还有小学，镇上还有完整的初中，只是人数相对较少而已。截止到目前，全乡只剩下了一所学校，其他的通通都倒闭了。在这里还需要特别提到的是，我们现在这个乡，是由过去四个乡合并成的。在这全乡唯一的学校中，仅存一所小学，全校45个老师全部带有编制，正常到校上班，而学生却只有五个，再过五六年，有没有学生都不好说了。按照这个需求基数，基本的文具在当地没有供应，也自然是非常正常的事情了。这几个孩子文具用量很少，除了托人从县城捎之外，每次买的时候尽量多买点。

由于人口基数和密度急速下降，尽管乡镇卫生院得到了重建，但病人却寥寥无几，不少设备自从配备之后还未真正使用过，部分村庄的学校，刚刚修葺一新就被废弃。而像电话、自来水、村间道路，很多都是类似的情况。市场经济本来就遵循“马太效应”，人口基数和密度越大的地方，各种主流的、非主流的，甚至是特别冷门的商业模式，都会逐渐“生长”出来；**而那些人口基数和密度越小的地方，到了最后，往往连最基本的生活必需品供给都会成为问题。这倒不是说没有悲天悯人者，但绝大多数人做事的底线，还是维持生存、养家糊口。**

在城市化进程的冲击下，县城的消费资源都在加速外流。就拿本人家乡的县城来说，最近五六年时间，私家车和客运系统发展很快，离省城较近，而且还有直通北京的大巴。县城的人购买服装、箱包、电器、家具和装修材料，甚至消费高档一点的餐饮和其他服务项目，很多时候都直接跑到省城。同时，网购发展迅猛，品牌消费意识强烈，本地消费也就更多偏向于日常生活必需品和服务，其他消费虽然也有，但都引向了外地。县城里面的医疗和教育，在这方面的趋势更加突出。稍大一点的病，人们都直接到省城的三甲医院，本地医疗资源闲置程度较高。家里条件好一点的，从上小学开始就到省城，并为此给孩子在那里买了房子。上高中面临考大学的，尽量设法到那些省级重点高中读书。县城只有一所高中，稍微年轻点的“名师”，也都被外地的那些好学校给“抽”走了。

在特定区域，某个项目的商业模式能否成立，关键在于我们所提到的那六项指标综合起来是否支撑得了，而不在于你的其他因素，也不在于是否是生活必需品、快速消费品。在这其中，“接触人数”和“转化率”相对来说更为关键。“接触人数”的上限，受制于人口基数及其密度，而“转化率”则也在相当大程度上受制于需求概率，二者虽然不会重合，但关联性还是比较高的。**任何项目的成立，都需要建立在必要“成交人数”的基础上面，这项指标一旦跌破临界点，其他所有一切都将是空谈**。其实，此类现象在历史上曾多次发生过。

内蒙古中西部的汉人，基本都是山陕两省的移民。山陕两省都是文化大省，历史上人才辈出，且不乏青史留名的风云人物，文化和教育水平相对较高。自从雍正乾隆年间出关，塞外汉民文化逐渐倒退，文盲率飙升，文化人减少，大师罕见。到了清末民国年间，也仅仅是五六代人的时间，几乎成为文化荒漠。究其原因，跟人口密度变低有着很大关系。受人口密度影响，塞外很多地方，打一把菜刀，买二两花椒，都得跑到十多里地以外，私塾、学校、图书、报纸和书信等“信息化”产品，由于需求不集中，难以支撑起相应的商业模式，都不太有人愿意提供。1949 年之后，随着人口基数和密度的增加，这种情况曾一度好转，但现在随着全国范围内工业化和城市化的急速发展，这些地方的农村甚至是县城，又开始了新一轮前所未有的衰败。在城市化浪潮仍在延续的情况下，要在县城选择创业，包括人口基数及密度在内的这些因素，都必须进行深入考虑，能把握的把握，能化解的化解，能规避的规避，只有这样，你的项目才更靠谱。特别是那种需求概率较低的项目，即便当地真的有人需要，但在特定时间内的消费人次十分有限，不一定能支撑起你的商业模式。

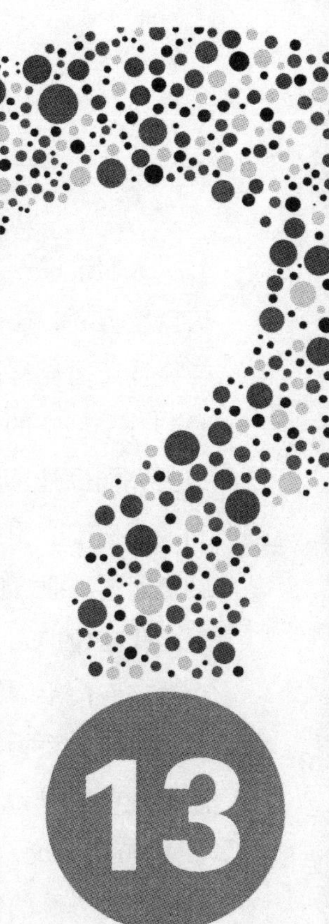

“傍大式”营销的利与弊

导读：受概率影响，很多人在创业之初就能傍上大户，“交易额”“利润率”“购买频次”和“时间”这几项指标皆能得到很好保障。“傍大式”营销的弊端在于模式复制困难，这是由“接触人数”有限以及存在着一定“转化率”所造成的。“傍大式”项目究竟能做多大，在很大程度上取决于你所配套的客户能给你多少项目，或者他能做多大。

人们常说做生意难，项目需要导入期，但某些商业模式，从你开始做的那一天就能盈利，还能获得稳定的发展。属于此种类型的项目，有公关外包、大型厂矿企业所需耗材销售等，而某些生产代工也可以算在范围内。这种项目，通常是找到一个稳定的大客户就能运作，对方甚至会给你预付款，利润空间相对丰厚，但其弊端也是显而易见的，即模式难以复制，其他的类似客户很难找，发展规模和成长速度会受到影响。刚从这种模式吃到甜头的往往很爽，踌躇满志，甚至还胸怀宏图霸业，但若干年下来，便冷暖自知了。

我有位朋友，现在 40 多岁，他和几个朋友在深圳注册了一家节能设备生产企业，专门给钢铁企业和市政工程提供节能设备及相关耗材。由于他们事先搞定了一家特大型钢铁企业，当年就实现了 600 多万元的营业额。这个数额对于当时刚创业的人来说，已经是大大地开门红了，到了 2002 年，他们又将营业额做到了 1000 多万元。这位朋友最擅长的就是搞定关键人，大约 2004 年的时候，他在没有半点人脉的情况下，硬是花了半年的时间，走通了关系链，将自己的产品打入某企业集团内部。

当时那个集团管理非常严格，他以各种手段企图闯关进入办公大楼，都没有成功，次次都败在了门卫的手下，眼看硬闯行不通，而且时间长了，门卫也认识了他，将其列入重点防范对象，事情就变得不好办了。后来经过两个多星期的明察暗访，他终于发现了一些头绪。尽管集团有内部食堂，但时间长了，员工们还是想到外面订餐换换口味，这个集团各个部门的人员，中午吃饭总集中在周围的几个饭店。他想办法做通了饭店老板的工作，让老板逐一指点，认识了其中的一些关键人，摸清了对方各部门的一些人事脉络。然后，他自己花钱将这家公司员工外出吃饭的费用都包了，一连包了两个月。

时间一长，这些员工心里都非常好奇，想方设法把要这位“活雷锋”给挖出来。刚开始，饭店老板“不愿意”说，若干天后终于在“不经意间”将他给暴露了。这些员工都是最基层的一线办事人员，了解到他的需求之后，就将他推荐给了自己的上司和相关对接部门。又经过几个月的持续努力，整个关系链终于打通了，这家企业也就成为他们长年的合作对象，到现在都未中断过。在这里还需要补充的是，这位朋友的节能产品，品质在行业内是名列前茅的，而且价格也具有较强的竞争优势，否则其他方面努力再多也是徒劳。客户使用你的产品，是以不给人家带来麻烦为底线，再好的关系，也要你的产品品质来作为背书。

那时候他也就 30 岁上下，大多数人那个年龄还在为三十不立而苦恼，但他基本算得上小有所成，心里的想法自然更为宏伟。后来他跟我讲，拿下那个大客户之后，他的雄心壮志就一下子释放了出来，感觉自己的企业应该奔着世界 500 强去做。其实这种想法在当时那个年代具有一定的普遍性，企业界整个氛围都是那样，“做大做强”“做到世界 500 强”，这样的提法铺天盖地，甚至直接被写进了某些企业的公司文件里，也算作一个时代的缩影。

令他始料未及的是，公司在 2006 年做到 4000 多万元的营收后就开始“做俯卧撑”，而这种状态一直持续到了现在，还没有实现什么突破。其间，销售能手、营销鬼才、管理大师都请过不少，最终还是一切照旧。他们的利润倒是一直很高，4000 多万元的营收，去掉包括公关费用在内的各种成本，平均净利润没有低于过 30%，在最差的年份也在 20% 以上。连续六七年处于这种状态，他的理想就犹如高空跳伞一样，一点一滴地降落了下来，再回想起当年那“世界 500 强”的宏伟蓝图，感觉是那么亲切，又感觉那么不真实，似乎只是曾经的一场梦。这几年来，他自己不断复盘分析，终于知道问题就出在了商业模式本身。

从我们的六项指标来分析，此类项目的“单价 / 交易额”一般都比较大，一个单子至少是几十万元的，上百万元的也不罕见。而在“利润率”指标上，无论是“毛利率”还是“纯利率”，实际上都比较高。大家常说“卖水”的娃哈哈赚取得是暴利，但跟这个领域相比还是要差一些。我们指标中的“接触人数”在这里相当于“潜在客户数量”，一般也就几十家的样子，上百家也有，但绝大多数情况达不到这个标准，在极端的情况下，也可能是十家以内。“购买频次”“时间”在此类项目中属于比较稳定的数值，弹性较小。而在“转化率”这项指标上，其实概率也是比较低的，一般在 1% ~ 10% 之间。在这种状况下，倘若将“潜在客户数量”和“转化率”相乘，就知道最终能成功搞定的客户，其数量也就那么几家，如果想通过扩大客户数量来实现营收倍增，是非常困难的一件事情，即便在最初几年发展顺利，也很快会遇到“瓶颈”。

类似商业模式也有做得很大的，非常典型的就是“代工王”富士康，但前提是与你捆绑在一起的客户，客户的规模能够得到井喷式发展，你自己的业务自然也就水涨船高，乘风破浪，或者是对方的业务规模虽然没有扩大多少，但它能拿来更多的业务模块与你合作，譬如除了节能设备之外，你能将备品备件、耐火材料供应进去。但这个往往很难，井喷式发展的客户更难找，这个靠运气，误打误撞的成分很大。而切入更多的模块，又会涉及其他一些问题：**一是其他模块往往又涉及另外一些稳定的利益链，你很难虎口夺食抢过来，即使强行抢过来，也容易出事儿，除非其中关键人发生了重大人事变化；**二是你自己的关键人也会有意控制跟你合作的规模，他绝对不会让你一家独大。无论对于他本人还是其所服务的公司，一家独大都是一种巨大的潜在威胁，他需要同时有别的合作对象来对你进行制衡，以便对冲风险。

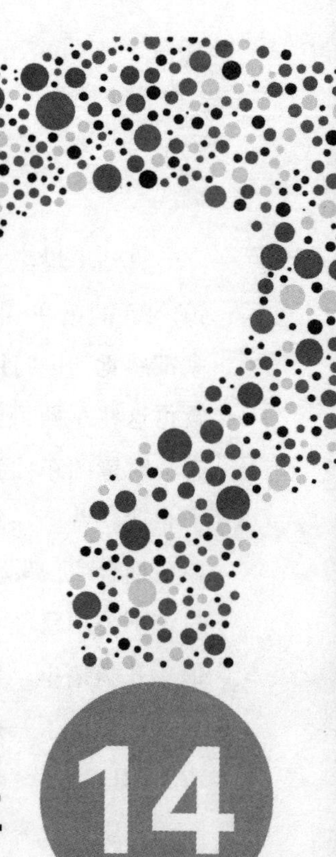

14 农村包围城市模式的翻滚过山车

导读：本世纪头十年我国所发生的工业化、城市化和信息化巨变，几乎超出了所有人的预期，这使得城市和农村的人口数量和结构发生了重大变化。在这种大背景下，各个领域“以农村包围城市”为战略定位的品牌，其命运经历了大起大落，而那些定位较高的国际品牌，其“接触人数”“转化率”和“购买频次”这些指标的潜力，却得到了很好的释放。

直到本世纪之前，我国还属于典型的农业国，绝大多数人口居住在农村和乡镇。20世纪90年代，我正在读中学，直到现在还清晰地记得，那个时候虽然大家都感觉“因特网”“城市化”“工业化”和“全球化”是必然的发展趋势，但又觉得这些东西可望而不可求，距离我们还很远。其实这是当时普遍的一种社会心态，时髦的东西我们天天讲，内心并不真的将其当回事儿。这种心态还深深影响了企业一些产品的定位和营销战略。品质取质量下限，价格低廉，品牌和包装形象更迎合农民等低学历人群的口味，成为一些企业得以迅速崛起的不二法门。当时跨国公司已经集中进入中国，品牌直接定位中高端，并在一、二线城市跑马圈地，开疆拓土。包括家电、服装、数码、电脑、食品、饮料、机油在内的众多行业，都诞生了一批直接定位于中低端市场的品牌，并响亮地喊出了“农村包围城市”的口号。

从整体上来看，这些品牌的营销往往具有以下几个方面的特征：第一，将品牌定位放在三、四线城市，特别是县城和农村市场以及中低收入群体。在他们看来，从人口绝对基数来看，这才属于中国的真正意义上的主流市场，“得农村者得天下”。第二，中国人品牌意识较差，质低价廉才是营销王道，销售量和业绩的高倍数增长胜过一切，“价格战”足以秒杀其他营销噱头。第三，在与国际品牌的竞争过程中，避其锋芒，从对方不太重视的那些市场入手，攫取利润，积攒实力，待羽翼丰满后再反攻城市，并最终在行业内成就千秋霸业。第四，在品牌名称、VI设计、包装风格和广告创意等诸多方面，尽量迎合低学历、低收入人群的口味，以便在此类群体中得到心理认同，并形成消费黏着力，比如某机油品牌就曾在桶身上标有卡车、轿车和摩托车的图片，以便消费者进行区分。

那些国际品牌，似乎都很顽固，一直坚守着自己的品牌定位，不愿意向农村进军，有的甚至只将自己的目标重点市场锁定在经济总量最靠前的50～60个城市上，并对本土企业这些很接地气的做法不屑一顾。无论怎样，在2006年之前，实践环节确实证明“土鳖”们的这些招数非常管用，不少品牌在短短十多年时间里，就做到了几十亿元甚至上百亿元的规模，“土鳖”顺利晋身为“土豪”。像彩电和手机等行业，还曾一度差点将“帝国主义列强”拒之于国门之外，顺利光复本行业市场。娃哈哈旗下的“非常可乐”，也正是在应用这种思路、把握市场契机的情况下，于1998年推出了“中国人自己的可乐”——“非常可乐”。

当年非常可乐基本属于农村市场唯一的可乐品牌，其品牌影响力之大，几乎是家喻户晓。那时妹妹写春联，还应景地编了一副“喜喜喜出门见喜，乐乐乐非常可乐”的对联。由于受民族主义情绪的影响，也是打心眼儿里头希望硕果仅存的民族品牌能够发展壮大，最终能从“两乐”口中虎口夺食，以雪当年他们对本土可乐的“灭门”之耻。我自己买可乐就认准“非常”这个牌子了，没有非常可乐我就不买。令人遗憾的是，这十多年我很少有机会看到这个牌子了，之前在老家县城还可以买到，自从2007年之后，连县城都到处是“两乐”的影子。前几天偶然看到一个资料，说非常可乐越来越被边缘化，其市场份额始终都没有突破10%，并有被彻底淘汰出局的可能，而其销售额曾一度高达30亿元，我顿时觉得黯然神伤。

实际上，非常可乐的命运只是众多采取“农村包围城市”策略的品牌的一个缩影。这些品牌基本都兴起于20世纪90年代中期，在2006年之前销售额大多狂飙猛进，“跑出了火箭般的速度”，但在2006年前后遇到了发展“瓶颈”，有的是一直难以突破，有的利润率下降甚至出现了亏损，还有的直接就倒闭了。反而那些专注于中高端市场和一、二线城市的国际品牌，在2006年之后获得了长足发展，销量和市场份额逐步提高。尽管不同行业有所差异，不能一概而论，但这在更大程度上属于一种耐人寻味的普遍现象。那些这几年仍在长足发展的民族品牌，还是过去一直比较注重一、二线城市市场的，而且品牌定位一直是偏中档的，比较注重品质，属于真正意义上的“物美价廉”。

为什么市场上会普遍出现这种情况？“农村包围城市”的市场策略为何曾取得巨大成功后现在又不再灵验呢？这里面涉及几个深层次的问题。自从2001年正式加入世贸组织以后，我国工业化、城市化、全球化和信息化水平，连续10多年基本都处于飞速发展的状态之中，变化速度之快，变化格局之大，基本超出了所有人的预期。在那些实施“农村包围城市”大法的“人中龙凤”眼里，中国城市化“将长期处于传说阶段”，这个战略玩个二三十年没问题。可没有想到的是仅仅十多年，我国就进入了城市化中后期，农村的人口以更快速度向那50 ~ 60个城市集中，截至目前，中西部地区的一些农村都接近无人区的状态了。

“70后”“80后”主流上基本都涌向了各大中城市，选择在那里生存发展。“90后”农民工大多是随打工的父母在城市中长大的，除了户籍上还保留着农村身份外，在品牌认知和偏好等很多方面跟城里的人没有多少差别。城市和农村“二元化市场”在人口结构上的巨大逆转，在更大程度上导致了“土豪”品牌们兴也快败也快。原来你在一、二线城市的渠道、终端和品牌建设上都缺乏根基，现在想“攻城拔寨”，就没那么容易了。

随着国民经济的长足发展，市场消费整体上都在升级换代，原来的中档产品大众化了，原来的高端产品也变得中档化了，而原来的低端产品现在只能面临淘汰。虽然“土豪”们也都在积极提升自己的品牌形象，但由于以往“农村包围城市”做得太成功了，品牌形象在消费者心目中早已固化，即便你的产品的品质确实在突飞猛进，但总是难以改变市场上那种先入为主的偏见。特别是当那些国际品牌推出中档产品阻挡你向上进攻之时，更是如此。在营销的世界里，往往是“成也萧何，败也萧何”，自作自受。与此同时，2006年前后，包括县城在内的三、四线市场，消费者的品牌意识迅速崛起，“张三 ××× 店”“李四 ××× 店”以更快的速度和更大的比例被一些品牌店所取代。而消费者眼中的品牌，自然也是各领域居于主流地位的那些品牌。据2013年7月29日淘宝网发布的《县域网购发展报告》，县城消费者对品牌的敏感度甚至超过了一、二线城市。

在我们的六项指标中，“接触人数”是非常关键的一项指标。“接触人数”是成交人数的一个“容器”，也就是成交人数的一个上限。2006年之前，全国人口的主流还是在农村市场，而这个时间点之后，国内人口实际分布情况发生了重大逆转，城市人口在数量上和比例上都前所未有地激增。这个基本面一发生变化，对定位于不同市场的品牌产生了至为关键的影响力。**市场消费需求升级以及消费者品牌意识的觉醒，都在很大程度上改变了“转化率”这项指标。原来定位于低端的品牌，受众到客户的“转化率”逐渐下降，而定位于中高端的品牌，其“转化率”则在上升。**互联网、电子商务和智能手机的勃兴，高速公路、高铁建设以及私家车的普及，使得信息和交通等基础条件得到了极大改善，这也促使中高端品牌虽然在城市，但也能渗透到县城和乡村的消费者，将消费潜力像抽水机一样“抽”走，导致了这些市场消费能力和“接触人数”的隐性流失。

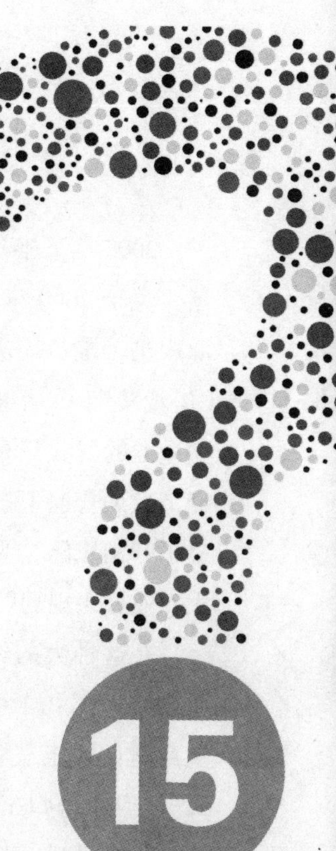

15

跨国润滑油品牌如何突破增长“瓶颈”

导读：在“接触人数”难以获得更大突破的情况下，如何从现有客户身上挖掘销售潜力就变得非常关键。从客户那里挖掘潜力，其中一种方式是让他接受更高级别的产品，也就是变相做高单价；而另一种方式，则是让他购买更多种类的产品，也就是将交易额指标做上去。这在某些品牌的定义中，属于“向上销售”和“横向销售”。

2008年下半年的“金融海啸”，让全世界震惊，大家都说要准备度过漫漫长冬。关于2009年拜年短信的禁忌也四处流传：“拜年之时禁止说以下内容：财源广进（裁员广进），财源滚滚（裁员滚滚），心想事成（薪饷四成），招财进宝（遭裁禁饱），万事如意（万市如忆），财源茂盛（裁员没剩）。”那年第四季度不少企业的营收只有上一年同期的四分之一，各个领域的新项目也在迅速减少。在经济预期普遍不乐观的情况下，不少大型企业为了保住自己的市场份额，纷纷调整了营销思路。为了避免我国经济大起大落并确保其平稳发展，政府出台了“十大产业振兴规划”，投资四万亿元来抗危机，保增长。

在这种大的经济背景下，受国民经济周期影响的润滑油行业自然也受到巨大影响，那几个牛气冲天的国际品牌都概莫能外。本来他们的客户数量和产销量双增长即将遭遇天花板，正好又碰上“金融海啸”，整体上自然空前“压力山大”。但压力归压力，销量终归还是要做的，市场策略还是要认真调整。危机危机，危中带机，如果积极应对，把握得好，说不定还有千载难逢的机会呢。

润滑油兼有工业品和消费品的属性，又介于工业品和快速消费品之间，用在各种类型汽车、机械设备上，以减少摩擦，保护机械及加工件，主要起润滑、冷却、防锈、清洁、密封和缓冲等作用。简单来说，只要有机械的地方，必然会有润滑油的身影。在类别上，润滑油主要包括车用油和工业油两大门类：车用油相对来说更接近于快速消费品，其最大门类就是机油、齿轮油和防冻液，在品牌建设和市场营销方面，也更多带有快销品的烙印；而工业油则属于典型的工业品，用户也主要是大型厂矿企业，其营销模式跟设备、备品备件基本一致。车用油的用户类型又有这么几类：汽车和发动机厂家、车队和集团用户，以及司机或车主。

在当时市场环境一片萧瑟的情况下，开发新客户的难度也比以往增加了很多。面对这种来自市场基本面的巨大挑战，A品牌采取了以下几个方面的应对措施：第一，**祭起了“横向销售”和“向上销售”两大法宝：“横向销售”指的是从现有客户身上挖掘潜力，让他购买自己更多种类的产品**，当然理想状态还是所有润滑油产品都能用自己的；**“向上销售”就是推动客户使用更高级别的产品**，比如原来使用G级别的，现在尽量让对方升级到J级。这两种方式，其实一个是做高交易额，另一个是做高单价。第二，采取三方协议的方式来锁定用户或终端，这种协议一般是厂家、经销商、用户或终端之间三方签署，用户或终端在一年当中承诺一定数额的销售量（或使用量），达到考核要求后，给予梯度标准的返利，或者奖励金额较大的物品。这种协议一般都会涉及品牌排他性条款，也就是在“交易额”“购买频次”和“时间长度”上做文章，将自己的销售潜力在每一个客户身上挖掘到最大。第三，采取“套装打包”销售策略，各类不同产品按照一定配比关系打包成不同等级的套餐，并给予不同的价格折扣，在利诱威逼下，迫使客户引进自己全系列的产品，断绝他们销售或使用竞争品牌的可能。第四，抢先采取各种不同版本的促销手段向客户“压库”，让自己的产品在限定时间内最大限度占领经销商、汽修厂、汽配店以及厂矿企业的资金和库房，釜底抽薪，变相打压竞争对手。

由于该国际品牌的客户都是润滑油行业的优质客户资源，在这些手段的综合落实下，大约半年之后，就开始达到预期效果，不但守住了自己的阵地，销量没有下滑，反而普遍出现了倍增现象，同时还抢了竞争对手很多客户。其一，A品牌自己的那些客户资源，在国家四万亿资金的刺激下，不论是大型厂矿企业、汽车和发动机厂家，还是汽修厂、汽配店、4S店、汽车养护连锁、卡车服务站，抑或是物流车队，都成为更为重要的受益者，它们对各类润滑油的使用量非但没有下降，反而大幅飙升。其二，在自己原有的客户体系中，“横向销售”和“向上销售”的“双头鹰”策略取得了巨大成功，尽管仍没有达到独占，但A品牌的份额已经得到了极大提升，在部分重点客户那里甚至将竞争品牌完全排挤出去，A品牌销量出现了倍增。其三，由于这些手段执行下来，A品牌的市场份额和品牌认知度上了一个台阶，客观上也在“压迫”原来没有经营A品牌的经销商及销售终端，开始纷纷经销他们的油品，当然这既在意料之外，又在情理之中。

在营销实践中，开发一个新客户的成本往往是维护老客户成本的数倍。面对来势汹涌的“金融海啸”，A品牌以守为攻，本来打的是一场客户资源保卫战，在维护现有客户资源的基础上，最大限度挖掘他们的销售潜力，以实现自己的销量和市场份额的稳定。令他们始料未及的是，“保卫战”变成了“攻坚战”，在4万亿资金的刺激下，本来的防御战术反而让他们的销量得以倍增，市场份额也得到了前所未有的飙升，还不得不新建工厂以扩大产能。从某种程度上来说，这也是在我们所谈到的六项指标中深度挖潜的结果。其重点，首先是在“单价 / 交易额”上做文章，通过多重组合手段，使得该项指标高比例放大；其次则是在“购买频次”和“时间”这两项指标上用招数，尽可能将客户“锁定”“锁死”，跟自己的利益深度捆绑，将竞争对手排斥在千里之外；再次在“接触人数”或“交易人数”上，底线是确保数量不变，但其结果却是意外得到了大幅增加。在整个过程中，“利润率”这项指标很大程度上受损，然而从整体上来看，还是非常值得的，毕竟以此换来了销量、销售额、净利润和市场占有率的大幅提升，生意在总体上非常划得来。

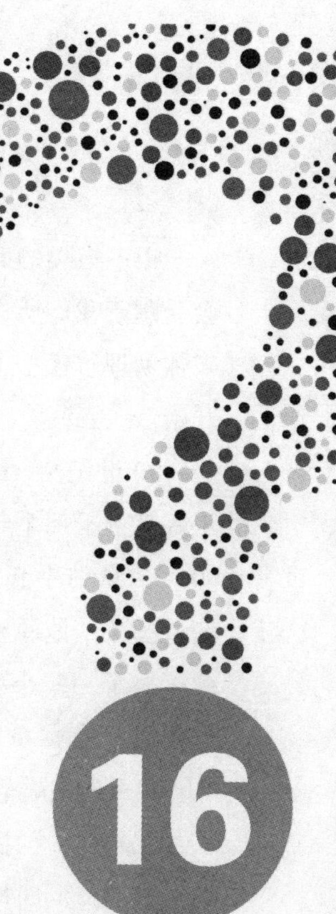

16 另类营销及概率学原理

导读：基数和概率，在我们的六项指标中就是“接触人数”和“转化率”，即便“转化率”再低，只要能找到非常廉价和极其高效的方式，成功地把“接触人数”海量放大，你的商业模式还是可以成立的。很多另类的商业模式，其实就是在玩基数和概率的游戏，随着技术手段的持续进步，在这对指标上，有太多的技巧和潜力可挖。

很多另类的商业模式，换个角度来看，其实就是歪门邪道，即便这样，同样会受制于我们所谈到的六项指标。在这里，我们着重讲几个另类的商业模式，用来辅助理解模型中的六项指标如何实现动态平衡。我们首先从另类的保健品营销开始。

20世纪90年代中期，黄先生从大学毕业后，就一直从事保健品销售工作，正好赶上了那个年代保健品行业的火爆，十余年下来就赚了上亿资产，人还不到40岁，从白手起家就晋身为亿万富翁了。2005年前后，保健品行业最火爆的时期过去了，他原来的很多大项目都停了下来，接下来的几年一直到现在还是断断续续搞了一些小项目，虽然不可能做多大，但每年还是有个一两百万元的利润，大机会没有，小钱依旧不断。做到世界500强企业是没希望了，当一个现成的“土豪”还是蛮潇洒的，适当时候附庸风雅一番，隔三差五到海外散散步。

几年前，他搞了个新产品，在临床上有一定功效。这一产品主要是提高男子性能力的，同时按照疗程服用，能够大幅提高生儿子的概率，实践中都有一定数量的案例库和样本空间作为验证。这个产品跟传统同类药品相比，没有任何副作用，也不会产生后续的依赖效果。在项目运作的过程中，他将同一产品细分为两款，一款是主打提高男子性功能概念的，另一款则主打生儿子这一概念。这些产品主要通过互联网做精准定向营销，偶尔也会有一些靠口碑过来的用户，当然还有部分线下营销手段作为配合。

我国实施计划生育政策40多年了，国家几十年如一日，不断宣传男女平等，生儿生女都一样，但传统力量的惯性是巨大的。进入21世纪以来，各大中城市重男轻女的观念已经不那么强烈，基本上能与国家所倡导的保持一致，但在县城和农村，尤其是山东与河南等一些省份，生男孩传宗接代的观念还是非常强烈，有很多人为了生儿子而操碎了心。这种观念在学历较低的工薪阶层中更为明显。黄先生正是看中了这一实际上十分巨大的细分市场，才选择在此领域一试身手，实践证明其效果还是可以的。

除了传统的保健品营销手段——“天龙八部”（即夸大病情、医理可信、效果对比、制造热销、专家推荐、患者证明、权威认证、媒体宣传等八个维度）外，黄先生还外加了一招，即与消费者签订书面保证协议，承诺此药有效，如果未能顺利生儿子，则凭孩子出生证明复印件等相关资料，就可以全面退款。他的产品当然不能说是纯粹忽悠，毕竟生儿子的概率大幅提高，但肯定不是100%，其实概率能够达到90%已经是近乎神话了。他对此也是心知肚明，因此在保证协议和价格制定层面都更多考虑了这些因素。黄先生的每套产品的价格在3000～5000元之间，毛利率空间巨大，给高昂的营销成本和一定比例的退款率预留了位置。现在我们举个例子，假定在产品作用下生儿子的概率为80%，每套产品5000元，则实际上相当于定价为4000元，毕竟有20%的退款率。即便是他这个生儿子的产品纯属扯淡，按照自然状态下的概率，生儿子的可能性也有50%，退款率也大约为50%，他产品的实际定价则为2500元。照此来算，纯利润率也还是非常可观的。这类项目实际上玩的是基数和概率之间的游戏，采用互联网精准广告营销体系，成本自然会高一些，所能实现的“接触人数”可能不是太大，但“转化率”却会高出很多。**通过做高“单价／交易额”指标，以此来对冲退款率和高营销成本的压力。整个项目在精心设计下，虽然最终还是登不了大雅之堂，也不太可能做大做强，但黄先生的小日子仍然过得比较滋润。**

社会上还有某些靠发垃圾邮件来推荐股市预测和信托服务的。他们通常是这样操作的：比如先选择200万炒股者的邮箱地址，按照大盘或者某类股的涨跌，各分一半去发预测邮件，结果无论是涨是跌，总会有一半的邮件是对的，接着再按照押对的邮件和邮箱地址继续发，涨跌各一半，以此类推，连续发五个回合后，剩下6.25万个邮箱所收到的预测结果连续五次都是正确的。这对于那些不明真相的受众而言，连续准确预测5次已经有足够的“杀伤力”了。然后这些所谓的股票推荐机构会针对性地给这6万多个用户打电话，促使这些人成为他们的会员，委托其代理炒股。这6万多人是通过100万人的“接触人数”转化而来的，而这6万多人自然也构成一个新的“接触人数”，在这个基础上进一步筛选，其最终的“转化率”肯定要高很多倍，毕竟已有“奇迹”摆在那里做验证了。这倒不是说所有此类机构都是骗子，但他们在“高基数”和“低概率”游戏中确实玩得很好。

此外还有一类诈骗短信，莫名其妙地告诉你一个银行账号让你汇款，在很多人看来，这种诈骗手段十分不靠谱，甚至半开玩笑半诅咒地说，“这些骗子照这么玩，个个得饿死”。但实际情况却是此类方式一直持续了好几年，这至少说明还是可以骗到一部分人的。他们地依赖垃圾短信群发平台，相同内容可以发到数以万计人的手机上，即便收到短信的人的上当概率只有万分之一，然而靠海量“接触人数”来对冲，根本就不怕“转化率”超低。发数万条短信，只要有几个人上当打款，金额上还过得去，这些骗子的“商业模式”就算是成功了。诈骗短信实际上在更大程度上玩的是超高效率的沟通手段、超级低廉的沟通成本、近乎海量的沟通基数和可观诱人的成交金额。当然，随着电信运营商监管的日益规范，短信群发成本逐渐升高以及转化率的急速下降，发此类短信的骗子们还是可能会遭遇巨大亏损，甚至当“转化率”跌到一个临界点之后，此类坑人的“商业模式”将会绝迹。

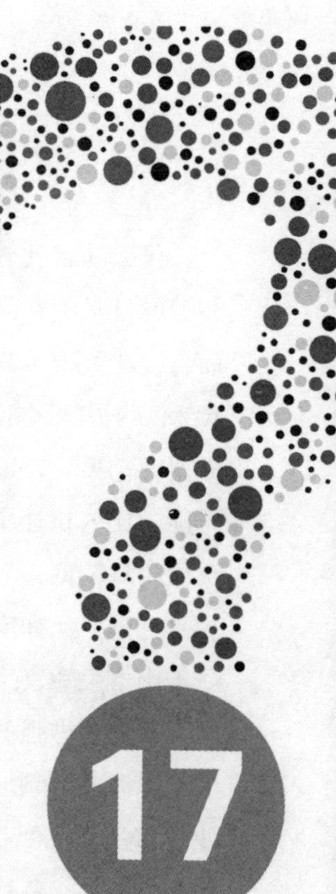

17 快销品代理是黄金项目吗

导读：建立在“店大欺客”和“客大欺店”基础上的厂商博弈，是市场经济中一个永恒的话题，渠道扁平化便是在这个基础上延伸出来的。在充分掌握消费者、成为彻彻底底的消费者品牌之前，厂家不愿意看到某个代理商做得太大。从理论上讲，快销品代理模式可以将“交易额”和“接触人数”无限放大，但在现实中，厂家往往不会给你这个机会。

什么项目比较好，按照天涯上某些大V的说法，就是那些与人们生活息息相关的日常消费品，特别是快消品，最好是还能上量或者快速复制的项目。一般而言，此类项目具有以下几个方面的特征：第一，社会整体上的需求概率不低于10%，购买频次相对来说也比较高，比较典型的就是火腿肠、啤酒、蔬菜、水果、方便面；第二，模式比较简单，容易复制或者上规模，具备以火箭般速度发展的可能，比如快速消费品代理批发，以及特色餐饮或服务项目的加盟连锁；第三，单价相对较低，毛利空间却比较大，销售起来不需要太多专业技能，而且零售也容易上量，比如麻辣烫和火烧，等等。其实，这些领域切入都比较简单，大多数属于小本生意，当然也都有做大做强的，只是难度更大一些。从整个大的行业来讲，其做大做强的机会整体上未必比其他领域多。这从历年来福布斯中国富豪榜上榜者涉及的领域，以及国内上市公司行业分布的情况，可以看出一些端倪。即便是那些草根创业者，选择这些领域发展也未必比其他领域轻松多少。各行都有各行的玄机，各行都有各行的命门。

徐先生原来在海滨城市某国有商贸公司做经理。这家商贸公司原来带有一定的垄断性质，主要代理某日化国企的产品，每年能做5000万～6000万元的营业额，尽管属于坐商，但从表面上来看，还是掌握着很多客户资源的。2002年，正赶上国企改制，全国范围内刮起了一股买断风潮，徐先生当时正好50多岁，自己也感觉去外面套现的机会到了，就干脆买断工龄开公司，而原来的副经理邢女士，接替他的位置当了经理。从表面上来看，他跟原单位属于公开的竞争关系，实际上，邢经理在他注册的公司里面也有股份，而暗地里拿干股的还有他们所代理产品的那个厂家的高管，在销售政策上能给予新公司极大的倾斜。

由于几方力量的参与，这个项目看起来属于典型的无风险套利。徐先生和邢女士联合起来，将原来公司的大量批发商带走，这相当于客户资源是现成的，不需要现行开发，而且其业务贡献额都比较可观。厂家方面，有掌握实权的高管撑腰，产品在出厂价的基础上直接下降15个点，其他返利、促销等政策通通照样享受。有了这15个点的支持，他们完全可以在相邻几个地级市的市场实施倾销，利用价格优势抢夺其他经销商的客户。一切设计似乎都那么完美，其他的事情就只剩下像印钞机那样数钱了。

熟悉市场营销的人都知道，那个年代正好是渠道扁平化的时代。在消费品领域，几乎所有做得比较好、拥有较强行业地位的品牌，都在大力压缩渠道层级，推动经销商直接做终端，而且对大经销商不太感冒，想方设法打压甚至是分拆。简单来说，就是在地级市保持中等规模的经销商，并让他们直接开发和维护终端，并向销售终端送货，由此还开发出了“车载销售模式”。当然也不是每一个品牌和经销商都愿意这么做，毕竟大流通做得很舒服，直接做终端，理论上做到了精耕细作，但投入的人力、物力和财力要增加很多，对管理能力的要求也提升了不少，一天到晚还要搞各种各样的报表，怎一个烦字了得？然而换个角度看，这也是没办法的事情，在“决胜终端”成为主流理念的情况下，你不去做终端，竞争品牌也会去做，时间一长，无论你原来做得多好，都会被竞品釜底抽薪、抄了后路，摆在前面的命运都是极其悲惨的，甚至会在市场上逐渐消失。从整个市场生态来说，厂家的“终端情结”要比经销商更为强烈，甚至为此不惜撕破情面，直接将某些大经销商废掉。

徐先生他们早年都是靠大流通起家的，经营的是国有商贸公司，又带有强烈的坐商基因，现在虽然自己出来打天下，但内心中还是对大流通模式恋恋不舍。他买断工龄出来，就是奔着将几十年来积累的资源快速套现，来做大做强。在他的观念中，根本就不愿意做什么狗屁终端，太累太辛苦，而且成本比较高，靠自己在厂家的独特背景，有 15 个点位的额外支持，依托这个巨大优势，直接将 5 ~ 10 个点折让出去，靠“价格倾销”来抢夺其他经销商的客户，还怕批发商和终端不买账？操作到位，恐怕做几个亿的规模都不在话下。

徐先生、邢女士，还有他们厂家的后台，都这么理解，令人遗憾的是，市场演变方向并不这么理解。开局非常顺利，徐先生的新公司头一年就接管了原来公司 20% 多的客户和 50% 多的销量。在徐看来，有了这个基础，再利用低价抢一些周边市场经销商的客户，在几年内快速做大做强，还是很有希望和“钱途”的。然而在接下来的几年里，事情发展并未如他所愿。虽然后来又抢来了部分客户，但销量没有按照预期增长，因为他所抢的客户都是同品牌其他经销商的客户，在本质上只是一种窝内斗，竞争品牌的客户他抢不动。徐先生的直接客户维护得都还可以，但最下线的销售终端被竞争品牌抢得很厉害，先是销量像冰棍一样一点点消融，后来不少终端干脆反水，完全做起竞争品牌，将他们排挤了出来。价格战所引发的负面影响也是巨大的，徐老板低价倾销，和他代理同一品牌的经销商自然也会报复，没几年直接由暴利砸到了微利。市场博弈的过程中，其他代理商后来被迫同时代理竞争品牌，有的代理商干脆“转牌”。

更为倒霉的事情还在后头。时间到了2006年，徐先生和邢女士所依赖的那个厂家“靠山”，内部斗争失势，被调到了集团公司“三产”的一个清闲位置上，基本上也就是等着养老。而原来销售部门的领导早就对这种乱七八糟的事情看不顺眼，这里面既有出于公司整体战略和长远利益的“公仇”，又有内部派系斗争的“私愤”。原本那个“靠山”领导着销售部门，销售总监不好发作，现在“靠山”靠边站了，总监那派人得了势，就“公仇”“私愤”一起算，直接取消了徐先生公司的代理权。短短5年时间，徐老板玩了一回“翻滚过山车”，最终算下来没赚多少钱，整个过程犹如南柯一梦。当他接着去跟其他品牌谈代理权的时候，手里面基本没什么牌了，这个时候，代理商最有价值的是终端网络，而他根本没有。

一场游戏一场梦，整个过程看下来，牺牲最大的是徐先生，体制内工作丢了，生意最终失败了，积累了几十年的资源最终化为乌有，还有几年养老保险需要交。那位邢经理倒也没什么，虽然由于业绩不佳，不再担任国有商贸公司的经理，但还是换了个萝卜坑，到其他国家单位照旧当官，据说日子反而过得更加滋润了。那个“靠山”也没什么，尽管被调整了岗位，但级别还不低，只是清闲了很多，没事儿就练练书法，钻研国学，修身养性，自比神仙。

从2000年开始，在快消品领域兴起的通路变革，淘汰了大批抱残守缺、不能顺应时代潮流的经销商，当然也淘汰了大批品牌。徐老板的事情，只是成千上万案例中的一个。时至今日，在外行看来，快销品代理还是一门很好的生意，但其中的心酸和苦涩，只有身临其境者自己知道。其一，资金需求量大，终端铺货都需要一定的账期，但向厂家进货基本都是现款现货，其中的资金压力和货款风险都得自己承担。其二，快销品现在的利润基本都不太高，要想真正赚钱，必须上量，而要想上量，你所掌握的终端数量必须上去，这对于很多新进入者来论，是非常艰苦的事情。最初几年属于市场培养期，不太可能真正赚钱，这几年相当于项目导入期，所需要先期投入的资金量也比较大。有的产品可能利润率高一些，当年就能赚些钱，但从整体上来说，这个过程不可或缺。第三，**面临厂家诚**

信度的考验，打市场时候他需要你，一旦品牌在当地有了影响力，就有可能被卸磨杀驴，被厂家收回代理权，耕种季节花了不少血本，收获季节却被强行剥夺代理权，对于那些单一品牌的代理商，这种打击往往是致命的。包括大牌子在内的厂家，基本都发生过类似事情。第四，从市场管理角度来说，厂家不太愿意让经销商坐大，客大欺店，终究是颗定时炸弹，厂家会有意控制经销商的规模和发展速度，以求得一种“安全感”。“量”对于快销品营销来说至为重要，但这不是完全靠你努力就能实现的，某种程度上取决于厂家对你的管理。

一个项目能做多大，更大程度上受制于我们所说的六项指标。从模式来说，快销品确实在某些指标上占优势，比如“接触人数”“转化率”和“购买频次”，然而在“单价 / 交易额”和“利润率”上的表现很有可能不太理想。与此同时，理论上“接触人数”可以无限大，代理过程中的“交易额”通过批发也可以做到很大，但这里面又涉及确保品牌认可度、有效放大接触人数、客户平均利润贡献率和开发成本平衡、厂家对你的管理政策等问题。我也并不是说快销品代理不靠谱，而只是想要说明它并不像社会上人们想象的那么容易，此类项目，不算好项目也不算坏项目，风险不见得比其他项目小，也不见得能比其他项目做得大，现在门槛整体上也越来越高，是否适合你自己，需要从六项指标上来综合考量，特别要注重那些潜在要素。

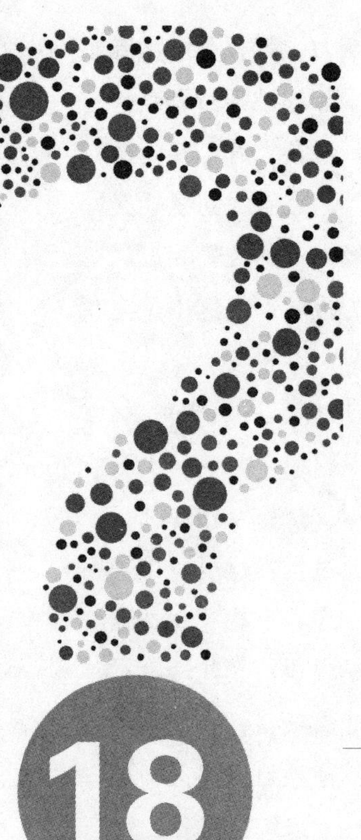

18

小瓷杯何以倍增大销量

导读：谁都愿意更轻松赚钱，千奇百怪的营销手段往往都是倒逼出来的。日用陶瓷在传统上属于典型的冷货，“单价”不高，“购买频次”超低，这些都是此类商业模式的硬伤。面对这种情况，如何通过一些营销手段上的创新，做高“交易额”，让“接触人数”更为聚焦，并且将“购买频次”提高到可以接受的范围之内，便成了问题的关键。

瓷杯属于典型的耐用品，一个瓷杯使用十多年都属于正常，如果质地、款型和工艺都比较好，甚至可以传数辈。瓷杯的单价一般也不是太高，大约在几元到几十元之间，当然也有特别考究和高档的，价格会轻轻松松达到数千元。我国是瓷器大国，也是名副其实的瓷器古国，瓷器有3000多年的历史传承，已经成为中华文明除丝绸和茶叶之外的另一张名片。我国瓷器对世界文明有着巨大的影响，以至于一些外文中的中国国名都用“China”来表示。如果按照天涯某些大V的理论进行推导，瓷杯这类东西，单价又低，而且购买频次又差，还上不了太大的量，经营此类东西毫无“钱途”可言，远不如卖大饼或麻辣烫赚钱，但事实证明似乎并非如此，全国各地靠日用瓷器发财的大有人在。

以瓷杯为代表的日用陶瓷，属于典型的冷货。此类项目如何营销，才能使自己的小日子过不错呢？一般来说，同样要在我们所提到的六项指标上做文章。我们先从“单价/交易额”来看，单个瓷杯的价格往往是比较低的，那怎么办呢？要不将四只或六只组成一套，甚至还可以考虑配上水壶等物件，整套下来，将“交易额”做到几十元甚至数百元；要不考虑开发“情侣杯”“亲子杯”等极具情趣化和个性化的套装产品，促使“交易额”倍增。我本人就曾买过一套“亲子杯”，一个是天蓝色调卡通“父亲杯”，还有一个金色童年趣味的“女儿杯”，由于做工精细、款式新颖、极富创意，带回家给孩子一看，她打心眼儿里非常喜欢。这样一来，不但做高了单个杯子的价格，事实上还倍增了销量，本来只买一个杯子，或者本不打算买，结果一激动买了两个或三个。按照这个思路操作下来，其实成本也增加不了多少，但已在“单价/交易额”上挖掘出了潜力。

其次便是“利润率”。**由于是冷货，日用陶瓷的“毛利率”还是比较高的，普通产品差不多有50%的利润，如果是“概念类”产品，毛利空间更大**。为了提高利润空间，厂家往往会在款型、质感、花样和图案等方面做文章，一旦赋予古典、时尚和日韩等文化元素，“单价”和“利润率”这两项指标的潜力就都得到了很好挖潜。目前比较主流的概念就有“仿古青花瓷”“日版陶瓷”“韩版陶瓷”，整体上都比较考究，深受都市白领群体的欢迎，昭显一种生活的品味和品质，以及对专业精神的认同。只要做到这一点，“文化附加值”的威力就会被很好地释放出来。

再次是“接触人数”。陶瓷餐具、茶具基本属于人们每天都使用的器皿，但由于是超级耐用品，因此在商店里日常的接触人数不是很多，以至于很多小超市、便利店都不卖这些东西。要想使此类产品的接触人数和销量上去，此类产品就得发展专卖店、专业市场和产业集群模式，通过聚焦来增加特色、增多品种，借以吸引四面八方的客户，进而使项目的“接触人数”至少有一定的基础性保障。这类东西跟购买频率比较高的日常消费品不一样，不太适合分散经营，要不需要客流量很大的商场或者街市，要不就去特色性很强的专业化市场、专业化柜台或者是相对集中的专卖店，只有这样，旺盛的人气才能支持市场。

第四项是“转化率”指标。“转化率”是和“接触人数”紧密联系在一起的。如果你在一个分散市场，无论是“接触人数”还是“转化率”，实际上都不会太高，倘若放在专业化市场，且所在的城市人口基数和密度都比较大，则“接触人数”和“转化率”这两项指标都会提升不少。专业化市场本身就有一定的广告及品牌效应，当人们打算购买此类东西的时候，会瞬间感知，瞬息联想。在这种情况下，即便要做广告，最好也要选择在专业市场内部，或者是行业媒体上面，否则就是高射炮打蚊子，浪费巨大，得不偿失。这里还有一种“伴生型”的方式，可以用来提高“转化率”。人们集中更换餐具和茶具主要发生在房子装修之后，因此日用陶瓷专卖店可以与装修材料、家具和家电等卖场配套集群，甚至还可以考虑与这些卖场合作，争取他们采购自己的餐具或茶具套装，作为促销礼品提供给消费者。“转化率”的提高，实际上是跟信息更为精准的传递有着莫大关系。

第五项是“购买频次”。通常来说，这一指标是日用陶瓷商业模式的硬伤，毕竟此类东西属于超级耐用品。但从市场营销和行业发展角度来讲，必须通过一些手段来弥补这个缺陷。在这个方面，可以有这么几种方式：其一，将日用陶瓷按照时尚品来进行炒作，时尚的东西，每隔一两年就不一样，时尚不需要太多理由，日用陶瓷一旦被赋予了时尚概念，更换周期就会缩短到 3 ~ 4 年，这个周期近乎一些小家电的更换周期，尽管不能跟快销品同日而语，但与原有情况比较起来，已经改善了很多；其二，发展大的集团用户，比如用于机关、企事业单位发福利，或者作为一些公司的新潮促销品，相对而言，他们的购买频率要比普通消费者高很多，而且在量上也比较可观，不过这大多对创意、款式和品味要求比较高，不是一般企业所能做到的；其三，赋予一些日用陶瓷在产品包装方面的功能，比如同某些高档食品或者白酒品牌合作，推出陶瓷包装的产品，消费之后所留下的陶瓷包装仍可以当作餐具或茶具使用，在这种情况下，冲着集齐一套餐（茶）具，不少人都会在比较短的时间内购买 4 ~ 6 次此款产品，这不但给合作方带来了良好的促销效果，同时也相当于帮助自己挖掘了“购买频次”指标上的潜力，最终多方共赢，善莫大焉。最后还必须提到的是，在消费者“购买频次”上挖掘潜力，不能以牺牲质量为代价，对于日用陶瓷来说，以缩短产品的生命周期为代价换取“购买频率”会带来非常负面的影响，因小失大，而且这也属于一种行业忌讳。

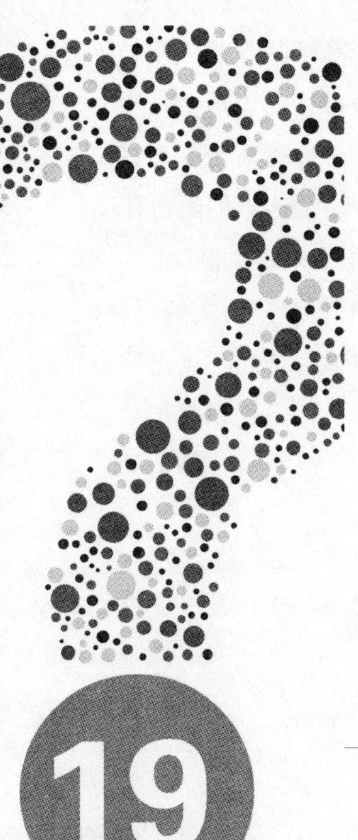

19

娱乐型项目的喜与忧

导读：娱乐属于刚需，但具体的娱乐项目不是刚需。娱乐本质上是喜新厌旧，其“接触人数”“转化率”和“购买频次”指标，在项目前期都可能高位运行，但随着时间的推移，又都会下降，此类项目一般生命周期较短，“时间”指标属于硬伤。娱乐领域靠一款产品短期火爆相对来说比较容易，难就难在如何持续推出“爆款”，以便高潮迭起。

从人类需求的角度来说，娱乐属于一项典型的刚需，但具体需求点却是不稳定的。说句玩笑话，什么叫娱乐？娱乐就是喜新厌旧、见异思迁。投资娱乐类的项目，都必须要充分考虑到这个行业的特征。对于快速消费品而言，一个产品成功了，你也就真的成功了，加多宝靠一罐凉茶，成就了事业。而对于娱乐行业来说，一本书、一首歌、一部电影、一款网游火了，确实可以让你成名，倘若后续推不出新的东西，充其量是昙花一现，最终未必有多少人记得你。这个定律，在网吧、酒吧、游戏厅、歌舞厅等其他娱乐项目上同样成立，需要没有从事过此类行业的朋友们特别注意。

我一个同学在县城开了家网吧，到现在已经有五年多时间了，他们的规模相对来说比较大，500 多平米的场地，地处商业广场内部，位置也相当好。他这个网吧，每年四五十万元的纯利润，基本上也算稳定。这个收入放在偏远县城来说，其实还是非常可观的。现在的网吧跟当年不太一样，消费群体几乎是清一色的青少年，而且打网游的占绝对主流，他那里满座率还是比较高的，平均下来能超过 80%，目前收费标准为三元 / 小时，此外还捎带卖一些方便面、饮料、火腿肠什么的。这在别人看来是非常不错的生意。但实际上还是有美中不足之处：其一，网吧现在所面临的最大威胁倒不是家庭电脑的普及，而是“手游”的快速发展，随着智能手机软硬件性能方面持续升级，以及手机屏幕面积的放大，不少原本在 PC 机上运行的游戏可以在手机上运行了，这种冲击虽然刚刚开始，但其影响力会非常深远。其二，每隔一年半时间，网吧就得重新装修一次，主要是台面、电脑设备更换，以及墙面处理，就连内部设计风格都要变一变，否则就没什么人来了，周期越来越短，最后基本一年左右就得重新装修，以满足玩家喜新厌旧的心理需求。其三，相对来说，此类场所容易惹是生非，黑道白道都得有人，表面上赚钱不少，但各种灰色成本算下来也比较大，烧香拜佛基本属于刚性开支，根本省不掉。

相对来说，人们对网吧的喜新厌旧的程度不是最夸张的，比起电玩娱乐城，简直就是小巫见大巫了。电玩娱乐城的游戏机基本每半年时间就得更换一批设备，要不即便原来的生意再火爆，玩家还会像东去的江水一样迅速流逝。电玩娱乐城在春节前后一个月的经营时间，往往就能收回全年的成本。但如果不及时更换设备，不重新装修，或者更换的游戏不太吸引人，就会产生忽兴忽衰现象。生命周期较短，属于具体娱乐项目难以回避的硬伤，最终也导致了成本的居高不下，这必须通过其他方面的一些指标来弥补这种缺陷。其实，某些宾馆酒楼也面临着同样的问题，你刚装修完一两年，由于风格新潮，生意会特别火，但之后会直线下降。

在我们提到的六项指标中，“单价 / 交易额”非常重要，对于娱乐项目来说，这个显得尤为关键。由于项目生命周期较短，还有大批灰色支出，因此整体上的成本会偏高，这必须采取高定价的方式来对冲风险。在不少人的观念中，娱乐属于较高层次的消费，甚至有些奢侈。但这也是没有办法的事情，在商言商，那些项目提供者，除了需要支付高昂的成本外，还需获得丰厚的回报，所有这些都需要建立在高定价基础之上，要不真的就相当于给社会提供福利了，违背了最基本的商业精神。“利润率”又是和“总成本”联系在一起的。与销售实体产品不同，绝大多数娱乐项目在生命周期内，除了员工工资，其成本基本是先期一次性投入的，边际成本弹性较低，“利润率”更大程度上取决于“利用率”。这就是说，在价格一定的情况下，客流量越大、使用频次越高，无论“毛利率”还是“纯利率”都会越高，其“利润率”指数弹性空间很大，处于一个巨大的可变区间内。

对于娱乐型项目来说，“接触人数”和“转化率”是更为紧密地联系在一起的，远远超越了其他类型的项目。如果在指定时间段内，比如半年，项目足够新潮或者体验性超好，“接触人数”和“转化率”都会处于高位运行状态。与此同时，对于娱乐项目来说，“接触人数”和“转化率”“购买频率”这三项指标呈现高度正相关关系，比如在半年时间内，如果“接触人数”这项指标特别好，那么“转化率”和“购买频率”这两项指标也同时会出现大幅飙升，倘若“接触人数”不是很理想，那么“转化率”和“购买频率”皆会明显下滑。在各种各样的娱乐项目中，“利润率”“接触人数”“转化率”和“购买频率”这四项指标，会比其他项目呈现出更为明显的“马太效应”。也正因为如此，对于娱乐项目的投资者而言，玩的就是心跳，大家不是在天堂就是在地狱，就连同一个项目，往往玩的也是冰与火的体验。

与其他行业及领域不同，娱乐型项目的“时间”指标基本是锁定的，一般最长不会超过两年，绝大多数只会短不会长，因此对运营者的推陈出新能力要求很高。靠一款产品短期火爆相对来说比较容易，难就难在如何能持续推出“爆款”，

“高潮迭起”，生意一直火下去。从实践操作层面来看，可以依靠这么几种方式寻求突破：第一，设置专人不断深入研究时尚和流行、趋势及其相应风格，进而大大提高每个具体产品的靠谱程度。第二，靠数量组合来对冲风险，这在图书和网游行业尤为突出，尽管每个产品事先经过严格评估，但实际效果如何都只是概率问题，谁都没法100%保证，只能靠几十个、上百个组合去对冲，这个跟风投的投资组合类似。很多时候，你非常看好的，反而会表现得很差，而那些你不太看上眼的，则有可能成为黑马。第三，“换皮”或者“换瓤”。“换皮”在网吧、酒店之类的项目中，就是重新装修，而在网游类项目当中就是把爆款游戏的名称、道具、剧情、人物和风格稍微换一下，但框架、结构和程序都还保持原样；“换瓤”在二人转剧场等类似项目中，就是更换演员，一两个月换一批，演员、风格和剧目都发生变化，这种现象在酒吧、舞厅和KTV等项目中也较为常见。第四，以资源整合型思路，拓展平台化运作方式，把高风险的一些环节剥离出去，自己保留核心。蛇打七寸，比如当当网、盛大在线、腾讯游戏、万达广场，做的是一个渠道和平台，你们谁真的有本事谁来，反正平台搭建好了，把精英中最冒尖儿的掐过来，基本旱涝保收，最大限度降低了具体娱乐产品开发过程中的风险。化用一个说法，就是“你们赚不赚钱不知道，反正我赚了”。

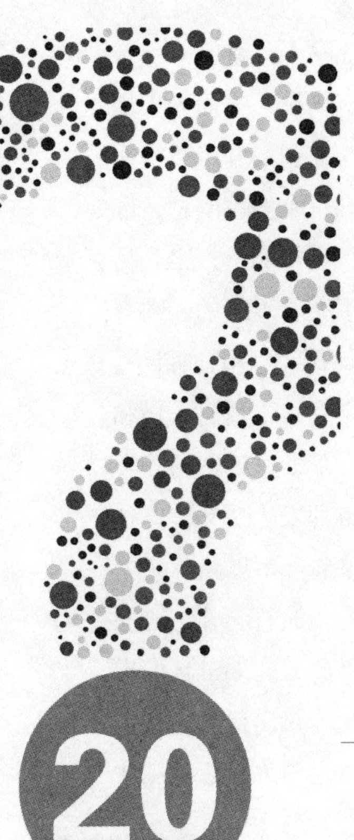

20 产业研究项目沉浮录

导读：没有技术含量且可复制性很强的新兴行业，基本上都会经历一个“单价”和“利润率”快速下降的过程。此类行业属于典型的“小草经济”，企业很容易发生细胞分裂，价格战也常常此起彼伏，规模难以做大。受行业生命周期较短的影响，此类项目比较适合赚快钱，“时间”指标延伸长了未必是好事。选择此类项目，重点要看行业发展阶段。

国内专门撰写产业研究报告的行业大约兴起于1999年，进入2001年之后得到了迅速发展。这一方面跟我国加入世贸组织之后国内各行各业投资项目集中有关，另一方面也受益于电话销售模式的兴起。那个年代，即便是在“北上广”这些一线城市，电话销售人员每个月的底薪是600～800元，保险什么的根本不管，好点的企业，另外再给你300元左右的午餐和交通补助，基本上仅此而已。加上每个月的电话费用支出，电话销售人均成本大约在1500元左右。在2005年之前，专门撰写行业研究报告的企业，全国也没有几家，而且以北京的公司居多。由于信息资讯还不是很发达，且此类报告尚属新鲜事物，市场上没有太多竞争，每份报告的售价基本能达到7000～8000元。同时，从事此类业务的机构多自封“中字头”“国字头”，给客户的感觉还是很正规和专业的，为服务提供了更多的信赖感。

除了人均1500元的销售刚性成本外，那个时候此类项目最大的支出就是报告的撰写成本了。其研究人员分为两类：一类属于公司的正式员工，另一类属于兼职人员。正式员工每个月大约写两份报告，月薪5000～6000元，社会兼职人员按件计算，每份报告1000～2000元之间。在2005年之前，每个报告做出来之后，卖个三五份是非常正常的事情。即便是去掉销售提成和房租水电成本，整体算下来还是非常一个暴利行业，很多看上去书生气十足的老板，短短几年就赚了上千万元的资产，让人十分羡慕，“知识经济”似乎并不是什么神话。

这个行业看上去门槛高，很有知识含量，动不动就要一流大学的硕士、博士毕业生，但实际上也只是干信息搬运工的活儿。信息来源基本都是公开资料，利用百度等各类搜索引擎四处搜集，偶尔也会买一点信息，主要是各行业协会的期刊，国家统计局、海关数据，以及国研网或者慧聪剪报中心的数据库。那年代有个叫法，“剪刀糨糊经济”，说的是写文章、攒书主要靠从大量的文献中进行摘编，据说很多畅销书、专家和讲师就是这样炼成的。“高深莫测”的产业研究行业，更大程度上也是这种情况，本身没什么技术含量，所谓的研究人员大多也根本不懂什么行业，他们熟悉的只是该从哪里找信息和资料，然后扒过来汇总成研究报告。当时能熟练检索公开信息的人，还不是太多，作为离信息化较近的一批人，就容易抢得大块蛋糕。

正是因为没有什么技术含量，撰写产业研究报告的行业更大程度上属于“剪刀糨糊经济”，可复制性很强，因此一些聪明的老板甚至搞起了流水线、流程化，面向不同细分行业的各种研究报告，如潮水般地被快速制造出来，平均每个报告的成本更低。同时模式简单，利润高企，也极大刺激了一些内幕了解者的创业积极性。随便一个 MBA、硕士、博士，干上半年多时间，就拉上个“电话精英”，租上办公室，搞一个“官网”，就此开始“圈钱”之旅了。他们的组合模式也很简单，以更快的速度“攒报告”，每周一个，甚至是两三天一个，采取“低价倾销”的措施直接去抢老东家的客户，赚来的钱，两个人对半分，反正也不跟客户见面，一锤子买卖都无所谓，能干多久干多久，干不下去直接散伙走人。在这个过程中，还是有人认认真真、踏踏实实地做，持续提高报告质量，一直坚持到现在，虽然已经赚不到多少钱了，规模还是可以的。但这样做毕竟很辛苦，不是每一个“知识型老板”都愿意这么做。

高利润、低门槛，使得专门撰写产业研究报告的公司以极快的速度发生细胞分裂。2002 年，北京做这个行业的也就一两家，到 2005 年就差不多有 100 多家了。在数量激增的情况下，竞争自然异常激烈。那个年代，不少人惯用的竞争手法就是低质低价，利用价格优势打击对手、迅速上量。一度曾被视为高端知识型经济的产业研究报告，在业界“精英”的策划下，很快走上了这条道路，不少公司寻求“量产”，以数量和速度来制胜。受“鲶鱼效应”的影响，即便是那些很不情愿打价格战的，也不得不将价格降下来，当然不是直接降价，而是高折扣打折销售。2005 ~ 2009 年间，此类报告的价格，主流成交价一度打到了 3000 元 / 份。同时，由于全社会信息搜集与整合能力快速提升，客户的鉴别能力也得到了长足进步，靠“攒”炮制出来的报告越来越难卖，一个报告也就是卖一两份，突破 3 份已经是很难的事情了。而在此期间，无论是房租还是工资水平，每年都在不断上涨。以电话销售为例，2005 年，每月底薪大约为 1500 元，午餐和交通补助 300 元，每月的电话费用至少也得几百元，上千元也属正常。到 2009 年，底薪大约 2000 元。报告撰写人员的薪酬倒是没怎么涨，因为高校毕业生日益过剩，而且业务日益流程化、模块化，4000 元找个不是太差的本科生就能搞定。而且为了大幅降低风险，这些研究人员日常的主要工作就是编制各种各样的目录，只在有人需要的时候才正式进入撰写环节。

随着行业急剧变化，影响商业模式成立的几项关键指标都发生了实质性改变。“单价”由原来的7000 ~ 8000元，降到了3000元，原来同一客户购买几个报告的情况相对来说还是比较多的，单次“交易额”达到两三万元也很正常，现在基本只够买一个，“交易额”本身也难以获得更大突破。“利润率”一直处于下降通道，一方面受单价下降影响，另一方面电话销售成本的刚性上升与效率下降也在挤压着利润空间，这还没考虑房租等成本逐年上涨等因素。在经营管理比较到位的情况下，这个行业已经是微利，部分甚至出现亏损。在这种情况下，如何压缩销售成本成为生死存亡的关键。“接触人数”这项指标可大可小，如果对销售人员电话数量进行严格要求和考核，并增加销售人员的数量，这个还是有所保障的。然而，在电话销售模式下，“转化率”却在直线下降，这个跟整个行业的口碑有很大关系。从理论上来讲，客户对此类行业报告的“购买频次”半年一回或一年一回，但基本上都是一锤子买卖，“一朝别离，永不再见”，这项指标基本上没有什么可挖掘的潜力。

在价格和成本两头受压的情况下，也就十年左右的时间，产业研究报告行业上演了不少行业同样上演过的一幕：**暴利无技术含量，导致公司的快速细胞分裂，然后靠价格战和质量无底线把行业做烂，最终成批量的公司倒闭，剩下的那几家，在规模上往往还是难以做大**。利润急速下滑，人力和地租成本飙升在这个过程中扮演了非常重要的角色。电话销售曾被认为是成本低廉的一种营销模式，数以万计的中小企业曾从中受益，但随着“利润—成本”结构变化，太多项目已经不再适合电话销售了，在客观上要求更为精准、更为低廉的销售模式出现，如果找不到这个点，整个行业都很有可能垮掉。

2009年以来，艰难生存下来的研究报告公司在模式上进行了重大调整：第一，设立貌似独立的第三方网站，报告名称和目录应有尽有，给人的感觉是规模非常大、专业化程度非常高，但实际上更多是在选题角度和目录上做文章，绝大多数报告按需定制；第二，在百度和网盟以及豆丁、百度文库上进行推广，最大限度倍增信息接触点，将电话销售主动推销模式切换成需求方自动上门，压缩了成本，“接触人数”实际上并没有减少，但“转化率”却得到了大幅提升，销售模式的性价比相对来说比较理想；第三，精简部门、压缩人员，加上老板基本上也就不到十来个人，一个网管，三四个客服，三四个报告把关人员，网管负责网站维护和网络推广，客服负责接电话和QQ沟通，研究人员的主要工作是选题和目录编写，完成定制报告，并寻找社会上报告撰写兼职人员。第四，最近几年内，每份报告的售价上来了一些，实际成交价（单价）4000～5000元的样子，专门靠撰写报告的公司寥寥无几了，但还是面临着主要做价格行情的行业门户网站的竞争。在这种情况下，成本基本上已经控制到了最低，但此类机构的生存压力依旧非常大，做大做强几无可能，维持下去，好的时候也赚不了多少钱。

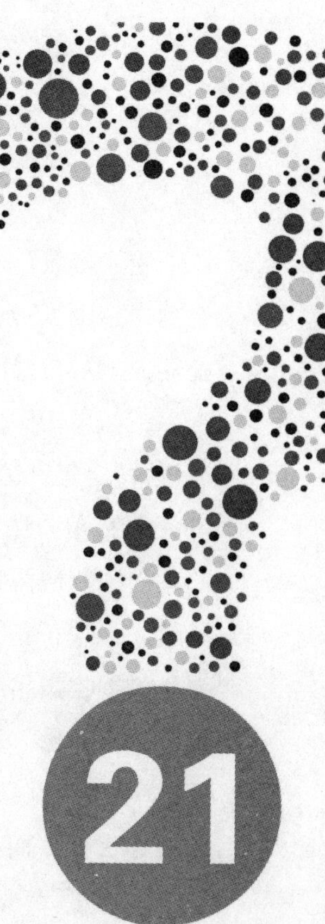

收藏品行业的生存法则

导读：收藏品行业，需求概率极低，“接触人数”“转化率”和“购买频次”都不会太理想，而且还面临资金占用量大、资本周转效率低的问题。在这种情况下，只能通过超高“单价”和超高“利润率”来弥补其他指标上的硬伤。专业市场有助于克服一些不足，但也不是绝对的。选择此类项目，切忌只看静态的超高倍数利润，而忽视其他方面的指标。

绝大多数行业只要是进入成熟期，都有赚钱的，也有不赚钱的，差别只在于生财之道的商业模式不同。收藏品，特别是那些贵重收藏品，包括古玩、字画、瓷器、雕塑、玉石和红木家具在内，社会上的需求概率相当低，基本上低于万分之一，如果按照快消型选项目理念，此类项目恐怕是最不靠谱的，用我们老家的话说，“一年都逮不住个瞎鬼”。然而从这个行业的整体情况来看，此类领域的生意人，有相当比例活得非常滋润，其中也不乏巨富者。唐僧扮演者迟重瑞的老婆、中国紫檀博物馆创始人、富华国际集团主席陈丽华女士，当年就是靠红木家具起家，进而发展成“超级富婆”的。

贵重收藏品，其制作成本不一定高，但售价却极高，放在拍卖会上，甚至还可能拍出天价，一年到头卖不出几件，但不少生意人却赚得盘满钵满。为什么会这样呢？因为收藏品行业自有收藏品行业的门道。通常意义上讲，此类东西的需求概率极低，而且价值越高，变现起来就越困难，以至于山西话有种说法，“闹下个古董了”，指的是砸在自己手上的头疼事儿。古董本来是为人所珍视的古代器物，甚至还可能价值连城，但由于套现难度大，在很多时候不一定是好事。随着社会的发展，各种各样的专业化细分市场和媒体出现了，给原本难以成立的商业模式提供了平台，古董不再是令人头疼的东西。

各类收藏品专业市场本身就具有强烈的广告和品牌效应，在相关受众那里，有着更为精准的影响力。一般到此类市场转悠的，多多少少对收藏品感点兴趣，具有良好的受众分流效果。建立在这个“接触人数”基础上的“转化率”，或者是“需求概率”，至少可以提升到 1% 左右，尽管比起某些项目还是要差一些，但已经可以支撑一些商业模式了。譬如，北京潘家园古玩市场、高碑店红木一条街、宋庄画家村，已经在全国范围内打出了品牌，倘若你去溜达，就会发现人气还是比较旺盛的，远超过了你的想象，其热闹程度不亚于你小区旁边的菜市场。而且不同的专业媒体也能起到很好的受众聚焦和分流作用。像百度关键词搜索和网盟，更是可以将潜在的需求者搜罗和引导过来。

即便这样，在我们的六项指标中，贵重收藏品有几项指标还是比较弱的，虽然不一定是硬伤，但表现的力度确实要差很多。“接触人数”“转化率”和“购买频次”这三项指标，放在收藏品的专业化市场，也难以与其他商业模式匹敌，看的人数不可能放得太大，而“转化率”和“购买频次”这两项指标亦会长期处于低位运行状态，而且越贵重的东西越会如此，很多东西可能几年下来都卖不了一件。既然这几项指标不占优势，那只能在其他指标上寻求弥补。剩下的三项指标中，比较靠谱的，就是“单价 / 交易额”“利润率”。收藏品的单价一般都比较高，就拿文玩核桃来说，只要稍微像样点的，一副就得上千元，而且还不太容易涨价。一幅好点的油画，上万元也属平常，如果是当今名家，其作品轻轻松松也得几十万元。如果从最初的生产成本来看，再好看、再般配的两只核桃，跟其他核桃没有多大差别，一百块钱可以买一大堆，炒作的无非是概念和稀有，我在潘家园转的时候，还五块钱买了一对，虽然品相没有人家的讲究，但也照样玩，过过瘾，装模作样地体验了一番。想必那些几千元一副的核桃，被充分挖掘之前的价值，也不过如此。而那些油画之类的作品，作画材料也贵不到什么地方去，如果按此来计算，此类行当属于暴利中的暴利。

事情不能如此来考虑，贵重收藏品超高定价，自然也有着它的理由：第一，好多东西非常罕见，需要创作者数十年的清贫修炼，才能创造出美轮美奂、巧夺天工的宝贝，甚至创作过程极其漫长，所花的时间、精力和资金成本都是非常大的，而且未必次次都是好的，多少件里面才能挑出一个上乘之作。第二，经营此类商品的商家，资金占用量非常大，资金流转效率又很低，也许好几年才能循环一次，属于典型的资本密集型行当，倘若没有表面上看起来高倍数的利润空间，他生意做得就比窦娥还冤，连大街上卖煎饼的都赶不上。第三，更有不少细分行当属于“三年不开张，开张吃三年”类型，虽然需求概率很低，但做此类生意的毕竟需要养家糊口、生存发展，甚至还需要过上富裕日子，不这么做根本不行，要不真的给摊上“古董”了。

在一个开放的市场经济当中，资本永远追逐更高利润，如果某领域真是世俗理解的那种暴利，各种资本都会像潮水一般涌入，直到在指定时间内所赚到的钱还赶不上其他行业为止。除非形成高度垄断，各行各业，只要能数十年生存下来，都存在着此消彼长的动态平衡关系。倘若平均下来考察“某一指定时段可获得的财富数量”这个最终指标，各个行业相差不会太夸张，只是六项指标中，某些具体指标差异悬殊而已。选择项目，不要过分追逐其中的某项指标，更为关键的是务必要结合自身基础条件，选择最为适合的领域。在那些成熟的行业里，三百六十行，行行出状元，三百六十行，行行都有“大王”，行行都有“巨富”，差别只在于适合不适合你。经商其实是很精确的数字游戏，你的模式成立不成立，能在多大程度上成立，如何变革，如何挖掘潜力，其实都应该以你的项目为基础，结合我们所提到的六项指标，做具体和深入的分析，倘若能找到关键数据，给每一项指标赋以靠谱的参数，较为真实和准确的情况就能大致浮现出来。切记，每一项指标都是动态变化的。

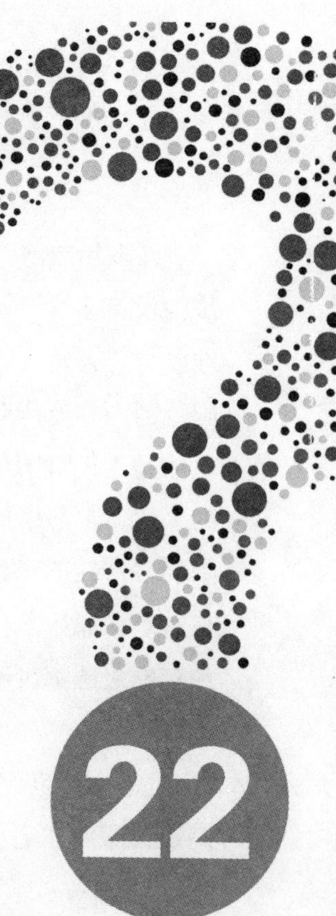

22 树苗生意里的拔银术

导读：育苗属于典型的长线行业，项目导入期长，所需资金量较大。在项目导入期内成本极高，收效甚微。但这种项目一旦过了导入期，新增成本就微乎其微了，效益却会出现井喷。随着“时间”指标的放大，“单价”和“利润率”都会持续利好。如果能在“接触人数”“转化率”和“购买频次”三项指标上有效挖潜，基本就等于抱了个金矿。

许多年之前，林业属于典型的冷门，似乎只要是跟“农林牧”沾边的，都被认为没有多少“钱途”，在大农业中，也就渔业吃香一些。20世纪八九十年代，谁要是“荣幸”地被此类院校录取，全家老少都得皱一皱眉头。毕竟那个时代全国范围内林业产业化发展程度都比较低，除了党政机关外，工业特别是轻工业行业才是人们理想的去处。如果让天之骄子学“农林牧”，毕业之后充实到本行业的一线，内心中的被放逐感是非常强烈的。据那个时代过来的一些人回忆，从喧闹的城市一下子到了林场，多少里地没有人烟，那时候交通又没有现在方便，简直有点像原始人，或者传说中那种苦行僧。即使位置稍微好一点的，孤独、寂寞和荒凉之感都少不了，而作为事业单位的林业局，当时在绝大多数地区也属于清水衙门。

进入21世纪后，我国城市化水平空前加速，开发区、机场、铁道、公园、高速公路和住宅小区，如雨后春笋般地在全国各地冒了出来，各大中城市的规模也普遍进入“摊饼”时代，不少地方都扩大了5 ~ 10倍。在这个过程中，绿化成为典型的“标配”，建筑装修环节对木材的需求也开始井喷，原来并不被人们所看好的林业，一下子变得像钢铁、水泥和石材一样，变成了朝阳产业，很多与林业相关的人，也咸鱼翻身、大发其财。

杨先生1986年大学毕业后被分配到县国营苗圃，一天到晚没多少事儿，但好歹也是公家人，领着工资，生活上也没什么压力，闲云野鹤，当然也正好修身养性，偶尔琢磨琢磨自己喜欢的东西。很多时候，生活究竟是忍受还是享受，关键不在于外在状态，而在于自己的心境，幸与不幸，也在一念之间。杨先生在最初的一年当中，也有彷徨，失落，其实这种情绪放在现在的高校毕业生身上，也不同程度存在着。突然有一天，他感觉自己这样下去，除了沉沦之外将一无所获，自己还年轻，总得有点什么追求，从近处说可以打发无聊的时光，从远处看说不定还真能鼓捣出点东西。他大学就是学林业的，琢磨来琢磨去，觉得还是要从老本行入手，这倒不是说有多喜欢，而是学了好几年丢了可惜，而且这个还有些基础，相对来说进步会快一些。这一琢磨不要紧，时光荏苒，转眼间就是20多年。

杨先生刚开头更多的是为了打发时光，但渐渐地产生了迷恋。他把树种、气温、土壤、水分、冠型和盆景等诸多门类，结合当地气候条件，都钻研了个遍，很多时候到一些村庄，上都会收集土壤样本拿回去化验，并将结果做详细数据记录。除此之外，杨先生对跟林业园艺相关的技术活，五六年下来样样精通。那个年代，信息资讯产业不是很发达，但他还是想尽一些办法去搜集各种各样的专业资料。由于业务精熟，喜欢交流，而且属于那种典型的热心肠，大约在 90 年代中期，就被提拔成县林业局下属最大规模的林场的一把手。当时也没有现在那么多事情，日常工作就是植树造林，卖点木材、苗子，业务量不是很大，主要品种是杨树苗，用在本县乡村道边树的栽种上。那时全国范围内大规模的树苗交易市场仍未成型，交易也更多是在小区域范围内进行，杨先生的这个林场虽然比不上有些地区的大林场，但营收在当地也还比较可观。

世纪之交，我国城市化进程加速的趋向变得越来越清晰。虽然杨先生那个县地处僻壤，远离“两洲一湾”核心经济带，照理说春风难度玉门关，但杨先生还是隐隐约约感觉到未来十年肯定孕育着巨大的机会。因此，他一方面向上级部门打报告，在进一步扩大植树造林规模的同时，林场又争取了几块闲置土地，栽培城市绿化过程中所需树种；另一方面让自己家人贷款，承包了接近 100 亩荒地，种树育苗，同样是热门绿化品种。当时在县城很多人看来，杨先生简直变成了“树痴”，种那么多树，前期投入的人力、物力和财力成本非常大，三五年见不了什么大效益，真的长成了，销路恐怕也是问题。总之，在偏远县城搞这个，风险相当大，“北上广”等一线城市再绿化，也不会到你这里买树。

无论对公还是对私，杨先生这一宝无疑押对了。我国迅猛发展的城市化进程，不光是“北上广”，也不光是“两洲一湾”，事实上将全国范围内的六七十个城市深度卷入这些城市最大的特征是都市化，新区建设、市内绿化带、CBD、城市综合体和高档小区成为这些城市都市化过程中的“标配”。很多地级市，包括县城，城市化进程同样日新月异，屡换新颜。这些纵深发展的特征，到 2005 年已经确定无疑的。在这种情况下，城市绿化树苗，在某些区域变得比较紧缺。当时杨先生他们的国有林场，还有自家林地的苗子不大不小，正赶上了时机，陆陆续续卖了一批又一批，春秋两季都非常忙碌，效益之好，开始令人侧目。在每年持续不断卖树苗的同时，杨先生还根据市场动态情况进行预测，适时补种并调整树种结构。由于他已成为事实上的专家，每次预测都基本靠谱，结果从 2005 年开始，效益保持持续上升态势。在此过程中，当然也有一些适销不对路的，在某几年看来价格不是太好，但他们也无所谓，毕竟还有其他品种撑着，价格不合适就放在地里继续长。

2011 年，由于要给大学毕业的儿子在省城买房，杨先生自己的林地卖了一批树木，当年收入 100 多万元，最终付了全款。2012 年，相对卖得少了点，但也能有三四十万元的进账。2013 年又赶上了几个较好的机会，卖了 80 多万元。当然他的情况跟别人不太一样，别人也有规模大的，但没有他卖得好。这跟他 20 多年的资源积累有很大关系。他本来早已是圈子内的资深专家，信息和渠道要比半路出家的人占太多优势。同学、同事和朋友，很多都集中在这个圈子里，现在有的身居要职，有的成为大“树贩子”。与此同时，公家的和自家的，协同效应很强，两家联合起来，品种齐全，冠型又好，真的遇上大户，在数量和品种上皆能满足对方需求。公家和自家相得益彰，林场职工上上下下皆受其益。

他的树苗生意之所以能取得成功，结合我们的六项指标是可以理解的。第一，树苗的“单价”可能比较低，但“交易额”却往往是很大的，特别是在杨先生拥有优质渠道的情况下，更是如此，而且树苗每年还会生长，如果资金压力不是太大，即便这几年卖不出去，放上几年个头大了之后，事实上树苗还在增值，这也就意味着年头越久，“单价”越高。第二，“利润率”指标，在项目实施的前三年内，利润率比较低，**此类项目前 3 ~ 5 年基本属于导入期，投入比较大，可能会有些利润，但往往是微不足道，然而五年之后投入会逐渐降低，产出却是密集的，按照 5 ~ 10 年的时间算下来，利润率还是非常可观**。第三，“接触人数”如何，一是看市场的大环境，二是看渠道，但无论什么时候，渠道都是至为关键的，杨先生之所以能在当地做得有声有色，跟他掌握着优质渠道有很大关系。即使市场环境恶劣，他靠 20 多年经营起来的渠道，每年还是能卖出一部分树苗，不至于出现空转。第四，树苗生意的“转化率”同样跟市场需求情况、渠道质量有关，另外还牵涉林场的规模、树种配套程度以及树龄与冠型，在这些方面，杨先生公私两块儿对接起来，具有强大的优势。从终端需求来看，树苗的“购买频次”不会太理想，可是他对接的毕竟是专业化程度比较高的“树贩子”，“购买频次”每年至少两回，这个基本是有保障的。第五，对于育苗生意而言，“时间”指标可能是个硬伤，整个项目从投资到见效再到产生巨大效益，整个周期长达十年左右，有道是“十年树木，百年树人”，树苗一般五年之后开始产生效益，并且年头越长，边际成本越低，而边际绩致越高，很多人无论在资金实力还是耐心上，根本等不了那么久。如果用三五年时间看，这并不是什么好生意，但放到十年的时间看，最起码不比社会上的某些生意差。看到他最近几年来大把大把赚银子，部分亲友不免有点眼红，抱怨说你看得这么准，为啥早几年不告诉我们啊？杨先生笑眯眯地回答，也不是没跟你们提过，你们一是嫌辛苦，另外感觉投入大，来钱慢，育苗不太靠谱，这里面本来是有风险的。你们那么认为，我也不敢硬劝，劝得急了你们还有可能翻脸，很多事情只能自己把握，事后诸葛亮好当，事前诸葛亮难当，说的就是这个理儿。

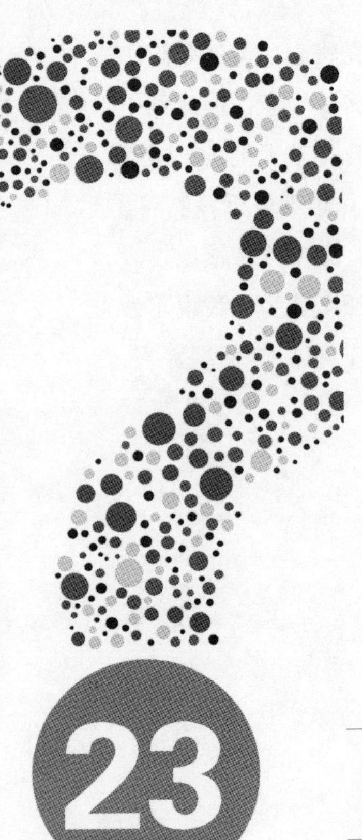

23 特斯拉电动车为何能成事儿

导读：许多年来，制约电动汽车发展的，从表面上看是成本和性能，但实际上却是“单价”，电动汽车涉及的各零部件模块，其技术都是成熟的，只要能成功地把电动汽车“单价”做到足够高，通过集成各种高端技术，其他的问题将不再是问题。特斯拉定位为豪车，顺利斩断了横在行业面前的“戈尔迪之结”，向世人验证了电动汽车的成功商业模式。

对于电动汽车来说，2013年是极富含金量的一年。就在当年的第一季度，特斯拉汽车扭亏为盈，并提前九年还清美国政府的贷款，这在相当大程度上标志着电动汽车商业模式的成立，在全球范围内给整个行业带来了前所未有的信心。特斯拉汽车公司成立于2003年，在其两大创始人当中，马丁·艾伯哈德是一名硅谷工程师、资深车迷，而另一名创始人埃隆·马斯克，其身份则更为特殊，全球首家互联网支付体系贝宝（PayPal）就是他创建的，此外他名下还拥有鼎鼎大名的美国私人火箭公司——空间探索技术公司（SpaceX）。埃隆·马斯克属于典型的技术狂人，也是极富才华的创造者，是继乔布斯之后，全球创业者内心当中的精神领袖。也正是因为贝宝、特斯拉和空间探索技术公司三家公司的巨大成功，埃隆·马斯克在《财富》杂志“2013年度商业人物”排行榜上雄踞榜首。按照我们中国人的标准，埃隆·马斯克属于典型的“高帅富”，相貌带有影星气质，身家亿万，集工程师、企业家和慈善家各种身份于一身，还是三家极具发展潜力技术公司的创始人。特斯拉被称为汽车领域的苹果公司，其电动汽车也将在中国市场正式发售。

从全球范围内来讲，电动汽车一直是个发展方向，由于其环保、低碳，并且在某种程度上可以有效防止城市雾霾，因而备受企业界人士关注，进而成为新技术研发领域的一大热点。但最近20多年来，发展状况一直不算太好，好多厂家因此而破产。在电动汽车模式被特斯拉证明成立之前，电动汽车被太多的投资者、汽车厂商、石油公司和市场分析人士“界定”为不靠谱。实践环节的案例，也一再证明这种论证的正确性，奥巴马政府的新能源政策更是因此而饱受质疑。电动汽车以往总是难被市场认可，有着内在深层次的原因：第一，为了考虑将来量产的需要，各厂家基本都定位在中低档车型上，除了动力系统之外，其他配置跟同档次汽油车没有多少差别，但由于电池的原因，价格上至少要高出十多万元，给消费者的感觉是，我花了好车的钱，却开了个差车，心里很不爽，尽管购置这种车有政府给的补贴，但面子上也不大过得去。第二，在使用便捷性方面存在硬伤，续航里程短，充电不太方便，假如半路抛锚，你干瞪眼没办法，在电量不是很足的情况下，都不能往远走，大多数消费者做事儿还是要讲求效率的，如果比别人多花好多钱弄了一个“摆设”，简直就是没事儿找事儿，自找气受。第三，电动汽车的发展本身需要一个生态系统，比如充电桩和电池更换站等基础设施的建设，但这又面临一个“先有鸡，还是先有蛋”的问题，如果电动汽车发展不起来，建设再多的配套设备都是浪费，回过头来，假如没有良好的配套基础设施建设作为支撑，也会严重制约电动汽车的长足发展，这似乎是个无解的“戈尔迪之结”。

只要有问题，肯定就有解决的办法，差别只在于你的思路到没到位。在十年当中，特斯拉也经过了艰难而又曲折的探索，但终归找到了解决方案，这属于典型的见招拆招。**针对价格和使用价值背离的问题，特斯拉通过调整产品定位来进行化解。一般而言，能接受更高价格的，都是社会上的顶级精英，他们并不怕产品价格高昂，关键是要体验性确实好，并且能找到价值认同**。在这种思路的指导下，特斯拉将自己的电动汽车直接定位于豪华车层面。除了高价锂电池之外，所涉及的每一个备品备件，都要按照极具体验性的豪车标准进行配置，所生产的汽车不单纯是电动汽车，更大程度上是物联网、互联网、新能源、新一代工业设计、新兴材料、人工智能、大数据、云计算等众多技术的集成体，汇集几种热门的人类最新技术成果，并将 IT 互联网产品设计理念很好地融入到传统工业品的设计当中，像苹果重塑手机行业一样重新定义了汽车产业。特斯拉找到了足够的理由让目标群体接受自己的高价产品。这种思路在实践环节取得了巨大成功。2013 年，美国第一季度豪华车销量，特斯拉 Model S 的销量达到 4750 辆，远超同级德系豪车，成为目前美国销量最大的豪华跑车。把价格和使用价值背离问题解决后，只要公司能够自己盈利，随着技术和配套问题的逐步解决，受“摩尔定律”作用，从高端向中端打，实现更大规模的量产，并非什么难事。

在续航里程方面，由于是豪车，售价能够上去，特斯拉根本不怕成本高，直接采用更高性能的钴酸锂电池，集合数千节手提电脑一样大小的锂电池提高电动车的续航里程，而不是采用更大体量的电池块组合，这样一来，电池自身的重量就有可能压缩到最低，而且安全和充电效率更高。与此同时，为了降低车身重量，特斯拉 Model S 采用铝质轻量车身来代替钢板，以瘦身的方式将电能用在刀刃上。目前，其续航里程已经可以达到 480 公里，从目前了解的信息来看，如果采用二代混合电池系统，特斯拉的续航里程可以达到 1200 公里，基本上可以解决用户关于续航里程不足的顾虑。在充电模式上，埃隆·马斯克通过两种方式予以解决：一是通过其领导的太阳能技术公司，为特斯拉汽车建设独立于传统电网的“超级太阳能充电站”，为车主提供充电服务，在全球率先采用了效率极高的脉冲充电，车辆可以在 30 分钟的快速充电后行驶 200 公里以上；二是特别开发了一种能够在 90 秒内更换电池的服务，选择这种模式，车主根本不需等多长时间，像买矿泉水一样在服务网点换上标准化的电池，即可继续惬意的旅途。此外，Model S 还拥有媲美目前顶尖燃油跑车的性能，它从静止加速至时速 100 公里只需 4.2 秒。

当几个通常被认为是难以逾越的硬伤都被化解掉，特斯拉想不盈利都难。由于拥有强烈的互联网基因，埃隆·马斯克领导下的特斯拉更像苹果公司，根本不按传统汽车企业的思路出牌，而更多采取“资源集成”“技术集成”的理念。其实，特斯拉所采用的每一个技术模块在这个世界上都是成熟的，只是他们能在高成本的允许下，将这些原本属于别人的高端技术拿过来，集成为自己所想要的那种产品。对于电动汽车行业来说，“戈尔迪之结”就是高成本，而马斯克的天才之处，就在于通过豪车定位把售价做了上去，除了弥补极高的成本之外，还能实现盈利，这就如同当年的亚历山大大帝抓住了问题的要害和关键，挥剑一砍，剑起结开，轻松利落、挥洒自如，使得自己最终卫冕“王中之王”。

从我们的六项指标看，由于受整个产业生态的影响，传统电动汽车模式几乎所有的指标都不占优势。“单价”表面上要比汽油动力车高不少，但在使用价值上没有给消费者更为充足的理由。受无法上量的影响，边际利润不太理想，“利润率”偏低，甚至某种程度上会出现亏损。“接触人数”主要受推广手段、力度以及渠道与终端网络的制约。“转化率”则受制于续航里程和充电方便程度等因素；“购买频次”在解决第一辆车体验性之前，更是不太可能获得突破，汽车整体上的生命周期通常是 8 ~ 10 年，即使首辆车被接受和认可，“购买频次”的潜力一时半会儿也不会释放出来。“时间”指标，一般是在“摩尔定律”发生作用的情况下才会更有价值，暂时来讲，对定位于中档车的电动汽车厂家帮助不大，如果连眼下生存关都过不了，“时间”弹性再大，对项目本身都没有多大意义。

埃隆·马斯克的破解之道，就在于用高端科技集成体的方式，通过豪车定位直接将单价做到极限，同时赋予高价足够的理由。这样一来，不但“利润率”有了很好的保障，而且在“接触人数”上更加精准聚焦，“转化率”指标也得到了高倍数提升。只要能生存下来，并有利润去支撑后续研发，按照“摩尔定律”，随着成本下降，售价也能逐渐压缩下来，大规模量产、大规模销售就不会有什么太大问题，这些因素反过来又会对“接触人数”“转化率”“购买频次”这几项指标的提升起到巨大的促进作用，也为企业的长足发展赢得了更多的时间。在特斯拉的整盘棋中，电动车的超高定位以及将单价指标做到极致，是至为重要的一步，也是激活全局的关键，没有这一步，其他都无从谈起。

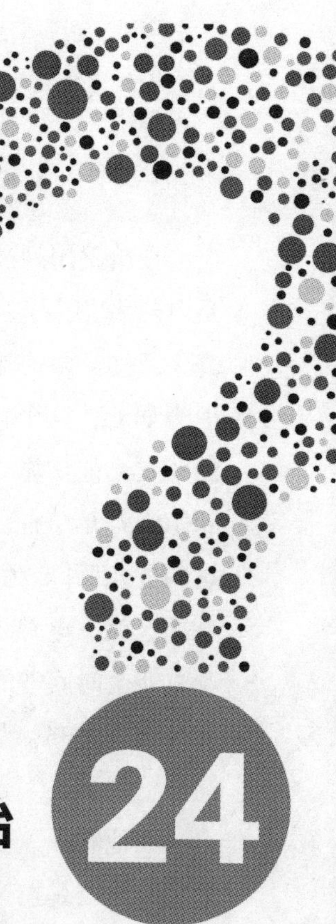

24 电热水龙头的营销为何必须原始

导读：特定发展阶段的同一类产品，推广方式和营销手段不同，“利润率”指标中的“毛利率”可能变化不大，但“纯利润率”则有可能出现天地之差。对于像电热水龙头这样“交易额”“转化率”“购买频次”都不是很理想的冷货，受其成长周期阶段性特征的影响，采取原始的“放羊式”营销，反而是最富有智慧、最为理性和现实的一种选择。

在厨卫用品当中，提供热水的电器除了热水器和厨宝外，最为常见的恐怕就是电热水龙头了。电热水龙头属于典型的小众产品，甚至在今天，太多人对此还毫无所知。目前这个行业基本没有什么强势品牌，品类认知度也不是很高。正是因为如此，这个行业利润率很高，被很多人视为传说中“蓝海”。我有一位天津的朋友，他是靠“傍大式”细分产品起家的，每年做 300 多万元的营业额，纯利润 100 万元左右，创业已经五六年了，但就是做不大，在规模方面面临着难以逾越的“瓶颈”。为了突破“俯卧撑”僵局，他考察了其他很多项目，其中比较典型的，就有电热水龙头。他自己有 15 年的韩资企业产品设计和营销管理工作经验，业余时间学的东西比较杂也比较多。与此同时，他还抽时间读了几个名校的 MBA 和 EMBA。尽管知识量已经很丰富了，但给我的感觉，他还没有真正融会贯通。

在他看来，自己完全有能力将电热水龙头做大。第一，这个产品技术上比较简单，自己是搞产品设计出身的，在外观和质感上能设计出更为适合消费者使用的款型，其他的委托给相关厂家代工生产即可，而品牌则为自主品牌。第二，此类产品的利润空间比较大，主流售价为 100 ~ 300 元之间，而生产成本只有几十元，目前在市场上没有什么主流品牌，关注的人也比较少，随着消费者品类认知程度的提高，迟早会进入一个井喷发展期。第三，目前此类产品的营销极其落后，或者说干脆没有什么营销，就是简单地将货放在五金店面或者建材城和家具城销售，处于放任自流状态，广告、单页、活动等推广方式通通没有。尽管这样，他发现天津有个小代理商，做这个产品已经五六年时间了，靠这种异常原始的方式，一年大约做 300 多万元的营业额，而纯利润也有 100 多万元。第四，自己熟悉各类营销手段，打算面向小区做展销活动，并配合扇面广告、单页发放、小礼品等手段，再适当压低价格，同时再配合以传统的店面铺货方式，几年下来，在天津几个小区域把年营收做到上千万元还是有可能的。

由于相互间关系较好，我听了他的说法后，笑了笑，很坦诚地谈了一下自己的看法。我认为，他的思路貌似科学，实则隐藏着陷阱。首先，目前消费者对这类产品的认知程度较低，尽管事实证明安全可靠，采取即热方式也比传统的热水器模式节能、便捷，但毕竟属于新生事物，在大多数消费者那里，会对安全性存在顾虑，除非采取强大的宣传攻势，否则在未来好多年的时间里，注定属于细分式小众产品。其次，热水器、厨宝、暖水壶属于即热式电热水龙头的替代性产品，现在市场认可程度较高，电热水龙头很难成为刚需产品，充其量也只是特色产品，消费者的替换成本很高，即便是他们内心认可你的产品，真的要替换起来还是存在一个“转化率”的问题，这个比例不会太高。再次，电热水龙头属于典型的耐用品，一个消费者使用上之后，最起码 5 ~ 10 年的时间不会再换，也很难重复购买，“购买频次”指标有着严重硬伤，花很大力气好不容易培育出来一个消费者，但他十年时间也只是给你贡献几百块钱的利润，从投入产出的角度来看，并不划算。最后，此类产品难以上量，无论是小区展销还是你说的广告模式，人力成本都是比较大的，不这样推广，你还能有个 30% ~ 40% 的纯利润，一这样推广，由于“转化率”很低，最终销量不会提高多少，而成本很有可能一下子就把利润给吃没了。总而言之，你所说的那些推广方式，在当今市场环境条件下已经属于很基本的常识，根本不是那个代理商没想到，而是根本不适合那么做，这是需要特别注意的。

在跟他的交流中，我结合六项指标，进一步对此进行了分析。**越是那种细分类的小众冷货，单价和利润率相对来说也就越高。厨卫类耐用产品最合适的销售场所还是专业市场、专业店铺，或者是像京东、天猫这样的电子商务平台。**因为其中“接触人数”已经经过了“聚焦”，“转化率”会高倍数放大，这种效果并不比小区展销差，但成本却要比小区单品展销低很多。“利润率”不能光看毛利率，还要考虑包括广告和推销在内的各种费用及综合成本，也就是说整体平均下来的“纯利润率”更为重要，“毛利率”相对来说比较稳定，随着推广手段和力度的不同，“纯利润率”极具弹性，变动幅度很大。如果加大推广手段和力度，并不能带来同比例或更高比例销量的增加，“纯利润率”就很容易被吃掉，揠苗助长的结果只能是亏损。在这种情况下，采取貌似极其原始的营销，要比采取高等级推广方式，更富有商业智慧，“放羊式”营销比较适合类似电热水龙头这样的产品，在整体商业环境和行业发展阶段发生质变之前，精耕细作反而不行，会背道而驰的。

后来我给他的建议是此类产品可以做，但不要抱太高的预期。模式简单一点，自己不搞什么设计，找合适的厂家贴牌，然后再找几十家专业的厨卫、五金类零售店铺货代销，给的利润空间大一点，也不做什么特别推广，能卖多少卖多少，顺其自然。这样下来，靠概率和自然增长，每年会有一个基本的量，可能最终的量不是太大，也难以上规模，但每年几十万元到上百万元的收入还是可以的。一旦有了市场根基，若干年后此类产品被消费者所熟知，当市场需求出现井喷的时候，你再做各种方式的营销推广，效果马上就会立竿见影，发展速度自然也是一日千里。在这个发展阶段到来之前，要想突破规模上的局限，就得多选几个类似的冷门产品，“多赶几只羊”，横向拓展和复制你的“放羊模式”，事实上这就相当于通过各种产品之间的组合，在“交易额”指标上挖掘潜力。相对而言，这种思路会更靠谱一些。

营销模式往往是和商业模式联系在一起的，跟具体的项目选择和运作更是紧密相关。**营销模式的选择，更大程度上需要考虑产品的特性、市场环境和行业发展阶段，这些要素不同，最为适合的营销方式就会不同，合适才是最好的**。貌似原始的方式，在某些特定的时空条件下，反而最为有效，而那些高级手段反而可能将你带进万丈深渊。当然，随着时空条件的转变，这些制约性条件都会发生动态变化，我们也不能犯经验主义错误，对变化不敏感，守株待兔，抱残守缺，最终反而被这个行业给淘汰了。作为一个合格的经营者，项目的短期和远期都要兼顾到，既不能得“营销远视症”，也不能得“营销短视症”，具体策略如何，应该审时度势，随着客观条件的动态变化而适时调整。商学院、EMBA、各种营销流派，他们的各类体系、各种东西都非常好，但犹如百货公司，再好的东西，也只有跟你的基础状态匹配，才能释放出其本来应有的能量。

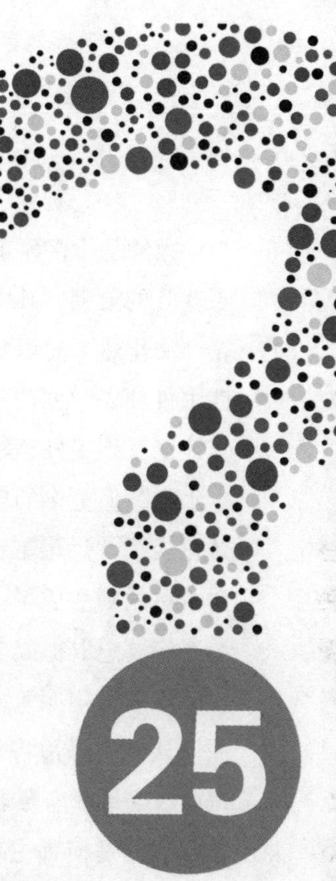

旅游区项目中的营销代码

导读：旅游经济属于典型的体验经济，卖的就是吃喝玩乐、想象、感官刺激和背景知识的超链接，因此除了大环境的反差式独特性外，周边小景点的配套性和一站式服务非常重要，最好能让人不断产生惊喜。旅游项目策划，是通过一些方式的组合，最大限度地将“交易额”“接触人数”和“转化率”做上去，这又需要从景区规划和传播体系两大模块上发力。

大约从十多年前的世纪之交开始，神州大地上兴起了一股“文化搭台，经济唱戏”的浪潮，其中古城复建、名人故里、主题类文化节以及特色旅游区，是这轮“文化热”的重要元素和内容。2010年这轮热潮基本达到了顶峰，其中的标志性事件便是“西门庆故里之争”和“孙悟空出生地之争”，这两大事件在那年着实让老百姓很好地娱乐了一把。这十多年来，自然有一些景区做得有声有色、风生水起，但更多的项目，资金投下去全都沉没了，连个水花都没溅起来，最终都转化成了“烂尾工程”，令人唏嘘不已。为什么有的文化旅游经济获得了巨大成功，有的则变成了“新生代遗址”？这些现象背后隐藏着很多规律性的东西。旅游经济要想取得成功，绝非依靠一个概念性噱头那么简单，很多东西不能看那些权威规划机构如何忽悠，不能光凭着良好的愿望想当然。如果不对这些东西进行深度认知，恐怕将来还会产生更多类似的、非常令人痛心的“烂尾工程”，给投资商、当地政府及老百姓带来无穷无尽的麻烦，甚至空留笑柄。

不管是何种主题，旅游区项目要想成立，必须具备以下几个基本条件：第一，风景必须具有很大的独特性，最好是其他地区没有的，在感官上能产生强烈的地域反差，而且气势上恢宏，比如内蒙古的草原、新疆的胡杨、张家界的喀斯特地貌、乌镇的江南水乡、西安及洛阳的历史遗迹。第二，最好能在方圆四五十里范围内，景点及配套性设施齐全，并且能够形成系列，在这个过程中，最好是山水、花草树木、人文景观、民俗、收藏、博物馆、故居、特色表演、购物什么的，通通都有，足够一整天玩，以吃喝玩乐为主线，整体上吊足游客的胃口。如果属于孤立景点，在较小的地理范围内形不成系列，就难以让消费者过瘾，即便是花再多的钱去推广，恐怕风险都是非常大的。第三，在“真善美”三个价值导向中，最起码能够占住一个，如果这三个价值导向一个都站不住，恐怕投入再多的钱也是白搭，“西门庆故里”在很大程度上就属于这样的项目，“善”“美”自然谈不上，“真”本身也很成问题，其结果可想而知。与之形成鲜明对比的是韶关丹霞山“中华性文化博物馆”，虽然主题展览在“善”“美”上存在着巨大争议，但在“真”的方面还是绝对能站住脚的，更何况还有闻名世界的“阳元石”

作为背书，其情趣和特色绝对能够秒杀所谓的“西门庆故里”。

很多成功的旅游区除了自身浓郁的成系列的特色外，在营销手段的设计上也是奇思妙想，极尽玄机。现在的旅游区已经属于典型的商业运作了，如何使得营收最大化（也就是在指定时间内获得最大的财富数量），同样属于旅游策划当中的重要课题。在营收挖潜层面，一般有这么几种方式：其一，景点系列化，各种景点之间不仅互补性很强，最好还足够你玩上一两天时间，让你在惊喜之外还有惊喜，最好是忙了一天下来还有好多景点没来得及看。其二，特色购物和餐饮，在旅游过程中，购物和餐饮其实是非常重要的体验环节，这个最好能够与其他旅游区，或者游客日常接触到的东西区隔开来，比如张家界的“土司王宴”，环境、装潢、菜式、餐具都要能体现出那种独特的氛围，而且在细节上也尽量做到考究。其三，将大型免费表演活动放在傍晚或者晚上，一方面通过这种方式来聚拢人气，给消费者一种增值的体验感，另一方面也是促使他们住下来，餐饮和住宿本身的消费在某种程度上也不比门票及购物少，对拉动旅游经济的贡献力度是比较大的。其四,一个省内或者地级市的旅游资源整合在一起做“打包式”媒体推广，这既能变相使景点形成系列化，在另一个层面也摊薄了单个景区的推广成本，效果还会得到大幅度提升，在同样的费用预算下，推广的幅度和频次都会倍增。其五，最好是能成为某些大众化影视作品的取景地，这个就如同魏晋名士之间相互追捧，“花花轿子人抬人”，“名人傍名人”，给炒作赋予了更多概念，在操作过程中也更容易赚足眼球，这其实也是很多明星为了保持关注度而采取的惯用手法，用在景点的包装和炒作上是同样适用的。或者干脆为景区量身定制一部影视作品，如云南丽江与《木府风云》。其六，套票模式，就是将很多景点打包在一起进行销售，表面上看每个景点的价格都降低了不少，实际上等于放大了客流量，平均每个景点的收入都会有所增加，同时也很好地满足了游客们占便宜的心理需求，**在营销当中，占便宜的感觉要比便宜本身更为重要**。其七，旅游城市特产的包装和购物袋，由政府部门或者管委会采取整齐划一的形式统一设计，LOGO、VI、标准色、字体、图片等，进行统一的立体包装，这是一种潜移默化的广告形式，但往往被证明是非常有效的。这些“制服”会让游客成为渗透力极强的免费“广告载体”，其效果并不比某些电视广告片差。

这些模式，套用我们的六项指标来看，基本上是这样的：第一，尽最大努力，做高“交易额”指标，无论是景点之间的组合设计、套票模式，还是特色购物和餐饮，抑或将大型免费表演活动放在夜晚，从人次上考察，都有利于尽可能放大“交易额”指标，在每一位游客身上最大限度挖掘营收的贡献率。第二，对于旅游区来说，其成本在更大程度上属于一次性投入，成本的重头属于建设费用，此类项目边际成本较低，而边际利润却很好。一般而言，客流量越大，分摊到平均人次上的“利润率”越高，也就是说人次“利润率”在这里属于一个变动区间很大的指标，能在多大程度上将客流量和客流密度做上去，对于“利润率”来说至关重要。第三，一个旅游区的“接触人数”，受景点的特色性、系列化和配套程度影响较大，同时也受制于广告等其他线上营销手段，而景点组合优化、相邻景区打包推广、“名人傍名人”等手段，都是为提高“接触人数”的指标而服务的。第四，旅游区的“转化率”指标，除了受景区规划、推广手段和概念炒作影响之外，就是受交通条件和消费者口碑制约了，其实更为重要的还是后者，这又跟体验性高度相关，不是一个简单的名人故里、古城修复就能解决。第五，“购买频率”属于旅游类项目的硬伤，除了景区附近居民为了接待亲友重复消费外，绝大多数游客都具有典型的喜新厌旧心理，其实旅游本身就是一种娱乐，娱乐项目的一些特征，绝大多数景区项目都有。

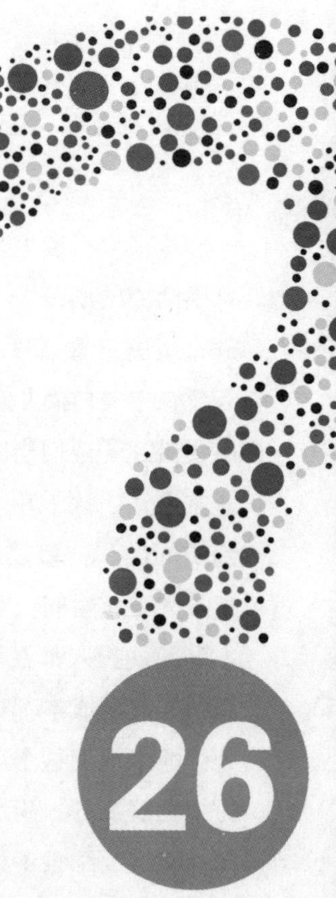

26 办卡式营销背后的奥妙

导读：办卡营销最大的好处就是做大“交易额”“接触人数”和“购买频次”等指标，并在一定程度上“逼迫”消费者提高消费频次，但其难点在于如何从消费者那里获得信任，在诚信度不是太好的商业环境中，这个显得尤为重要。其实，这就看你如何设定游戏规则了，站在自己和消费者的角度，有效平衡资源利用效率、实惠和风险之间的关系。

从很大程度上来讲，游泳健身、儿童娱乐也属于典型的娱乐项目，并不是日常生活中的刚需。一般此类项目更多采用办卡式营销，甚至前期会员的数量和金额直接决定着项目的成败。2010年我在写《给你一个公司，你能赚钱吗》期间，有位在中关村搞儿童游乐场项目的朋友在天涯上找到我的QQ号码，加为好友后，向我讲述了他们当时面临的困境。他们这个儿童娱乐场规模比较大，引进的设备非常不错，孩子和家长们的现场体验感都非常好，但在发展办卡会员的时候却遇到了问题。苦口婆心，好说歹说，办卡的都不多，而且都是最低限制的那种次卡，大半年时间没有多大改观。面对这种情况，几个合伙人急得团团转，房租成本和前期投入都在那儿放着，如果办卡业务难以有效突破的话，不要说赢利了，恐怕连收回成本都难。为了搞清楚原因，他们花了一个星期的时间还专门做了调查。原来他们这个场地之前也是一家儿童娱乐场，上一个老板同样是采用办卡的方式拓展业务，附近很多小区的居民都为孩子办了年卡、两年卡等，当时业务状况非常好，结果不到一年时间，老板卷款逃跑了。这件事情给家长们心里留下了很大的阴影，这几位朋友开业之后，为了快速回笼资金，也在拼命推销年卡和两年卡，这样让家长们瞬息联想到了上一家那个骗子，而且时间又隔得不太久，相当于又在他们的伤疤上撒了盐。

在交流过程中，我给了他们一些建议：第一，首要的任务还不是卖年卡，而是先把场内的人气做起来，先多做一些赠票，每天限量配发，比如每天50张，赠票的时候顺便送孩子们一个气球什么的，此类项目场内越热闹，孩子们越愿意去，人气方面的“马太效应”相当明显。第二，发行一批短期的卡，比如季度卡，一个季度10次，不记名，只记次数，允许一张卡不同人使用，几个孩子同时来可以按等量的次数刷同一张卡。这些游戏规则在发展会员的传单上要十分明确地解释清楚，这样一来在很大程度上可以消除家长们的顾虑，卖卡相对容易一些，办卡的孩子还会拉着其他小朋友来玩，这种方式跟赠票的效果一样，但实实际际带来了收益，一张卡几个孩子玩，三四回也就用完了，对于你来说，倍增了付费的体验人数，潜在的持卡会员也会快速放大，对于家长们来说，已经规避了风险。第三，在短期卡推广一年之后，再推广半年卡和年卡，因为有了基础，体验性又好，时间长了遗忘以前的阴影了，推广起来的阻力会小很多。很多时候，所谓的走直线反而离目标最远，绕着走几段路，更容易达到目的。第四，解决了短期内的人气和收入两大问题之后，你们自己也变得自信了，所表现出来的状态和热情，还有那份真诚，都会感染人，这种释放出来的正能量，自然会对孩子和家长产生巨大影响。越是焦急做年卡和两年卡，可能给自己带来的状态和气场越不好，在消费者那里也会产生负能量。

由于俗务缠身，那次交流完之后，我渐渐就把这个事给忘了。2013 年夏季，突然有人在 QQ 上联系我，说这些年发展了几个加盟儿童游乐场，现在觉得太累，钱赚得不算多也不算少，想转出去休息休息，但又不知道是否合适，毕竟有会员和加盟商，跟以前不太一样了。我告诉他可以找自己的加盟商谈谈，股份主要转让给他们，自己也留一点，但日常运营由他们来负责。一看以往的聊天记录，发现就是三年前找我交流的那位。我大致问了一下他们这几年的经历，他说基本上就是按照我说的那种方式渡过了难关，并得以持续发展的。他们在游乐场内部设计和体验挖潜方面很用心，做出了自己的特色，得到了孩子、家长和加盟商的认可。三年下来不太容易，但整体上还是大有收获。

办卡式营销，游泳健身、儿童娱乐、图书租赁、美容美发、保健按摩、网吧经营等行业及领域都普遍存在，对于项目运作者来讲，其好处显而易见。其一，通常来说，**此类项目最大的问题就是成本投入主要集中在前期，后期的维护和运营成本相对较小且比较分散，因此如何在尽可能短的时间内实现回本，是降低项目风险经营的重要方面，办年卡和两年卡非常有利于这一目标的实现的**。对于那些不太诚信的老板，这个更是非常关键，靠卖会员一旦回本，经营状况好就继续经营，状况不好就直接跑人了，其实这样的情况在全国各地都曾发生过，被媒体曝光的就有不少。其二，此类项目的边际成本较低，边际效益较高，也就是说，在限定时间内，消费的人次越多，“利润率”就越高，而在限定时间内消费的次卡实际上也是通过这样一种方式来做高“交易额”和“购买频次”两项指标。其三，如果开发季卡业务，表面上看起来收入似乎不及年卡和两年卡，但实际上会“逼迫”消费者集中消费，邀请其他消费者一起消费，这就相当于以一种经济手段，类似于一只看不见的手，在限定时间内放大“接触人数”指标，在提高人气旺盛指数的同时，也极大释放了现场气氛，这对提高“转化率”指标也有很大帮助。其四，在同一客户身上挖掘潜力，把他们较长周期内的同类消费绑定，既有利于自己业绩的提升，从另一个侧面打击，自己的竞争对手，儿童游乐场办卡的此类功能还不太突出，但在美容美发等项目上，效果就非常明显，因为经营年头越久的项目，在消费者那里的信任度相对来说就越高。

站在消费者的角度来说，实际上办次数较少的卡是比较理性的选择。从表面上看，会员卡期限越长，每次平均下来的价格越便宜，在个别夸张的情况下，价钱甚至会相差一倍。而实际上，太多的次数，你在限定时间内根本消费不了，真正平均下来的价格并不便宜，对于这一点，那些老板心知肚明，办年卡和两年卡，更大程度上是在变相提高单价和利润率。另外，会员卡的期限越长，对于消费者来说，风险越大，因为你根本不知道老板什么时候一夜之间就跑路了，即便是那种经营了六七年，资信良好的老店，都有可能出现这种情况。对于消费者来说，与其盲目相信店家各类所谓的资质，倒不如采取更为积极的风险预防措施，防患于未然。比如，即便考虑价格上的优惠，也要办那种次数不算多的短期卡，同一张卡，朋友、家人之间共同使用。当然，如果你有相对固定的小团体，或者属于此类项目的发烧友，时间上也允许，消费频次较高，可以考虑适当办一些长期卡，但即便在这种情况下，风险管理意识还是应该有的，“害人之心不可有，防人之心不可无”。风险管理和控制比识人更靠得住，这种方式更经得起大样本检验。

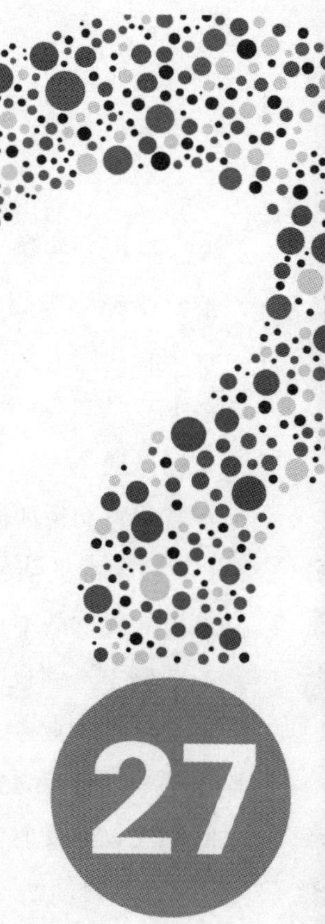

哈哈镜鸭脖子如何得以逆袭

导读：品牌化、时尚化、科技感和互联网化改造，是现今小吃发展的一个重要方向。哈哈镜品牌的成功，是众多时代感很强的微创新叠加产生作用的结果。这些微创新所带来的不光是噱头，更多的是一种全新体验，其效力最终在“购买频次”上很好地释放了出来。在配送网络建设上，哈哈镜严格遵循了“同心圆法则”，也有助于确保“利润率”水平。

最近一些年，休闲特色小吃通过电子商务成功做大，书写成长传奇的，恐怕哈哈镜鸭脖属于当仁不让的典范。哈哈镜品牌创建于 2003 年，最早只是北京东直门内大街（俗称“簋街”）专做鸭脖子的一个小店。在这里需要特别说明一下，“簋”是中国古代用于盛放煮熟饭食的器皿，也用作礼器，流行于商朝至东周。通俗一点儿讲，簋街就是美食一条街。簋街位于东直门内，东起二环路东直门立交桥西段，西到交道口东大街东端，在这条长约一公里左右的大街上，150 多家商业店铺中从事餐饮服务业的占 90%，其餐厅密度之大，雄冠京城。簋街的餐饮基本都是 24 小时营业，红红的灯笼，一排连着一排，挂在整条大街的两侧，一到夜晚，红灯亮起，宛如元宵节庙会，蔚为壮观，有点不夜城的感觉。这里的业务，时间越晚，就越热闹，因此也有“鬼街”的叫法。簋街的风味基本以麻辣为主打，簋街属于“饮食的江湖”，便宜，实惠，引领着北京饮食的潮流，深受时尚白领和国外游客欢迎。在小吃云集的簋街，哈哈镜鸭脖当属“特色中的特色”，由于口味纯正独特，不膻，不腥，不腻，百吃不厌，越吃越上瘾，价格相对便宜且携带方便，短短几年就在周围数公里内的写字楼，特别是白领女性中闯出了名气。

起初哈哈镜也没有什么外卖，但在日常经营的过程中，发现不少顾客要求送货上门，就本着就近原则开始发展外卖业务，并逐渐探索出了“论盒卖”的模式。**“好的商业模式不是规划出来的，而是生长出来的”**，这句话放在哈哈镜身上更为贴切。第一，他们首先是发订餐名片，逐渐扩大周边外卖的销售比例，紧接着在客户源比较集中的区域，让中高端餐厅、咖啡厅和专卖店成为自己的代销点，同时哈哈镜又非常强调 CBD 战略，代销点遍布整个 CBD 地区，促使其网点高密度覆盖。第二，积极把握互联网和电子商务发展趋势，为自己的模式创新赢得先机，除了在一些电子商务平台上开店之外，在奥运会期间还与大众点评网展开深度合作，此外还很好地把握了“网络团购”“微博”和“微信”等模式火爆的契机，顺势将销量和影响力进一步放大。第三，“哈哈镜”这个关键词，本身跟鸭脖子没有多少内在的关联，传统上做鸭脖子的也往往不会叫这么不搭界的名字，但这个名字起得确实很有创意，一方面开启了品牌命名的全新模式，另一方面也让消费者很容易联想到吃完鸭脖子后又辣又爽的搞怪表情。然而这个名字最好的地方，却是具有叛逆、另类、时尚和后现代的色彩，更容易为那些工作压力比较大的白领所接受，这恐怕连那几个创始人都始料未及。第四，在过去十多年里，电子商务、网上超市、快递，绝对是人气指数超高的几个热门关键词，这些关键词一旦与簋街、鸭脖子、哈哈镜这些元素搭界，在大众传播上就能产生穿透力，同时还极具时尚效果，也更容易为广大受众所认知和尝试。第五，根据消费者口味拓展和优化产品线，哈哈镜品牌最终形成了鸭系列、海鲜、寿司、泡菜、卤制品等几个大类的休闲食品，在组合上能够较好地满足白领们的需求，同时也解决了购买频次和黏着力的问题。第六，顺势而为，在发展和强化网上直销模式的同时，在北京近郊大力拓展加盟连锁和销售网点，线上线下互动配合、彼此促进，在此基础上实现销量井喷，当然这跟 CBD 消费者在北京地区强大的辐射效果有着很大关系。

哈哈镜鸭脖的成功不能被过度神化，这里面有很多误打误撞的成分，但我们还是要佩服他们的团队，每一步都能顺势而为，最终由“误打误撞”转化为有意为之，并做到了极致，而且每一步都没有超越发展阶段而过分扩张。截至 2013 年年底，哈哈镜鸭脖在全国各省、自治区和直辖市都有配送点，全国网点总数共计 1678 个，其中北京地区配送网点 944 家，占其总数的 56.2%。目前哈哈镜鸭脖在北京地区采取了高密度布局方式，在国内的一些重点城市基本是复制北京的模式，而在此外的其他市场，则采取的是一种渗透策略。哈哈镜鸭脖真正的井喷发展是发生在 2010 年之后，之前他们的业务范围主要集中在北京 CBD 地区和三环内，但之后配送点网络迅速扩展到整个北京辖区，在全国范围内其加盟连锁也遍地开花。目前已经实现标准化生产销售，采用世界上最先进的氮气保鲜技术，方便、安全、卫生，年营业额在 7 亿元左右。2012 年，哈哈镜鸭脖正式开始搭建电商平台，公司名称也改为北京哈哈镜电子商务有限公司，由 IBM 前高级咨询总监张赢加入组建团队，张赢之前在 IBM 主要负责系统集成、社会化营销与数据分析方面的工作。在这里需要特别注意的是，在配送方面，一般每单送货价格为 10 元，但是如果太远或太晚，双方可以协商这个送货价，而这部分收入完全属于商家自已，除此之外，哈哈镜也允许这些商家在送哈哈镜的产品时，根据用户需求售卖自身的商品，这提高了加盟商本身的营业收入。哈哈镜为了提高商户的积极性，还会给排名前十的经销商很大的奖励，给商户的客户端甚至参考了打车应用司机端的抢单功能，每天会给出一部分三公里附近的订单，让商户去抢单，而排名靠后的则淘汰掉。

结合我们的六项指标来看哈哈镜的发展历程及模式。鸭脖子等品种，单价可能不是太高，但利润空间还比较大，如果销量有所保证的话，还是一门不错的生意。哈哈镜后来在“单价 / 交易额”方向上进行挖潜，一方面开发出了“论盒卖”的方式，表面上小巧且单价低，但如果按照传统论斤的标准来衡量，价格并不低；另一方面丰富产品线组合，以此来提高整体上的交易额，很多人订购的时候，往往是好几样组合在一起。除了在原有小范围基础上送货免费外，后发展的加盟店送货都要收取 10 元的费用，这个费用足够弥补其送货成本，而且此类休闲食品本身的“利润率”比较高，即便考虑送货等因素，其“纯利润率”还是有所保障的。在“接触人数”指标上，最初是选择在帝都麻辣小吃集群的簋街，其后以送货代售和加盟的模式，不断按照“同心圆”的方式向外拓展，但基本都是顺势而为，做透一个圈子之后再去做另一个圈子，在覆盖区域和密度方面采取一定的聚焦策略，这些方式都有利于“品牌效应”的形成，以及有效“接触人数”的放大。“转化率”是跟品牌效应、消费者口碑以及品牌价值形象和价值认同联系在一起的，在产品线组合得当、品牌形象认知良好、时尚性的产品印象且配送网络高密度布局的情况下，“转化率”指标实际上可以得到大幅提高。在“购买频次”方面，由于哈哈镜将鸭脖子定位为时尚性休闲食品，又属于典型的快速消费品，且有鸭系列、海鲜、寿司、泡菜、卤制几大类品种，因此在核心受众群体当中，购买频率相对来说还是比较高的。互联网推广本身也具有非常强的“圈子效应”，虽然这种圈子是虚拟的，但对其影响力、品牌力和美誉度的培育却有莫大的好处，这进而对“基础人数”“转化率”和“购买频次”起着良好的推动作用。

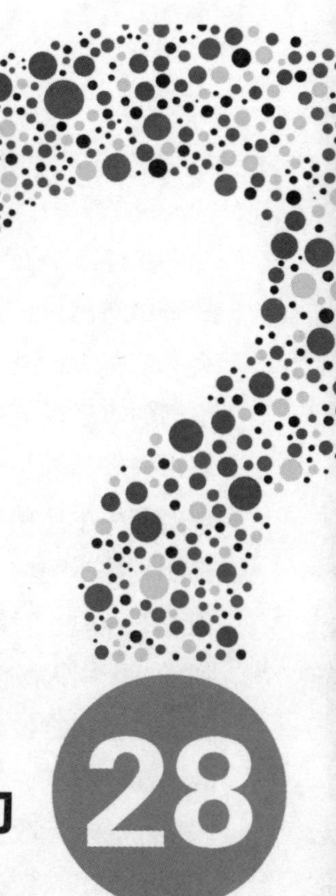

28 本地信息网站为何总是难以成功

导读：在项目导入期，你最大限度可调动的资金量是否能够达到其所需资金量的底线，直接决定着项目的成败。如果在这个指标上存在硬伤，方向选得再好，事情想得再好，细节做得再好，都是徒劳。对于项目来说，资金就如同血液，血液准备不足，其他的事情基本就不用考虑了，勉强为之也不会有什么好结果。谨记，这是一条极为残酷的法则。

在过去十五六年时间里，互联网基本是传奇故事的策源地。每当一个新版故事横空出世，总会刺激一批人的创业热情，对于“正在路上者”的士气，也会有着莫大的鼓舞。我曾经遇到过不少这样的创业者，他们准备投身于互联网浪潮的滚滚洪流中，以实现自己的财富梦想，但所选择的机会点却是他们所在城市或者另外一个目标地级市的本地信息和门户网站。接触此类人多了，就发现他们往往具有一些共同特征：第一，基本都是“媒体控”或者“IT 控”，平时都比较好学，甚至以往是 IT/ 互联网从业者，但有一点基本是肯定的，都没有创业的经验，对网站运作的认识比较肤浅。第二，自认为自己比别人聪明，找到了一个别人所没有看到的机会点，没有对整个项目做较为系统的结构性分析，好像自己在定位上只要聚焦一点，在栏目上能够细分一点，就能引来目标受众的关注。第三，认为此类网站投入很小，建站本身花不了多少钱，后续边际投入很小，边际收益却很大，整体运营根本需要不了多少钱，有几十万元的预算足够。有了一定影响力之后，靠广告收入就可以维持滚动发展，如果碰上突发性事件，借机炒作一下，说不定还能一夜爆红。第四，感觉网站内容可以四处拷贝，每天更新一些，简单维护，成本也很低，顶多三四个人搭建一个团队，一个人负责内容，一个人负责流量，一个人负责广告业务，甚至都不需要专人打理，几个人利用业余时间维护着，养个两三年下来，基本上就离成功不远了。第五，在他们眼中，互联网是大趋势，迟早会颠覆电视、电台、报纸和杂志等媒体，本地传媒领域同样会出现这种情况，自己的网站做出特色和亮点之后，找一些风险投资商不会太难，资金到位之后按照正规的模式，一步一步铺开，本地经济潜力也比较好，前面等着自己的是座金矿。

每当有这样的创业者来向我请教，让给他们一些建议的时候，我首先问一个问题：这个项目你打算投入多少钱，在可行的动员能力下，最终能够投入多少钱。如果最终能动用的资金量在 100 万元之下，我基本就直接建议他们不要做了，后面的问题不需要再问。其实不光是互联网创业，其他项目也一样。一般而言，任何项目都存在一个导入期，在这个过程中，每个月或每个季度所需要的投入要远大于项目本身的产出，在此发展阶段，所有的显性成本和隐形成本都需要自己承担。每类项目，在自己的导入期内，都需要一定数量级的资金投入，这也就是人们通常所说的资金壁垒，有的项目可能需要 10 万元的投入，有的可能需要 50 万元，有的需要 100 万元，有的需要上千万元，不一而同。尽管需要的资金量跟项目本身的资源基础、运作方式有很大关系，但无论怎样都会有一个资金量上的下限。在项目评估过程中，第一步要了解的是对方究竟要做什么类型的项目，类型一旦确定，所需资金量的区间及下限就基本确定了；第二步需要问的是资金量的准备，如果跟项目所需资金量的下限相差甚远，后面的问题就基本不需要再做了解了，连导入期都过不了的项目，其他方面规划得再好，都是没有前途的，只是空中楼阁而已；第三步需要了解的，则是创业者团队的情况以及整体上的资源储备与所要运作项目之间的匹配情况，这种匹配当然不能追求完美，但在大致上也要做到及格，如果硬伤太大，将来在项目运作过程中，麻烦比较大，很容易遇到瓶颈；第四步需要了解的才是商业计划中所涉及的布局、步骤和细节。如果前面三步都没问题，这一步一般来说问题不大，即便是存在一些问题，还是可以调整和优化的。如果前面三步存在严重缺陷，项目本身就难以成立，商业计划书做得如何漂亮，构想如何细致美妙，通通都是纸上谈兵，可行性很差，在这种情况下，那些志存高远的创业者最起码在现阶段属于典型的妄人，整体上是靠不住的。

按照我最近六七年的经验，对于 70% 多的项目，你问到第二步就不需要往下问了，超过 85% 的项目，了解到第三步就可以了，基本上可以直接否定掉。这看上去非常残酷，也非常打击某些人的积极性，但没办法，这就是创业领域的真实情况，“天地不仁，以万物为刍狗”。在这个世界上，当然有原本每一步都不太好、最后取得巨大成功的，但这更多属于误打误撞，发生的概率极低，整体上可能都不到万分之一，不要因为有个案存在就觉得自己同样会是那个幸运儿。这“四部曲”是有先后顺序的，前面过了关，谈论后面的才有意义，其优先级不可以倒置。令人遗憾的是，大多数创业者直接跳到第四步，谈他的商业计划，让你提一些合理化建议，帮他们优化。还有相当多的创业者，表面上看起来很恭敬，但其实根本不是来请教的，而是让你帮着他论证其想法的合理性，给他吃定心丸。

绝大多数互联网项目，网站制作成本其实都算小头，维护特别是推广成本

才是真正的大头。除非是细分领域的工具型网站，无论是卖会员、广告，还是商机对接，甚至包括卖内容在内，都是需要建立在一定流量的基础上，如果没有流量，其他一切都是空谈。光“用户 / 流量”一项指标，真正做起来，显性和隐形的成本都非常高。对于本地信息网站而言，同样会面临这种情况。首先，你的网站应该有可圈可点的地方，这就需要本地化的信息相对集中，而且需要日常更新。如果你要做本地的新闻热点，一种方式是简单拷贝，另一种方式是网友爆料或自己采编。能够拷贝过来的本地化消息，基本都来源于当地报社、电台和电视台，把党政宣传类的内容去除掉，高质量的东西很少，满足不了受众需求。靠网友爆料，内容不会有多少，而且还需要深度加工。建立自己的采编队伍，且不说会不会存在政策方面的问题，成本支出比较大，数量和质量上都未必能够保证。当然可以“挂着羊头卖狗肉”，打着本地信息的幌子，放一些杂七杂八的内容，可是这更聚不来人气，完全八卦方向做得好的大有人在。

也许有人认为，我做的只是一个平台，内容完全可以由网友来提供，比如在功能上更多地提供论坛、博客和供求信息，这多多少少有些一厢情愿。在这些功能的使用上，同样存在着明显的“马太效应”，如果你的注册人数、热度和流量都上不去，黏着力根本解决不了，无论是论坛、博客还是供求信息，临界点来临之前，在更长的时间内都需要自己人去维护。这是一项基本工作，如果不做，你的网站基本没有任何做起来的希望，如果去做，同样需要人力、物力和财力的投入。这还没有考虑会员或者广告用户开发方面的成本，假如把这些都算进去，实际上的运营成本更高。在这里需要特别指出的是：即便你的用户、流量和黏着力上去了，也只是解决了“眼球”问题，广告客户不会自动送上门来，还需要用心去开发，“购买注意力”和“广告销售”是需要双重成本投入的。

我们大致算下把一个本地信息网站做起来的成本：假定整个团队需要 5 个人，2 人负责内容，2 人负责广告，1 人网管兼协调，这几个人在角色上都可以机动客串。就按房租每月 500 元，人均月薪 1500 元来计算，一年下来的支出就得 96000 元。这还没考虑其他方面的推广费用，比如传单印制、流量购买、电话费用和办公设备等。事实上，这个费用标准在大多数地级市根本挡不住，都有些被低估了。一般来说，网站项目的导入期需要 3 ~ 5 年的时间，我们取整头来算，大约需要 30 万 ~ 50 万元的费用。当然你真的做出了特色，之后便可以寻求融资了。按照这个投入标准，3 ~ 5 年的时间也未必能做出亮点，要做出亮点，在投入标准上至少要翻番，费用预算大致就得 60 万 ~ 100 万元。以这个投入标准能把网站做起来，顺利度过导入期，已经很有能耐了。其实，除了那种功能上简单起到客服或前台作用的网站外，互联网项目在导入期所需要的资金量至少都是百万级的，费用压缩到极限，也得 50 万元以上。

很多人互联网神话看得多了，老是幻想着导入期有 V C（风投）帮你投入。这个想法无疑是与虎谋皮，因为在你的模式基本成型之前，专业的天使和风投都不会投入。他们要投入，肯定也会大致按照这几个步骤来进行评估，如果你没有实际运营，拿不出能验证的亮点，仅凭方案和思路去找投资，恐怕人家看都不看。在找到风投之前，互联网项目的导入期是客观存在的，这个费用基本需要创业者及合伙人自己筹集。本应该属于你自己的风险，基本不太可能有人愿意替你背着。幻想着完全拿别人的资金来玩，本身就是一种很自私的行为，很容易被认为是人品、能力或者自信方面有瑕疵，不属于勇于担当的那类。最后需要特别强调的一点是，我们所谈的导入期，既可以指项目从运作起算，一直到当月或者季度开始实现盈余所需要的时间，也可以指专业资本正式注入前所需要的时间。

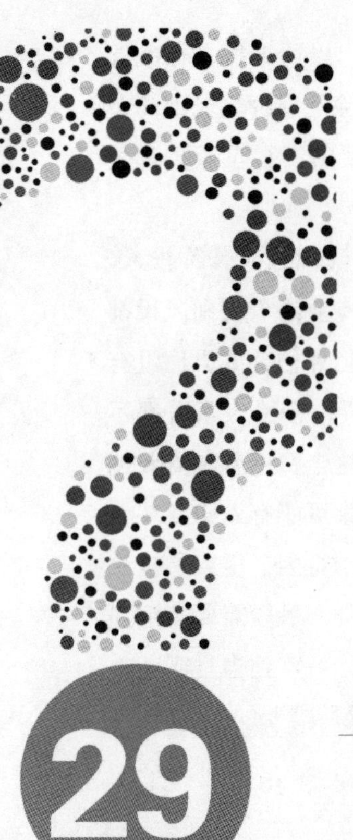

29 微博营销多大程度能靠得住

导读：微博营销最大的好处就在于利用移动互联网“随时随地”的特征，在“接触人数”上释放无限想象空间，但这注定是一场基数和概率之间的游戏，如果不能在“接触人数”上获得重大突破，所谓的微博营销也只能是自娱自乐。“接触人数”有了一定保障之后，如何从内容上提高“转化率”和“关注（购买）频次”便成了重点。

每当一个新的互联网应用产生，营销界总会当作时髦概念进行炒作，似乎只要抓住这个契机，就抓住一切，“英雄属谁，非我莫属”。论坛、博客、微博、微信和团购都被如此炒作过。由于微博曾一度被视为移动互联网上信息的第一入口，且跟 SNS、APP（应用程序）等概念沾边儿，因此在 2010 ~ 2012 年间更是显得炙手可热。某些网络推手也一夜之间变身为微博营销大师，各类关于微博营销类的图书和课程应运而生，赚足了风头。在长达三年之久的微博大潮中，同时也催生“大 V 间互捧”和“认证—刷粉—转发”的另类产业链，以至于很多人调侃，新浪从微博业务上没赚多少钱，钱都让一些大 V 和刷粉的给赚走了。在这波浪潮中，很多人还真的视微博为营销神器，自己将自己给玩进去了，上演了各种版本的悲喜剧，至今回想起来，还是令人唏嘘不已。数年轮回，戏剧又在另外的领域上演。

微博营销最为基础的东西，是粉丝数量。一般来说，粉丝数量需要通过这么几种方式获得：第一，原有各种人脉的导入，这种人脉既可以是现实中的，又可以是网络上积累和沉淀的，比如 QQ 好友、邮箱联系人等；第二，靠自己在现实中的知名度来获取，这招在明星、公共知识分子、企业家、知名专家和教授身上十分管用，无论是新浪还是腾讯，都乐于推荐这样的人物，其粉丝飙升速度也较为迅猛；第三，靠内容的吸引力来取胜，例如制造各种有争议的话题，甚至不惜与人吵架互掐，以此来提高吸引力，极端、狗血、爆料，都是较为常见的方式；第四，“花花轿子人抬人”，大 V 之间彼此互动，或吵或捧或调侃，类似于魏晋名士之间那种关系，时间久了，不但彼此的粉丝数量大幅飙升，甚至还可以垄断某一领域的话语权；第五，制造各种噱头，与大 V 互动，甚至花钱让某些大 V 帮着转发，以提高内容浏览率和粉丝转化率；第六，与新浪或者腾讯微博的运营人员取得沟通，在正式的组织框架内，让他们帮你在各种位置上进行推荐，但这必须建立在你在某个领域拥有一定知名度或者所提供的内容具有一定的品质的基础上；第七，最后一种方式比较另类，就是通过各种刷粉机构刷粉，特别需要注意的是，在这些刷过来的粉丝当中，有的当然属于那种传说中的“僵尸粉”，但也有相当比例属于具有一定活跃程度的真粉丝。

无论你的粉丝是如何过来的，粉丝与浏览量之间有一个大致的比例关系。从微博粉丝到信息浏览之间的“转化率”，一般为1% ~ 2%，你的信息被浏览属于绝对的小概率事件，只有采取密集发，重复发，整合多种渠道发，才能达到较为理想的传播效果，只有极个别内容，这种“转化率”能够达到10%，但难度已经非常大了。从被浏览到被转发 / 评论的转化率，也就在0.1% ~ 1%。无论你“接触人数”基础上的粉丝量究竟有多大，这种比例关系在区间上大致是稳定的。这些数据是建立在大量案例观察的基础上计算出来的，只是一种数量关系，没有非常特别的原因。按照这个数据去计算，微博营销要想有效果，真实的粉丝数量至少不能低于十万人，要想取得理想效果，粉丝数量得过百万。如果你的基数达不到这个数量级，所谓的微博营销只能利用各种方式找那些大V帮你转发了。但这种方式营销成本很高，除非你的产品确实有特色，浏览率到成交之间的“转化率”比较高，且你产品本身的单价和利润率两项指标同样比较高，要不然只能是饮鸩止渴。

目前企业类的微博营销往往存在一个传播上的误区，那就是宣传色彩太浓，具有强烈的“自恋主义”倾向，无论在内容编排还是表达形式上，“受众友好指数”都比较差，因此没有多少真正的目标受众愿意关注和浏览其中的内容，而关注者则可能更多地来自圈子中的同行。企业的微博营销要想取得效果，必须调整心态，并在方式、方法上做深入的探究。其一，从传播角度上讲，微博只是网络世界的消息传播和沟通渠道之一，从短期来说，未必会有多好的效果，从长远来说，必须占领这么一个窗口，不能因为短期效果不明显就直接选择放弃。其二，**内容最好能够围绕公司的主营业务展开，在选题面上有所拓宽**，比如做婴幼儿奶粉的，选题内容可以确定为母婴保养和幼儿教育事项等领域，这些内容是受众真正需要和关心的东西，**只有变“推销”“宣传”“布道”为“需求”，“关注率”“粉丝量”和“转发率”，才可能得以快速攀升**。其三，在形式编排上，尽量顺应读图时代的潮流，将其转化成图形和图表，减少文字的使用量，这在一定程度上可以留给受众高端电子杂志的印象，在受众那里的穿透力度自然也会与众不同。其四，选题可以按照一定序号形成系列，有延伸感、积累感和沉淀感，厚重且专业，这对品牌形象的提升有着莫大的帮助。其五，微博最大的问题就是刷屏速度过快，你的内容再好，也很容易被淹没在信息的汪洋大海之中，为了有效应对由此带来的挑战，一方面是每天都要保证一定的更新量，另一方面还要组织固定的 3 ~ 5 个人，利用不同的 ID 与你进行互动，除此之外就是采取滚动播放的模式，几组或者同一组内容不断循环发，不要害怕重复，在微博和微信模式下，这种重复是非常必要的，且是十分有益的，这种方式来源于电台和电视台的新闻报道，但在“刷屏式”移动互联网平台的传播上，显得尤为实用和重要。

站在第三方营销传播机构立场上讲，他们肯定更多强调的是“渠道为王”，而那些互联网平台则更多会强调“平台为王”。在这个过程中，大大小小的各类媒体出于概念炒作由需要，往往也会这么说，这也似乎成为营销界的一大共识。然而客观、公正地讲，我们始终认为企业传播更多应该从结构上把握，产品、内容和平台，构成企业传播的“铁三角”，过分强调任一要素，在实践中都会带来非常严重的问题，我们最起码在三大要素上都不能存在大的硬伤。微博绝非传说中的营销神器，它只是一种渠道和手段而已，但你为了适应微博营销而策划的选题和制作的内容及其呈现形式，还可以应用在其他渠道及平台上。只要你策划到位且制作精良，在微博渠道上效果大不大不是最关键的，还可以在其他渠道和平台上进一步验证。营销更多需要的是组合拳，移动互联网营销同样如此，如果你把希望寄托在单一渠道上，就如同孤注一掷，风险非常大。另外，在这种情况下，希望越大，失望常常也会越大。世界的事情本来就一阴一阳，微博既非营销神器，也非洪水猛兽，需要改变的只是我们的思维和心态。

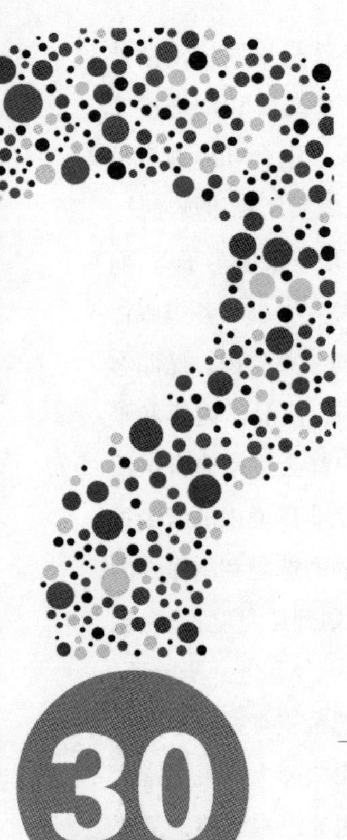

30 民间信贷连锁机构忧喜录

导读：利用加盟机构发展加盟商，以“细胞分裂”的方式进行拓展，可以促使连锁事业快速成长。架构在连锁机构之上的 P2P 应用，很大程度上是一种社交媒体，其“马太效应”非常明显。使用人数越多，“接触人数”“转化率”和“购买频次 / 使用频率”的表现也就越好，活跃程度、体验性和黏着力也会越强；使用者越少，各项指标表现亦会越差。

2008 年以来，很多民间资本都倍感实业越来越难做，利润率越来越薄，就纷纷开始转型，这其中有两大流向：其中一部分转向了房地产及其相关行业，另一部分则直接转向了民间信贷、PE（私募股权投资）等金融相关领域，用他们的话讲，用钱生钱的事情怎么都要比实业靠谱。正是在这种情况下，Y 先生于 2010 年放弃了经营了六七年时间的 IT 项目，与朋友合伙做起了民间信贷连锁业务。他们的业务分为自营和发展加盟连锁两大块，其理念是消除高利贷，给老百姓提供一个更为安全可靠的理财渠道。整体上来看，Y 先生他们公司的业务大致是这样操作的：第一，为了避免非法集资的嫌疑，他们的服务更多是以投资咨询和中介的形式出现，借贷协议由资金提供方和需求方之间直接签署，他们是以见证人的方式出现，所有的贷款交易都是以资产抵押为基础，他们负责借贷双方信息的搜集和评估，并以此来收取相关服务费。第二，发展 P2P 信贷信息平台，社会上的借款人和贷款人可以通过他们的应用软件进行信息发布，以便获得最优的匹配和对接，在提高融资效率的同时降低风险。第三，在商场、超市和一些小区设立咨询摊位，并派发项目介绍单页，以这些线下活动来吸引相关的理财者和借款人，这种方式在他们项目拓展的初期是主要的推广手段。第四，通过他们实现的民间信贷，月息为 1.5% ~ 2.5%，这个利率借贷双方可以协商，但在实际交易中，主流上的利率为 2% ~ 2.5%，其他的好处是评估和放款速度比较快。第五，通过《商界》杂志等平台以及各类加盟连锁展会，发展加盟商，加盟的条件比较宽松，就是象征性地收取一笔加盟连锁费用，为 5 万 ~ 10 万元，然后提供一整套 VI 形象授权体系以及相应培训，主要还是要把对方纳入自己的 P2P 信贷信息软件平台，他们发展加盟连锁的主要目的是将这个软件信息平台快速做大，最终包装成上市公司，实现类似于马云那样的财富梦想，对于他们几个合伙人来说，这个似乎比其他收益更加富有诱惑力。

尽管在策略上他们强调线上线下并举，但由于在起步阶段，P2P 应用推广起来效果不是很明显，因此在最初的两年内，推广更多倚重线下活动，亦即商场、超市、小区和展会推广，一定程度上也借助于原有的人脉，但也就在这个过程中，逐渐形成了惯性，基本把线上推广这档子事儿给忘记了。直到2012年，他们虽然并没有亏损，可业务进展一直不是很理想。前来登记理财的资金源倒不是大问题，这个利率水平对于很多理财者来说还是有吸引力的，关键是这种方式甄选出来符合条件的借款人在数量上显得不足，整体交易额不是太大，也就是说资金供给有余，但符合条件的需求不足，很多人缺乏资产抵押的资质。与此同时，《商界》等财经杂志属于综合类商务信息对接平台，他们这个加盟项目非常细分，登了几期发现效果不太理想，而参加加盟连锁之类的展会也同样面临着类似的问题——受众偏差较大。此类展会的参展商和观众绝大多数是冲着餐饮、饰品和幼儿教育这三个领域来的，民间信贷连锁在其中显得有点另类，即使有一些人感兴趣来咨询，也基本没从事过这个领域。他们参加一次展会的成本为3万～4万元，然而每次能发展成功那么一两个就已经算是相当不错了，从成本和收益角度来看，这种以展会来发展加盟商的方式并不靠谱，但一时苦于没有别的办法，最终只能明知不可为而为之。

出现这种情况，一方面跟他们的推广方式有很大的关系，另一方面也与其刚刚涉足民间信贷不太懂行，且在圈子当中缺乏人脉有关。不过他们的概念和思维还是非常好的，只要遇到合适的人、合适的机会，还是存在快速发展的可能。苦苦支撑了近三年之后，Y先生和他的民间信贷连锁在2012年下半年出现了大的转机。一个偶然的机会，西北某省一家从事民间信贷已有六七年的机构联系上了他们，说愿意加入他们并进行股份合作，共同来推广加盟连锁事业平台。这家机构位于省会城市，在他们那个省的同行中是“大哥大”，有极其优质的人脉资源，在这种情况下，短短两三个月时间，那家代理机构就在本省发展了五六十家民间信贷加盟商，发展和控制的网络一度超过了Y先生的总部。面对这种情况，Y先生和他的股东们尽管心里有些别扭，但毕竟还是好事情，其他的只能是比拼自己和代理商谁发展的网点更快了，无论怎么说自己还掌握着品牌和备案号，首要的问题还是要将加盟网点的数量给做上去。**此类加盟连锁，其实对于加盟商来说并没有多大风险，只是看“品牌效应”能给自己带来多少帮助，因此在网络拓展过程中“马太效应”非常明显**。2013年初，使用他们品牌的加盟连锁网点在全国有100多家，到2013年底，全国的网点数量突破了500家。这一年来的发展，对于他们来说太出乎意料了，为此还受到了某海外金融机构的关注。

他们的加盟商基本上都是独立运营，而且其代理商在各自区域内都拥有发展加盟网点的权利，因此全国范围的网络迅速扩张，并不一定意味着总部的状况有多大的好转，其加盟费收益也存在着跟代理商之间的分配问题，但品牌影响力却在快速扩张，这在客观上也支撑了 P2P 信贷软件用户数量的飙升。在加盟商数量飙升的背后，他们的招商策略实际上也发生了较大的变化。

其一，“接触人数”由满世界撒网变成重点聚焦，比如重点开发自有网络比较集中的民间信贷机构，这样一来既可以突显示范效应，二来只要开发成功，就能一下子带来好几家网点；另外，将加盟商发展成代理商去拓展网络，同样会取得与之类似的效果。其二，在“接触人数”聚焦和网点增加的情况下，客观上的可信赖度以及品牌价值这两项指标会出现正向利好效应，在这个基础上有针对性地发展加盟商，“转化率”指标的潜力就会逐渐得到释放，当然这个过程，存在一个临界点，回顾他们的发展历程，这个点出现在那个西北代理商一连发展了几十家加盟网点之后。其三，逐渐放弃了商业类杂志和加盟连锁展会的推广模式，利用一些互联网精准营销手段进行拓展，同时启动“细胞分裂”模式，每个加盟商实际上都有一个圈子，让加盟商成为代理商去拓展网络，事实上更有利于加盟网点的低成本快速扩张，只要把利益分配和其他游戏规则确定好即可。这两种方式照样能够解决“接触人数”和“转化率”的问题，在客观上降低了客户开发的成本，也相当于变相提高了“利润率”，换个角度来看，“细胞分裂”模式同样相当于对“购买频次”指标进行了挖潜。

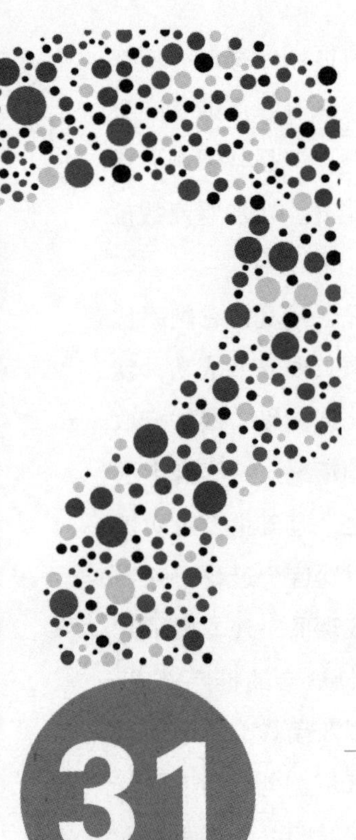

31 “车船店脚牙”缘何易遭抱怨

导读：“车船店脚牙”属于典型的“猎人式”营销思维，结果使行业品牌和地域品牌的形象严重受损。但越是在混乱的丛林局面中，越孕育着机会。注重品牌和服务底线的房地产中介连锁、火车站餐饮连锁、快捷酒店连锁、专业物流服务机构，都发生了或者正在发生着野蛮的成长，而那些无德无信的散兵游勇，生存空间却越来越逼仄。

这个世界上总有那么一些生意，由于其较强的特殊性，基本都是一锤子买卖，交易完成之后，无论是好是坏，下回再难打什么交道。在此类生意当中，最典型的就是“车船店脚牙”，这五个字当中的每个字，都代表旧社会的一个行当。车，指的是车夫，那时候的车夫经常干一些黑道的勾当；船，和车一样，也是经常在河中央给你来点“刀削面”“馄饨”，坑人蒙人的事情做得很多；店，指的是店小二，往往是见风使舵的人；脚，指脚夫，属于以前的搬家公司，但是当时搬家一般还不知道给你搬哪里去了；牙，牙行，也叫牙纪，类似于现在的经纪行、交易所，或者是中介，也可以理解成媒婆。由于这些行当往往有坑蒙拐骗的事情发生，因此自古便有这么一种说法——“车船店脚牙，无罪也该杀”。尽管时代变了，行业上百年下来也发生了巨大的变化，但一锤子买卖，不太注意商誉、口碑不太好的行当还是不同程度地存在着。黑车、黑船，搞装修的，做婚介的，还有车站及旅游景区开饭馆的，大致上都可归入此类，以致部分地区的此类行当的口碑差到了极点。

许多年前，我自己在火车上就遇到过这样一件事情：有个卖熏鸡的老汉，鸡毛没处理干净，顾客找他算账，那个老头距离较近之时表现得还好，当走得远了点，随口就来了四句，“大错不犯，小错不断，虚心接受，死不悔改”，气得买熏鸡的小伙子直骂娘，而老头子却一副扬扬自得的样子，看上去幸福指数都快爆表了。那个买熏鸡的生气归生气，也拿老头子没办法，本来就是打游击的小贩，不到一个小时就下车了，即使你向列车长告状又能如何。车站附近的一些饭馆更不用说了，多数饭菜既不好吃，价格又很贵，服务态度还相当恶劣。这种情况似乎在全国都差不多。

为什么会出现这种现象呢？根据我们的六项指标来分析，并不难理解。第一，一般此类行当在需求上不存在问题，“接触人数”还是有保障的，而且找上门来的往往还都是“急需”“刚需”，“转化率”较高，同样不存在多大的问题。用山西话来说，属于典型的“箍牌儿买卖”，你消费也得消费，不消费也得消费。

第二，“购买频次”相当差，双方基本这辈子就打一次交道，甚至“萍水相逢，永不再见”，而且都是个体游击性经营，恶评、差评也奈何不了他，大家的圈子没有任何交集，相互之间属于陌生人，作恶成本及代价很低，只要刚接触之时话说得到位，能留下好印象能成交即可。第三，“单价”和“利润率”高低，甚至质量有无底线，对成交都不会造成太大影响，也不用考虑回头客、口碑什么的，按照商业理性，追求所谓的利润最大化，在“利润最大化”方面的挖潜，一方面靠的是质量方面的无底线，另一方面靠的是索要天价，甚至不惜敲诈勒索。

当这种事情变得较为普遍的时候，表面上看起来，也许对于那些“车船店脚牙”本人来说没有多大影响，但受到损害的是整个行业品牌或地域品牌，最终就将某个行业或地域给搞臭了。日久天长，无论你是否作恶，只要是属于其中的从业者，就很容易遭受来自统计学基础上的行业歧视和地域歧视。在这种情况下，你当然可以个人自扫门前雪，独善其身，也可以自我辩白，但还是难以改变整个行业或者行当在社会上留下的印象。在现实当中，我们往往也会看到另外一种有趣的现象：“车船店脚牙”们也不是每个人都坑，他们是要根据所面对的对象进行评估，看人下菜的成分很大，对于某类客户，他们绝对要宰，而对于某类客户，他们恐怕连念头都不敢动。北京某些服装批发市场就是这样，如果看你是从偏远地区来的，原来也没做过什么生意，不会成为他们稳定的客户，某些档口就给你做手脚，在发货过程中坑你一把；如果看你是北京郊县的，他就不大敢蒙你，因为你发现问题后，第二天就可以跑过去跟他算后账，你找他麻烦的成本没有外地客商那么高。你打三轮车或者黑出租也是这样，如果他发现你在附近小区住，而且是常规路线，价格比较透明，他为了拉活也不会宰你，假如他看你是外地人，对此处不太熟悉，很有可能漫天要价。

在“车船店脚牙”类行当中，**越是那种顾客只消费一次，而且此领域没有什么品牌的行当，特别是又处于陌生人社会中，从业人员坑蒙拐骗的可能性就越大，**各地“挟尸要价”的事件层出不穷。另外，被社会广为诟病的领域就是殡葬服务，其实很大程度上都与之有关。当然，所有这些又都跟信息不对称、社会信用体系严重缺乏有着很大关系。秩序混乱的领域，往往都孕育着千载难逢的商机，这个道理在“车船店脚牙”类行当同样适用。谁能率先在此领域打造品牌，构建信用体系，谁无疑就能成就一番大的事业。“反者道之动”，有人就是沿着这个思路进行操作的，比如有人在全国各地车站开设连锁快餐店，开设车船联运公司、连锁旅游公司、房地产连锁中介、全国连锁快捷酒店、专业装修公司。与此同时，各种自主运营的电子商务平台如雨后春笋般冒了出来，马云和淘宝网适应此种趋势还开设了支付宝在线信用支付系统。互联网等信息技术的快速发展，也在客观上逼迫一些公司开始注重商誉。

从客观上讲，这些领域里专业化的连锁机构的产品或服务价格从整体上看并不见得低，但相对于漫天要价来说，价格已经合理多了，而且在质量上最起码还是有标准和底线的，不至于太差。对于这些机构而言，质量和信誉直接影响自己的品牌能否在市场上真正建立起来，进而影响到“接触人数”“转化率”和“购买频次”这些指标，很大程度上也最终决定了你的生意能做多大。此外在互联网上，一旦你被恶评、差评，这种负面内容很有可能会跟你一辈子，你要想长久从事这个行业、吃这碗饭，很多细节上的问题都必须注意。互联网虽然不是熟人社会，但其很多游戏规则跟熟人社会差不多，我们姑且称之为“拟制熟人社会”，此外由于其传播力更为广阔和持久，某些评价给你带来的压力甚至还会超越熟人社会。商业模式创新和互联网信用评价体系，对“车船店脚牙”行业的冲击是比较大的，整体上甚至可以称为一种颠覆，一方面，让一批注重品牌的连锁机构在短短的十余年内迅速崛起，创造了不同版本的财富传奇；另一方面，随着行业集中度越来越高，也让那些无德无信的散兵游勇的，生存空间越来越逼仄。对于消费者而言，很多时候你的价格高一些无所谓，但在品质上必须有最起码的底线。

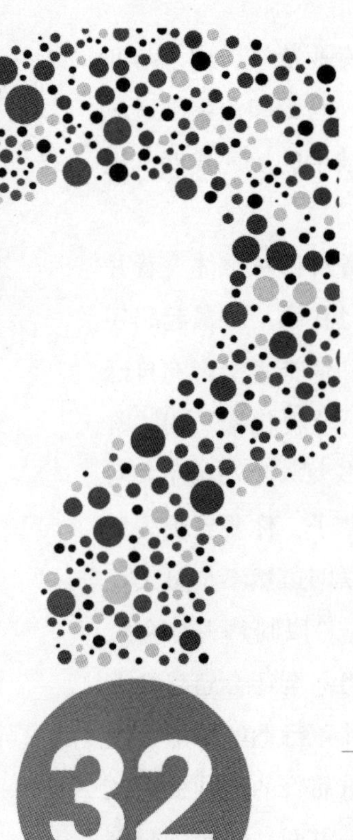

32 出租车司机的经营智慧

导读：对讲机、手机和移动互联网的出现，使得出租车司机自发延伸出一套非中央控制式即时信息共享机制，相对于正火爆的打车软件而言，这种方式比较原始，但功能却更为强大，而且在二、三线城市甚至县城更具适应性。从广义上理解，这也是一种互联网思维，同样可以优化“利润率”“接触人数”“转化率”和“购买频次”几项指标。

在那些成熟的行业中，各有各的生存之道，各有各的优化之门。出租车行业看似最普通不过的一个传统行业，而今也开始以各种方式，不同程度地搭上信息化快车，以便最大限度优化自己的资源配置效率。综合各地情况来看，这其中又分为几个大的流派：第一大流派多是在一线城市或副省级城市出现，一般是通过打车 APP 软件或者出租车公司内部专用系统实现调度，这些服务更多是与 GPS 定位系统联系在一起的，通过中央控制系统模式实现路况信息共享以及车辆有效调度。比如，某个司机正在从机场回来的路上，正好处于空车状态，有人在沿途酒店要打车，打车软件或者公司客服系统就可以安排车辆前去服务。这种数据系统还可以支持一些人约车。第二大流派是在某些省会城市和地级市，主要发生在同一家出租车公司内部，每个司机都有一部对讲机，群体性自助的特征非常明显，所有司机通过这个简单的装置，相互通报自己正在遭遇到的路况和沿途打车人数多少的情况，虽然方式简单，但作用却相当大，表面上看起来不太正规，效率相对来说更高一些。第三类是县城之间的出租车客运散户，不少县城还没有发育出严格的出租车公司，出租车在更大程度上是以散户的形式存在，司机们在你每次乘车之后，会给你留下电话号码或者发一张名片给你，让你下次坐车的时候联系他。当你下次打电话的时候，如果他有时间，肯定会把这个活接下来，假如没时间，他也会帮你联系一个同行，总之不会让你这个电话白打。这些司机以另外一种方式进行着相互间的合作，以便在更大程度上锁定客户。除了出租车之外，跑长途货运的物流重卡，相互之间大致也以三种类似的方式实现协作。陕汽开发出来的“天行健”车联网服务系统，也在实现着返程车和最近地理位置配货需求之间的对接。

2010 年 6 月，我在某地打车到医院给小孩看病。刚一上车，就听见司机的对讲机嗡嗡作响，叽里呱啦说的都是当地话。仔细一听，原来他们挂靠在同一家公司的司机，在相互通报各自所经路段的乘客情况。本人心中不禁一乐，现在的出租车司机都变聪明了，路况和乘客信息资源都开始实现了即时共享，到底创新还是从实践中来的。同年 10 月，我又从老家打车到外地办事儿。一路之上，司机的电话不断，都是用车的客户打来的。那位师傅总是不厌其烦地去接，然后向对方抱歉，说现在正在跑车，拉不了您，我给您个号码，您给 ××× 师傅打，一会儿也他给你打过来的。反正无论谁打过来，总不会让你失望。我在其后与这位师傅聊天的过程中得知，他主要跑长途业务，已经有五年多的时间了，每天的工作量基本都比较饱和。他这个人比较热心肠，记了很多同行的电话，自己拉不了的活，就直接介绍了给别的司机，自己偶尔也靠别人推荐业务。几年下来，他手中积累了不少客户资源，信誉很好，人家用车的时候总会给他打电话，每次都落不了空。而其他一些司机，自己拉不了的活儿就直接推了，介绍给他，也不介绍给别人。渐渐地，别人一有需求，首先想到的就是他，这位老兄也就成为事实上的一个服务和调度平台。

在原来传统的运营模式下，各出租车司机在信息上都处于游离状态，前方是否堵车，会不会碰上修路，这条线路客流量是多少，除了靠以往经验判断之外，在某种程度上只能随机地撞运气。但在以对讲机、手机和移动互联网为基础的信息化、智能化时代，他们相互之间以不同的形式结成了一张网，在这张网当中，每个人都是一个信息节点，差别只在于第一大流派还有着中央控制式手段，其他的则自发互助的特征更为明显，属于典型的草根微创新。只要拥有了基础性技术条件，群众中所蕴藏的创造力是巨大的，或者以“自组织”或者以“他组织”的形式，来优化和拓展着自己的业务空间，竞争和协作本来就是每一个人内心深处的底层代码，一旦遇到合适的机会，自然而然会释放出来。

从司机个人角度来讲，加入这样一个体系有如此几个好处：第一，传统上来看，某一客户对单一出租车的消费属于典型的“一锤子”买卖，以后再难以形成重复消费，但在司机给顾客留有名片的情况下，从“接触人数”到打电话联系之间存在一个“转化率”，某些出租车司机的生意比同行的生意好一些，很大程度上就受益于这种方式。第二，对于路况和用车信息的分享，对于这些司机而言基本上都是举手之劳的事情，但大家都能从中受益，在某种程度上也提高了载客率，在日运营成本大致不变的情况下，实际上就等于提高了“利润率”，帮人等于帮己，在大家一起进行群体性协作的时候，一个城市的实时路线状况及客流量动态是非常透明的。第三，当顾客找自己的时候，无论自己处于什么状态，总能让对方得到比较满意的服务，基本每次都不会出现落空，两三回下来，就会给对方留下一种可信赖的印象，下次他再有需求或者他的亲朋好友有用车需求，都极有可能还给你打电话。这其实就是变相地提高了“购买频次”和“重复消费”指标，“送人玫瑰，手有余香”，当你为同行介绍需求信息的同时，他在很多时候对你也有所回馈，客观上拉伸了“接触人数”指标。第四，“时间”在这种模式下是非常重要的，受行业特征的影响，模式革新后所带来的效果从短期来看可能不是很明显，但放在一两年的周期来看，对你各项指标的优化有着较为明显的促进作用。

从群体上来讲，当信息协作规模越大，协作所依赖的平台越专业，实际上发挥的资源优化配置力量也会越大。套用一个时髦点的说法，他们这种模式有点“人机互动”模式的雏形，其核心是以信息节点存在的人、位置信息，各种信息化技术手段，以及相应的中央式信息处理平台。通过这样一种方式，在群体层面，同样可以优化其中的“利润率”“接触人数”“转化率”和“购买频次”几项指标，进而使得互助群体或者所属公司整体上的业务量得以更为有效的释放，尽管这种释放是相对的，但有和没有的差异非常明显。这种群体性协作的方式，在给自己带来资源配置效率提升的同时，也能大幅提升顾客的体验感、黏着力和忠诚度，对于打造群体或者公司品牌有很大的帮助。因此，目前有一些出租车公司在信息化应用方面，已经由“自发状态”向“自觉状态”过渡，向信息智能化应用要效益。如果这些能跟 GPS、大数据、云计算、物联网和语音输入等技术融合在一起，将更大的数据挖潜成果应用在资源配置的深度优化上，很多东西将更能出乎我们的意料。

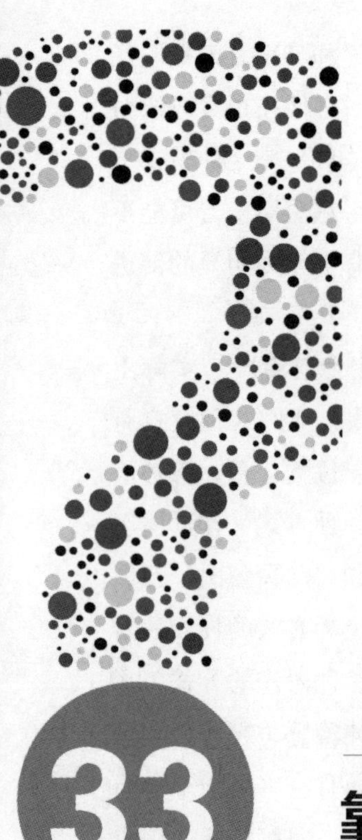

33 靠“卖店”来赚钱的商业模式

导读：项目提供的产品或服务是产品，而项目本身同样可以是产品。在这种情况下，“利润率”就变成一个极富弹性的概念，既可以指向第一个层面的产品，也可以指向第二个层面的产品。小到底商店面，大到工厂和互联网项目，都有靠“卖店”来赚钱的商业模式，差别只在于是将“店”卖给个人、机构、融资商，还是卖给股市。

如同自然界的种进化一样，商业模式在很大程度上，都是在数以万计创业者实践中，于不同的时空条件和主客观基础上，内生和演化出来的，在形态上也许千奇百怪，但往往具有很强的生命力。在人们通常的理解中，经商都是靠项目本身的运营来赚钱，倘若换个角度来看，项目本身也可以包装成一个产品。项目本身可以不赚钱，甚至在一定可控制的范围内亏损也是能够接受的，到了特定阶段，只要将项目整体转让出去，获得自己想要的利润就可以了。这种模式说白了，就是项目本身不以赢利为目的，而以项目的转让为赢利目的。以这种模式来实现财富增长的，目前在国内以浙江人，特别是温州和宁波人居多。

这不禁让我们想起关于“扬州瘦马”的传说。在漕运时代，扬州是贯通南北的交通枢纽，商品贸易曾盛极一时。“养瘦马”的牙公、牙婆们低价买来声貌俱佳的贫家幼女，养成后再高价卖出去，这和商人低价买来瘦马、养肥后再高价卖出是一样的。这类被精心培养、囤积居奇的女性被称为“瘦马”、明清时期，随着运河经济的繁荣，在扬州周边地区，“养瘦马”成了一项能赚取暴利的投资，有一大批人专门从事此项职业，先出资把贫苦家庭中面貌姣好的女孩买回调习，教她们歌舞、琴棋书画，长成后卖与富人作妾或卖入秦楼楚馆，以此从中牟利。最初买下幼女不过十几贯钱，待其出嫁时，可赚得白银数千两。一般百姓见有利可图，也竞相效仿，逐渐演化为一种社会风气，那时扬州盐商垄断全国的盐运业，腰缠万贯、富甲天下，成为“瘦马”们的主要消费群体。当然，从历史上来看，最为经典的“卖店”案例当属吕不韦的“奇货可居”了，将别人看来绝对要赔本儿的买卖，做成了天底下最划算的生意。

在“卖店”操作模式的指引下，不少江浙人跑到中西部省份做生意。他们或者开饭馆，或者开商店，凭借着娴熟的手段和微薄的利润，在两三年时间内将人气做到最旺，然后成功转让，拿钱走人。第一，他们选择的一般是地级市甚至是县城，这些地方往往相对闭塞，没有新鲜的商业模式，而且本地人在商誉、诚信方面做得不是太好，缺乏长远经营的眼光，外地人一旦注意装修、品质，注重诚信和服务的细节，并且价格还能相对便宜，在当地市场往往会形成巨大的冲击力，所聚集的人气及客流量相对来说都比较火爆。第二，针对市场状况有较强的细分差异化和微创新，通过切割营销理念、独树一帜，基本没有什么竞争对手，并设置较低的利润空间，面向跟风者构建有效的防御体系，效果更优的成本控制和真正的物美价廉，使得心怀叵测者难以有多少机会。第三，任何行业都有发展周期，项目红火到一定程度，无论你如何防御，肯定都会有一些跟风者，这些人前赴后继，即使飞蛾扑火也在所不惜。在这种情况下，竞争会越来越激烈，低利润也会打成微利润，微利润会进一步打到无利润，选择在最恰当的时候撤退，在某些时候未必不是明智之举。第四，**对于那些三、四线市场来说，物美价廉绝对是刚性需求，换句话说，“低利润”“微利润”是占领此类市场的必杀技，你要想赚钱就必须忍受较低的利润率，靠整体上的业务规模来获取收益，或者最终用“高溢价转让”来弥补自己数年来的付出。**

这种“卖店”赢利模式有着不同的版本，我们相对熟悉的就有项目融资、平台上市和评估抵押等几种方式，在IT、互联网和房地产领域都比较常见。现在不少互联网大佬，虽然早已声名显赫，他们个人名利双收，变成了巨富，但公司或者平台未必真正赚到了钱，与其说他们的埋单者是消费市场，倒不如说是风险投资商、股市，甚至是银行等金融机构。从数轮融资到最终上市，这一路走来，创建者的股权一步步被稀释，实际上就相当于把“店”一步步卖掉，每一步下来都可以变现很多钱，也许最终站在公司角度不一定真的能赢利，但对那些明星企业家来说，他们个人及其核心团队还是非常成功的。因此，有不少人认为电子商务是个骗局，严重的赔钱赚吆喝，是一种完全不赚钱的模式，并说什么所有的电子商务公司都没有规模化赢利。这种说法非常极端，但也绝非完全没有道理。这无异于当头棒喝，使得整个商业社会不得不对“卖店”模式进行更为全面和系统的反思。这种反思注定旷日持久，其结论亦将千奇百怪，在此我们不对这个问题进行更深的探讨。

从我们的六项指标来看，涉及“卖店”模式的项目，其本身的运作往往会具有如下几个方面的特征：其一，其单价往往比较低，但交易额却可能会很大，跟同行比起来这种特征会更加明显，在这种价格低位运行、又要保持产品或服务品质的情况下，其“利润率”指标自然看上去不好。其二，由于物美价廉、性价比很高，且相对来说注重品质，因此项目的“接触人数”“转化率”和“购买频次”这些指标，在很多人看，都是非常令人艳羡的，在某些夸张的情况下，甚至还会出现排队购买和抢购现象，项目规模的增长速度亦会出现井喷，所有这些都能支撑最终“卖店”的超高溢价。其三，支撑“卖店”模式成功的，并不是“利润率”或“利润”，而是其成长性以及相对应的客流量，像某些电商甚至为了这几项指标可以牺牲单价和利润率，在可控制的范围内适当亏损。其四，“时间”指标在此类模式中绝对属于非常有价值的、一等一的硬项，如果放在两三年的时段内，你会认为他们纯粹属于“赔本卖吆喝”的穷热闹，假如放在五年时间来看则就是另外一番景象，原来没赚到的钱，到了最后关头全部赚到，盆满钵满，腰包鼓满。

如果把整个项目看做一个商品的话，“卖店”模式，或者数轮融资上市、平台上市和评估抵押，就相当于在玩“击鼓传花”的游戏，只要奇货可居，从自己手中“高倍数溢价”转让出去，将资金套现，就算是非常成功了，至于项目最后是好是坏，对于自己来说都不太重要了。从这个层面上再去看我们的几项指标，就会有一种“横看成岭侧成峰，远近高低各不同，不识庐山真面目，只缘身在此山中”的感觉。站在这个视角上看，相当于孵化了一个价值连城的珍宝，项目转让的“单价”“交易额”非常可观，而且从整体来看，其利润率也比较高，“接触人数”和“购买频次”是其中的弱项，然而“转化率”却是很高的，毕竟是珍宝一样的店面嘛，“皇帝的女儿不愁嫁”。最后特别需要指出的是：“卖店”模式对“时间”指标要求较高，一般需要 5 ~ 10 年的时间，再快也得 3 年左右。

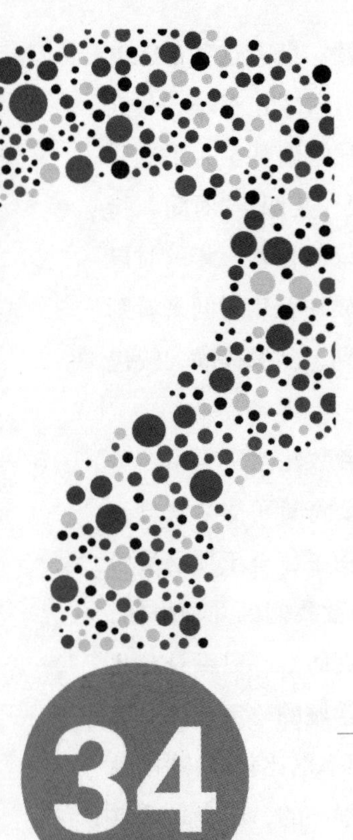

34 婚礼配诗业务靠谱吗

导读：极具个性化的体验式服务，必须想方设法将单价指标做上去，这样才能调动利益链上相关方的积极性，帮你推广，若解决不好利益分配机制，你所设想的“私人定制”将注定是一个神话。要想使此类商业模式成立，在“道具”的设计上就必须将文化创意、艺术表现形式和器物层面的载体很好地融合在一起，使其气韵流畅、神形俱佳。

创业者所选择的项目千奇百怪，不少项目说出来都会令人大跌眼镜。我就曾经遇到过一位朋友，他选择的项目是给婚礼等庆典活动提供个性化配诗。这位老兄是南方某省会城市人，原本在一家大型国企工作，受家庭出身影响，属于典型的文艺发烧友，天天想着如何在创意领域选择一些项目，实现自己的财富梦想。2011 年他辞掉了工作，去实现自己的梦想了，并为此注册了一家公司。他们的业务主要是为顾客撰写个性化诗词，比如将新郎新娘的爱情故事用诗歌的形式表达出来，或者为一些既富又贵者贺寿。这位朋友自己并不会作诗，找了几个高手兼职，而他自己有三名员工，主要面向市场拓展业务。在他的构想当中，为顾客做一首诗的价格为 300 元，其中 100 元留给代理网点；具体业务先通过当地的 100 多家婚庆公司代理，渠道上他最终要拓展影楼、婚庆公司、五星级酒店、装修公司、会展策划和礼品店六大类。先利用低价策略来快速拓展市场，在当地赚取知名度，待有了一定知名度之后，再去慢慢提高价格，并形成更为健全的产品线及价值链模块。

这位朋友属于传统上那种好学且非常上进的人，自己也积累了一定的营销学知识，满脑子奇思妙想，创意连连。在他的感觉当中，这属于典型的“蓝海”市场。按照马斯洛需求层次理论，人们在解决温饱问题之后，需求自然会升级换代，向着精神性、体验性、文化性和愉悦性发展。在省会城市，目前基本具备这样的条件，更何况社会消费的主流人群已经向“70 后”到“90 后”集中，这些群体的人大多受过高等教育，附庸风雅的意识较强。从某种程度上来说，他对大趋势的感觉还是对的，但在项目的具体选择和落实上却存在着巨大的问题。“理想很丰满，现实很骨感”，没用多久，半年左右的时间，很多问题就暴露无遗了：第一，每个月能成交的也就三四单，这些顾客还基本都是诗歌的发烧友，对诗歌非常认可甚至痴迷，这样的人会有，但在人群中占比很低，靠传统的线下模式推广，所能转化出来的成交人数肯定寥寥无几。第二，300 元一首诗，对于那些顾客来说，你没有提供其他的相关性东西，容易让他们感觉似乎有所不值。在这 300 元收益的构成中，100 元给终端代理网点，100 元给兼职作诗的，自己剩下的毛利润也是100元，但由于成交量所限，这个利益分配对于大家来说都没有多少积极性可言，特别对于那些店面来说更是如此。第三，由于不是成熟的市场需求，这就存在一个教育和引导的问题，但消费习惯的改变也绝非靠他这样的一己之力就能实现，其实这个过程很有可能需要成百上千的人，前赴后继共同努力才能实现，在大的社会风气没有改变的情况下，消费者的培育工作基本是难于上青天。第四，在与影楼和婚庆店的接触过程中，对方基本都会对这种创意服务赞不绝口，但说的最多的是我们这边接到业务再和你联系，其实也就等于委婉拒绝，口惠而实不至。这里面除了缺乏现实的市场需求基础之外，服务模式设计和利益格局安排也存在问题。

换个角度看，他这种模式注定没什么前途，即便费了九牛二虎之力，最终在几年之后市场普遍接受了庆典配诗业务，成为一种新的时尚和潮流，对他这种先行者来说，也没多少好处。由于他本人既不会写诗又不会作画，在整个模式当中扮演的仅仅是中介的角色，这个行当既没有资金门槛又没有规模化壁垒，他又不跟最终用户直接打交道，因此处于一个非常尴尬的位置。需求一旦成为潮流，那些诗画创作者完全可以绕过他这样多余的环节，直接同影楼、婚庆公司、五星级酒店、装修公司、会展策划和礼品店打交道，而这些直接跟顾客接触的终端，出于利益上的驱动，同样也愿意跟诗画个人工作室取得联系。即便是刚开始诗画创作者和终端店面由于信息不对称接触不上，但只要有利益驱动，这只是一个时间问题。更何况你也不能保证通过自己所提供的诗作水平真的有多高。

从我们的六项指标来看，他的这种模式同样很难成立。首先遇到的问题是“单价 / 交易额”偏低，一首诗300元钱，还得至少在三个环节上分配，自己这个环节暂且不说，其他上下两个环节都缺乏足够的动力诗词创作的水平和渠道的顾客推荐都不会太卖力，有这个时间和精力，去干点别的事情，也许会更好。其次，“利润率”同样不太给力，表面上看好像“毛利润率”相当不错，没有什么本钱，基本上是在空手套白狼，但如果从“纯利润率”和“纯利润”进行考察，就不是太理想了。再次，建立在愿意支付基础上的“需求概率”和“转化率”超低，是此类项目最大的硬伤，这在客观上就需要用一种方式来超高倍数放大“接触人数”指标，然而这位朋友显然没有找到这种手段，还是沿用了常规的“渠道—终端”代理模式，在“接触人数”不是很理想的状况下，“接触人数”与“转化率”相乘，最后所产生的“成交次数”少得可怜自然也不足为奇了。最后，这种服务的“购买频次”也不会太高，在绝大多数情况下，是不太可能产生重复性消费的，即便是将“时间”变量放到最大，一个人一生中此类消费顶多三四次，即便体验性再好，也难以改变这个基本面。

从长远发展来看，婚礼庆典等配诗业务未必行不通，但在模式的设计上需要几个硬性条件：其一，光靠诗歌，你写得再好，别人似乎都感觉不值，必须有物理层面的东西作为配合，价值才能有效突显出来，**诗歌、绘画和书法属于“三位一体”的艺术，只有将这三种元素融为一体，“面子经济”“炫耀经济”才能支撑起来，**也只有如此才能将“单价/交易额”指标真正做上去，比如每幅“诗—书—画”一体的作品可以做到几千元上万元。其二，此类模式更加适合拥有诗画才艺者，自己开设工作室，业务上的拓展通过影楼、婚庆公司、五星级酒店、装修公司、会展策划和礼品店代理，每成交一单，这些渠道商都可以获得几百元甚至上千元的佣金，最好是自己的业务模式能够有效做到上述店面门类的服务列表中，整合在一起进行宣传和推广。其三，最终所出来的作品，诗歌、绘画和书法的匹配程度及意境方面都有较高品质，这样一方面顾客的体验性会非常好，能够挂在家里或者办公室炫耀，会给你带来广告和口碑效应，另一方面可以巧妙利用人们的跟风和攀比心理，做一个局，做一个场，将庆典活动个性化配诗培育成一种潮流和时尚，进而形成一种类似于摄影的“标配”，最终把“接触人数”和“转化率”两项指标通通做高，如此一来，还可能催生一个新兴的细分类创意产业。

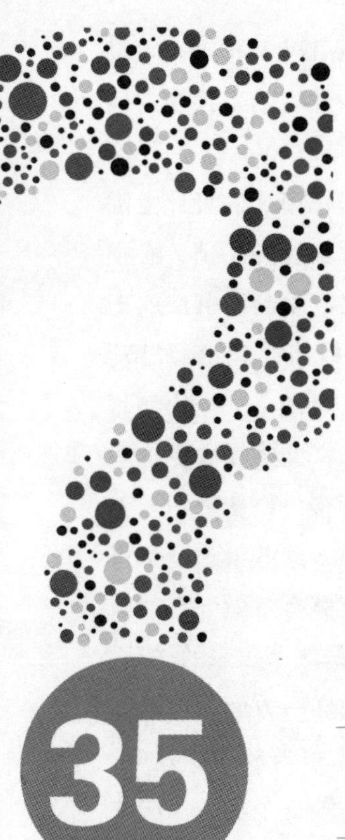

35 郑渊洁经济学何以能行

导读： 品牌化的力量源于一些元素的不断重复。郑渊洁成功很重要的一个原因就是将人物形象连续化、品牌化，并数十年如一日地精心打造。这种路子的好处，一是最大限度做大“接触人数”指标，同时将“购买频次”挖掘到极致；二是在“交易额”上做文章，童话全集、漫画和影视等延伸品相互支撑，在目标受众身上最大限度挖掘销售潜力。

在我国当代的作家群体中，郑渊洁绝对是一朵奇葩，堪称是“神人”，其这么多年来的成就，绝非“大牛”可以形容。1985 年创办的《童话大王》月刊，专门刊登他一个人的作品，这一坚持就是 29 年，1988 年销量最高时发行超过 100 万册 / 月。皮皮鲁、鲁西西、大灰狼罗克、舒克和贝塔都是他笔下的文学形象。《皮皮鲁总动员》（由 105 本书构成）是郑渊洁在图书市场销售的系列丛书。截至目前，郑渊洁所出版书刊正版总印数已逾 1.5 亿册，一度蝉联中国作家首富，从 2006 年第一届中国作家富豪榜开始运作以来，郑氏每年都榜上有名，到 2013 年，八年期间的版税收入就达 1.2 亿元。郑渊洁通过童话事业不但成就了自己，还成就了自己的儿子和父亲。他的儿子郑亚旗，生于 1983 年，小学毕业后在家接受私塾式教育，2005 年创办《皮皮鲁》杂志并重新策划《皮皮鲁总动员》系列丛书；2007 年开办皮皮鲁讲堂，并任校长；2010 年，创建了北京皮皮鲁总动员文化科技有限公司并出任 CEO。他父亲郑洪升，也是一个“微博控”，已经 80 多岁了，但老当益壮，通过微博以平实而富有智慧的语言，与网友“拉家常”，粉丝量已经接近 23 万，同时还不忘搞点创作，最新著有《郑老爷子大观园与郑渊洁家书》。2013 年 12 月 8 日，郑渊洁祖孙三代同出新书并在王府井书店现场签售，堪称中国文化史上的一个奇迹。围绕其童话人物，郑渊洁已经构成了一条完整的产业链，文字版、漫画版、动画片、网络游戏、全集选集、童话教材、教育培训和品牌授权，全盘通吃。如果沿着影视、动漫、网游和娱乐城的模式继续拓展下去，郑渊洁及其童话产业链甚至有望在中国成功复制当年迪斯尼创下的神话。

在其非凡成就的背后，我们其实更感兴趣的是他为什么能够如此成功，其背后隐藏着怎样的品牌管理和传播学原理以及经济学规律，这些非常有益的经验，如何在企业品牌传播中得到更为广泛的应用。从现在看来，上世纪 80 年代中期的郑渊洁未必懂得多少品牌和传播知识，但其思路及数十年来走出来的路子却深得其法，我们姑且可以称之为“郑渊洁经济学”，或者“郑氏四招”。“郑式传播”第一招，是一本杂志专门为他服务，只刊载他一人的作品，长年不辍，月刊连载，近 30 年的时光，足以支撑起“郑渊洁”这一响当当的品牌。其间想必“郑教主”也经历过太多磨难、质疑和挑战，但还是坚守了下来。除了喜好和灵感之外，长年累月做同一件事情，靠的是毅力和耐得住寂寞。“郑式传播”第二招，是人物形象品牌化。皮皮鲁、鲁西西、舒克和贝塔这些深入人心的形象，基本在童话大王20多年的故事中一直被沿用。使人物形象聚焦，与当今企业传播将同样的活动主题和促销品连年一再应用，不断重复，最终使活动、主题和促销品本身品牌化的思路，有着异曲同工之妙。品牌化的本质，就是不断重复一些元素，在形成口碑的基础上，使人产生瞬间认知、瞬息联想。如果说郑渊洁和《童话大王》是主品牌的话，那么皮皮鲁、鲁西西、舒克和贝塔这些经典形象就是主打的产品副品牌。不断强化副品牌及其相关形象的传播，可以从长远沉淀异常丰富的传播资源。人物形象的品牌化和不断强化，使得传播资源得到最为有效的利用。“郑式传播”第三招，就是以《童话大王》杂志和几个重要人物为核心，打造一条内涵更加丰富的产业链，由故事期刊向漫画杂志、图书出版、动漫制作、专项教育和网游多媒体等方向延伸。产业链上的每一环节，实际上都是在用不同的方式强化主打的品牌形象，达到令人仰止的程度。“郑式传播”第四招，也是最为至关重要的一招，就是定位清晰，讲求细分差异化，能够抵挡各种诱惑，不追逐热点，不盲目跟风，沿着一条道路走到黑。很多“英才”什么赚钱做什么，为了钱完全不顾事业的连续性和沉淀性，几十年下来事业上根本没有什么建树。而郑渊洁坚守的结果，是既有事业又发大财，两者并行不悖。

“郑渊洁经济学”，同样可以用我们的六项指标来解读。第一，通过其内容的系列化和延伸化，在“单价 / 交易额”指标上挖掘潜力，《童话大王》及后续延伸产品都很有吸引力及黏着力，一旦沾上，让你欲罢不能。我在上初三的时候开始接触，还曾一度痴迷，你订阅一年的期刊，或者购买合订本、选集，甚至是一整套《皮皮鲁总动员》，“单价 / 交易额”一下子就上来了。第二，像这样的文化类产品，“毛利润率”其实还是比较高的，即便是考虑到其他一些因素，按照现在的市场行情，郑渊洁本人至少有8% ~ 10%的“纯利润率”，这个水平即使放在快速消费品的明星企业那里，也已经不低了。第三，“接触人数”是“郑渊洁经济学”的强项，《童话大王》一本期刊接近30年的时间基本专为郑渊洁一人服务，发行量曾一度达到每月100万册，在前互联网时代已经算放了卫星。除了发行量之外，每本杂志及图书在各自的圈子内还能形成3 ~ 5倍的辐射效应，其广告效果可想而知。在电视媒体全盛时期播出的《舒克和贝塔》卡通片，使得其“接触人数”整体上非常庞大。第四，“转化率”和“购买频次”同样是《童话大王》的强项，这一方面受益于其情节上的超强吸引力，另一方面也是因为它以期刊连载及产业链延伸的形式出现，不断推陈出新，我自己就购买了不下10套“郑教父”的作品送人，时至今日，郑氏童话的人物形象还未老化，在社会上还充斥着“两代人同看皮皮鲁，阅读也有天伦之乐”的现象。第五，在“郑渊洁经济学”中，“时间”指标也被挖掘到了极致，一方面，郑氏童话老少咸宜，受众群体已经超越了年龄界限，另一方面，个人专刊能够延续接近30年的时间，已经创造了别人所难以逾越的纪录。

在当下这个时代，我国文化领域有一些可圈可点的牛人，在演艺界有赵本山和郭德纲，在文学界有金庸和郑渊洁。我国目前的巨富榜中，郑渊洁和赵本山都是另类，一个写童话故事成了富豪中的富豪，另一个是靠说小品、表演二人转成为富翁中的英杰。令人惊叹的是，两人的学历都很低，没有接受过正规的品牌管理和传播学训练，但他们两人在这两个方面都有着超常的天赋，非常符合品牌运作和传播学规律。几百年后，当后人回顾我们这个年代的时候，也许很多显贵早已淹没在历史长河中，但文学界会有两个响当当的名字会被提起，一位是金庸，另一位就是郑渊洁，他们通过各自的努力，为当代贴上了非常醒目的标签。正像目前很多人研究“金学”一样，若干年后“郑学”也会给汉学界带来一片清新。**传播就是要在几个关键点上进行聚焦，在这个框架下不断进行重复和微创新，并坚持不懈，并最终内生成一条价值链或产业链。切忌在资源上过于分散，东一耙子，西一耙子，这山望见那山高，不断切换领域和方向**。“郑渊洁经济学”，其要素分析起来其实很简单，最难之处就是能不能持之以恒地坚持下去，当然这也是其最大的威力所在。“郑渊洁经济学”，在某种程度上还可以变型为“金庸经济学”“本山经济学”，但其内涵高度一致。

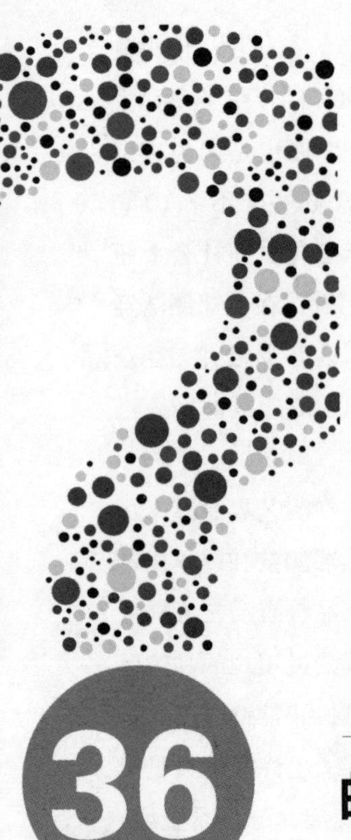

36 邮资微创新与邮政模式的逆袭

导读：游戏规则决定制度成本。在商业模式的设计过程中，高“单价/交易额”、高“毛利润率”当然是好事情，但也要考虑游戏规则实施的成本，以及所对应的“接触人数”“转化率”和“购买频次”等变量的表现。表面上精确和公平的计价模式，不一定真的有利于利益最大化，而某些看上去很粗放的方式，反而更有利于利益最大化目标的实现。

在漫长的邮政体制发展历程中，信件收费是按照用张数量和投递路程来计算的，费用由收件人支付，换言之，收件人要花钱购买信件内容，其标准相对来说也比较高。这种方式看上去合情合理，但也存在着很多实际问题，一方面，信件内容可能跟收件人相关性不高，甚至还有部分骚扰性垃圾邮件；另一方面，信件数量较少，邮政运营成本高，导致邮资昂贵，不少收件人不堪重负，拒付费用、拒收来信的情况时常发生。就拿 19 世纪 30 年代的英国来说，除国会议员享受免费邮寄信件特权外，其他人都得付费，英伦三岛一封普通国内信件的邮资高达 6 便士，最高能达到 17 便士，而当时英国一个普通工人的月薪大约是 18 便士。为此还引发了邮政史上一个十分有名的故事。19 世纪前期的某一天，伦敦一所中学的校长罗兰・希尔正在散步，看见邮差把一封信交给了一个姑娘。姑娘接过信瞥了一眼，就把信还回去拒收。邮差走后，希尔好奇地问姑娘其中的原委。少女不好意思地告诉他，信是远方未婚夫寄的，因为邮资昂贵，她支付不起，所以不能收。但他俩事先已经约定好，如果对方一切平安，就在信封上画个记号，自己看到之后就明白了，没必要再花钱买信。罗兰・希尔从这件事情当中受到启发，并于 1837 年发表了那篇著名的论文《邮政制度的改革——其重要性与实用性》，他的解决方案就是《1 便士邮资法》，即在英国本土对 0.5 盎司以内的信件统一收取 1 便士的邮资，邮资必须由寄信人预付。在这种背景下，世界上第一枚邮票“黑便士”诞生，罗兰・希尔也因此成为“邮票之父”，并得以名垂青史，千古流芳。

这件事情现在看起来根本算不了什么，邮票是再普通不过的一个东西，但在当时却具有划时代的意义。其一，在原来的高邮费制度下，英国邮政收入非但没有上升反而减少，甚至一度出现窘困的局面，《1 便士邮资法》实施之后，表面上降低了英国邮政的收入，其结果反而促使邮件数量飙升，英国邮政像现在的中国移动、中国联通一样，变成了利润空前丰厚的实体。其二，寄信人不再滥用自己的免费权利，垃圾邮件得到遏制，整个信息流通环境和诚信体系也在很大程度上得到净化，信件流通更加健康和顺畅。其三，收信人不再因为费用问题而拒收拒付，邮差也免除了那些烦琐的计费和收费工作，工作效率得到了极大的提升，议员免费的特权也从此废除，由邮局印刷有一定面值的邮票，寄件人可在任何邮局预购，寄信时把它贴在信封上，作为邮资凭证，邮政事业从此惠及千家万户，成为近代文明体系不可或缺的重要组成部分。罗兰·希尔的邮政改革不但促进了英国邮政事业的长足发展，还对世界各国的邮政事业产生了重大影响。随着时代的发展，邮票发行成为了一个国家或地区主权的象征。小小的一张邮票，常常能体现一个国家或地区的历史、科技、经济、文化、风土人情、自然风貌，以及时代特征，使邮票除了传统的功能之外还延伸出了收藏价值。在特定历史阶段，邮票还是某些国家或地区重要的财政来源。

倘若从商业模式角度看，邮票制度诞生之前的英国邮政，其每封信件的“单价/交易额”看上去不错，但由于高拒收率和退信率使其工作效率极端低下，其“利润率”低得可怜，甚至出现负数，在这种情况下，“利润率”成为其商业模式的最大硬伤。同时由于寄件人和付费人分离，因此在“接触人数”指标上，寄件人人数比较多，但收信付费人则相对要少一些。“转化率”和“购买频次”这两项指标，受制于价格因素和寄付分离的影响，实际上都不是太理想，在这种情况下，信件算是一种奢侈品，跟大众化的日常消费还存在着一定距离。综合这些因素，当时英国邮政这个垄断项目实际运营状况并不算好自然也在情理之中。

与此同时，我们也可以按照六项指标来分析邮票制度给英国邮政事业所带来的巨大影响。第一，从表面上看，每封信的邮资单价受到极大压缩，大约只有原来的1/6到1/10之间，但整个英国邮政的交易额指标却得到最大限度的扩张，何况后来占相当大比例的邮票是作为收藏品门类而销售的，并不需要提供相应的邮政服务，这项收入对于邮政机构而言可以看成是直接印刷货币。第二，从“利润率”指标来衡量，计费工作简化、工作效率提升、无效邮件压缩都提高了服务的利润率水平，另外邮票收藏品属性的拓展更是将邮票拓展成了暴利型产品。第三，**邮票制度的发明，使得邮政服务从贵重商品变成一种普通民众能够消费得起的快速消费品，刺激了市场需求基本面的井喷**。通过开发邮票的新功能，又在收藏品领域创造了巨大需求，两个方面叠加起来，在极大的空间上拓展了“接触人数”指标。第四，当邮政服务变成一种大众化的快速消费品之后，“转化率”和“购买频次”指标都会得到明显改善，从另一个角度支撑着英国邮政业务量飞速发展。历史往往以不同的形式重复着，当中国移动和中国联通降低通话资费标准且将长途资费统一之后，营收同样出现了井喷式发展。

这个案例还涉及一个制度成本的问题。在原有的邮资标准体系下，表面上合情合理，实则相当于斤斤计较，制度的执行成本比较高，其后则相当于实施了整齐划一的标准化体系，制度执行成本有效缩减，效率空前提升。在商业模式及游戏规则的设计过程中，同样是需要特别注意可供挖潜的方向，其更为直接地影响“纯利润率”指标。像自助餐的商业模式，其实就跟英国邮政当年发明邮票来简化和统一资费一样，有着异曲同工之妙。而像肯德基、麦当劳和呷哺呷哺等快餐连锁，采取标准化程度较高的几类套餐，除了做高“单价 / 交易额”指标的考虑外，主要还是为了提升效率，降低制度执行成本，客观上也有助于挖掘“接触人数”（翻台率）指标的潜力。在企业所得税的征收过程中，税务机关同样出于“制度成本”的考虑，针对小微企业实行核定征收制度，简单来说，就是税务机关不对企业盈利情况进行核查，而是根据纳税人在正常生产经营条件下，对其经营的应税产品查实核定产量或销售额，然后依照法定税率标准征收税款。制度微创新，在某种程度上是可以扭转乾坤的，这在我们上述谈到的案例中都表现得淋漓尽致。

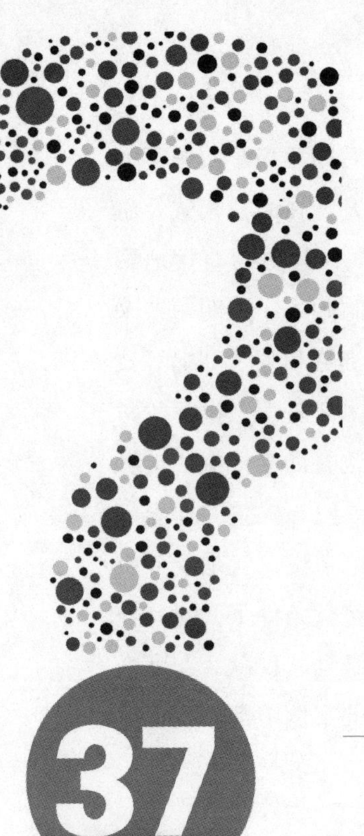

37

裂帛传奇如何炼就

导读：裂帛品牌内含一种禅宗精神，不断追求“衣—心—我”三位一体，这种内涵在服装设计、品牌文案和营销手段上都有所体现。具有禅宗精神的品牌，最大优势就在于个性化较强，且具有一种追求极致的精神，品牌体验性和黏着力超强。这种品牌精神决定了“接触人数”不会最好，但比较精准，“转化率”和“购买频次 / 重复购买率”表现强劲。

在我国网商发展史上，裂帛堪称一个传奇，这个创建于 2006 年 11 月的女装品牌，借助淘宝、天猫等电子商务平台，销售业绩以火箭般的速度上升，现在已经是一家拥有 700 多名员工的“快时尚 + 设计师品牌 + 电子商务”公司了。2011 年，他们的业务同比增长 380%，2012 年销售额超过 5 个亿，2013 年光“双 11 节”，裂帛的销量就达到 9349 万元。裂帛品牌的重复购买率在同行也名列前茅，超过了 40%。汤大风、汤小风创业姐妹花曾是典型的女文青，在 2006 年创业初期，窝在北京通州的一套普通民宅里，两个人当时将设计、模特、摄影、文案、客服一把抓，因为量太小，没有工厂肯代工，她们就用两台老式缝纫机手工制作，由于本身有表达欲，她们便为每款衣服取了名字、写段小诗，将日记本里的文字搬进了产品描述，就是今天营销文案的雏形。每卖出一款，她们都会猫在电脑前逐条看评论，用一整个上午来与买家聊天，再把意见揉进下一轮设计中。她们就是用这种“商业宅女”的形式，近乎疯狂地做着个性化设计、用户体验和深度互动，并从中积累了太多灵感。也许她们当初并没有想太多，但在不经意的误打误撞中，脚踏实地地践行着最为前沿的互联网“人机互动思维模式”，当然时至今日，这种思维和商业运作模式，早已由误打误撞升级为有意为之。发展到今天，裂帛品牌已经涵盖了女装、女鞋、配饰 3 大类 50 多个品类。

裂帛品牌以电子商务为载体覆盖互联网，除了传统的和淘宝、天猫的合作关系外，还与当当、京东、凡客等主流电子商务平台展开深度合作。除此之外，裂帛从战略上还向自建电子商务平台、APP 应用、微信平台销售、线下实体店，以及男装品牌等方向拓展。在品牌运作层面，裂帛采取了多品牌策略，目前旗下拥有 7 个品牌，分别是裂帛、非池中、所在、天使之城、莲灿、裂帛童装和 LADY&ANGEL（呛口小辣椒）。品牌并购同样是裂帛的一大发展策略，2013 年初，成功并购了同样靠在淘宝、天猫起家的“天使之城”，被营销界称为“淘品牌并购第一案”。在品牌形象方面，裂帛将所有的热情投入了设计，民族气息、肆意的情绪，裂帛的每一件衣服都充满强烈的表达欲望，**其品牌诉求语“人生需要裂帛的勇气”，也在很大程度上暗合了都市白领倍感压抑和需要宣泄的内心深**

处的需求，这种感觉是传统服装企业及品牌给予不了的。

从裂帛那里，我们甚至能感受到一种禅宗文化的味道，她们正式注册的公司名称为“北京心物不二电子商务有限公司”，“心物不二”换种说法就是“心物一元”。她们在品牌内涵的不断阐的述过程中，同样流露着这样一种精神内涵。大风小风姐妹花是这样界定她们的品牌风格的：“裂帛本身就是动态的，如果说她在参考、比照什么，那就是内心了。于是，用现有的常见的‘风格’形容词来诠释裂帛甚至是不合适的，因为裂帛不隶属于哪一段历史或哪一类文化。她们的裂帛不为一片风格领土，却为最初和最终的自由，她们所做的，多聆听来自内心的声音。她们称自己为‘本体设计’，不断蜕变，表现出来的色彩、质地和形式仅属于新的视野，因为所有的‘与众不同’不过是与心相同。所以，裂帛的风格就是参照本心，无拘无束。衣服，是穿在身上的心灵。”而禅宗的核心思想“直指人心，见性成佛”，在她们裂帛品牌释义中亦有较为清晰的体现，“向内行走，衣服的天性是赋予，增加意识和暗示，让它去参与社会，建立自我位置感，建立身份，同时建立群体存在感。有没有一种衣服，它是反面的化解？外在穿着的动作变成内在的精神解脱，像剥洋葱一样，直至接近内在。回到天性，回到孩子般的无染感官，对色彩、材料、形象的感觉，去背离板结固化的社会，走向自然，走向内心的牧场，与自己相处，化解身份，获得纯然的感动和喜悦。”这种风格甚至在旗下的其他子品牌上也有所体现，譬如对“所在”的描述：“心在即所在，寻找家的人，比寻求定居的人多，这就是诗歌。抱持当下，让穿着成为当下生命热情的表达，安静者安静，热烈者热烈。在空前建筑却空前无家的时代，进入当下，没有需要到达的地方吗？心在的地方，就是所在。”裂帛的诉求“心若向往，自然抵达”，照样也散发着“直指人心，见性成佛”的禅意和韵味。在日本人那里，受禅宗文化的巨大影响，花有花道，茶有茶道，剑有剑道，香有香道，在书法层面还有书道。沿着目前的路子走下去，在追求“衣—心—我三位一体”的过程中，裂帛最终很有可能会走向“衣道”。

从商业模式角度来看，裂帛自有其成功的道理。第一，裂帛服装的“单价”不算很高，产品价格主要集中在100～500元，由于其风格比较独特，最好还是选择她们家的产品进行搭配，因此一身衣服配套下来“交易额”也得在300～1000元，这个指标看上去不是太高，但在整个服装行业当中还是相当可以的。第二，裂帛在品牌上定位于平民化、大众化，面料和做工相对来说也比较普通，另外正好赶上了2009年之前的淘宝网“流量红利”，还绕开了传统流通渠道高额的“买路钱”，因此无论“毛利润率”还是“纯利润率”都还不错，这个同2009年以来才开始介入淘宝、天猫平台的品牌有着很大的不同，裂帛无意中在正确的时间做了正确的事情，在某种程度上也搭了淘宝网的便车，在发展的最初几年内获得了超高性价比的流量。第三，在“接触人数”潜力的释放层面，裂帛一方面受益于自己独特且富有张力的设计风格，另一方面也得益于在杂草丛生的阶段采取了淘宝原创品牌的策略，当然更为重要的还是淘宝平台在特定发展阶段所带来的“流量红利”。第四，在电子商务平台上卖衣服，“转化率”受样式款型、图片处理、销售数量、买家评价、信用等级等诸多变量的影响，而且还存在明显的“马太效应”，相对于淘宝上的绝大多数卖家，由于较早占位，裂帛在这方面具有强大的优势的。第五，某个品牌服装的“购买频次”或“重复购买率”主要受购买体验和穿着感受的影响，这实际上也是品牌黏着力的一种表现。在服装消费当中，这项指标是很难被炒作或者造假的，如果能把这项指标的潜力挖掘出来，这个服装品牌基本是比较成功的，也是高速成长的基础，同时她们还用会员制的方式来锁定消费者，截至2013年，她们的会员数量已经达到100多万人。

裂帛最终要走的模式，最大的可能还是线上线下双向互动，亦即“电子商务+实体体验店”，线上线下两种模式可以互补其短，相互融合后将彼此间的不足化作无形，这种“零渠道”的方式，一方面可以有效支撑“好衣服可以不贵”的理念，另一方面可以覆盖不同消费习惯的人群，进而实现销量最大化。一般企业是利用线下的品牌资源积累，然后将这种影响力复制到电子商务领域，而以裂帛为代表的电子商务原创品牌，则走的是先建立巨大的线上销量和品牌影响力，再将这种品牌资源放到线下渠道去套现的路线，尽管最终都要打破线上线下的界限，线上线下互动通吃，但后者相对来说要容易一些。

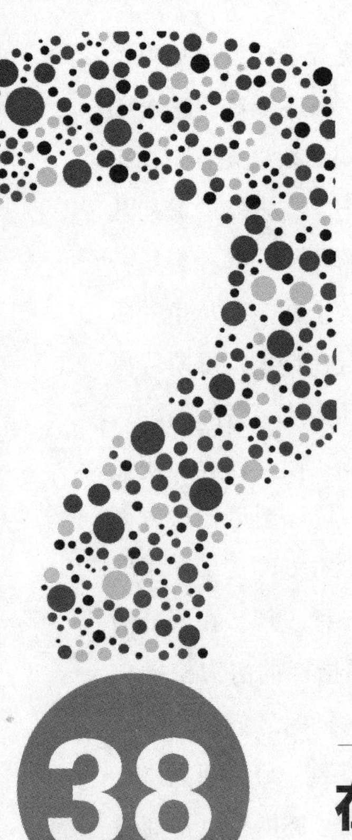

38 在线教育点卡线下代理的隐痛

导读：某种推广模式能否行得通，很大程度上取决于“关键人”的“利益窗口”有多大。这个“利益窗口”就是对方所能获得的提成比例和最大限度成交量之间的乘积。“利益窗口”的大小，实际上又跟“单价 / 交易额”“接触人数”“转化率”“购买频次”这几项指标高度相关。对于在线教育，“利益窗口”的基础在于产品自身的体验性和黏着力。

2009 年前后，以视频课程类为内容的在线教育网站开始逐渐多了起来。此类网站多是以中小学名师授课的课程视频为内容，基本是与现有教材体系相配套，由面向中小学生的教育培训机构根据自己日常授课的内容进行录制，他们希望通过自建的网站平台，在网络上对已经积累的资源进行二次销售。从整体上来看，此类网站具有这么几个典型特征：第一，相当多的网站课程体系并不是很健全，并没有像他们宣传的那样，各年级各科目的课程做到了无缝覆盖，课程体系建设比较滞后和迟缓，在客观上还没有具备大规模推广的基础条件。第二，体验性欠佳，在录制的过程中，没有采用专业设备，画面和音质的清晰程度不是很好，而且没有后期剪辑，甚至还没有与视频内容对应的教案讲稿，这明显与项目跟风、仓促上马有很大的关系。第三，更有个别夸张的，视频课程资源都不是自己的，东拼西凑找来一些，课程的体系性和完整性不是很好。在平台运作者看来，这样操作成本比较低，先把框架搭建起来，其他的利用推广过程中所获得的收益滚动推进，或者走先融资再完善的路子，利用风险投资的钱来借鸡生蛋。第四，视频中的很多教师并不是名师名嘴，其授课质量也是参差不齐，在讲授模式的规范方面同样比较欠缺，这些都体现了策划力度和品牌化程度的不足。第五，在自有资金的准备力度方面明显不足，基本没有什么线上推广手段，主要靠发展代理商销售点卡进行市场开发，当然在项目前期给的市场区域一般比较大，基本上是以地级市为单位，在表面上能吊足一些创业者的胃口。

L 先生 2002 年从某师范大学毕业后回到老家地级市的一所中学上班，由于岗位属于非教学业务，时间比较宽裕，由于感觉工资水平较低，发展前途不大，因此四处找项目准备走创业之路。正好遇到某家此类机构发展代理，经过一番洽谈之后，感觉这个项目比较有前途，在线视频教育又代表了未来的发展前途，在他看来，可汗学院的巨大成功似乎也很好地验证了这一模式。那家网站给他的建议是面向学校、家长面对面推销，或者举办各种讲座进行推广，此外就是发一些传单小广告，或在小区、商场、网吧的门口设立咨询摊位，待市场有了一定影响力之后再面向商店、网吧、书店、报刊亭等终端铺货。这位朋友还真的租了一个场所，雇了五个人来专门运作此事。其费用构成是这样的：房租一年 10000 元，人均月薪 1000 元，年工资支出 60000 元，报缝广告 10000 元，单页、扇面和气球等宣传材料 10000 元，其他的费用则机动性比较强，主要是动用一些学校的场地，或者让一些老师帮着推介所花费的公关成本。他们每张年卡的最终售价是 300 元，他们从网站那里的拿货价格大约是 100 元，每张卡 200 元的毛利润，从表面看起来，每年只要卖 500 张卡就基本能保本，卖 1000 张卡就能赚 10 万元左右的纯利，做到这一点每天只要卖 3 张卡即可。而且这个产品似乎每年都可以产生重复性消费，用户数量会呈现几何基数增长。

很多事情设想起来貌似都不错，但到了真正落实的过程中，所有隐藏的问题都会暴露无遗。首先遇到的问题是家长们对这类产品的认可程度。L 先生那里属于经济不算太发达的地级市，跟一线城市和省会城市不同，虽然家庭电脑的普及率也算比较高，但占相当比例的家长还是认为中小学生上网对学习成绩有百害而无一利，加之媒体没事儿的时候就炒作一下“网瘾”，因此家长总是下意识地让孩子对网络敬而远之，认为一旦影响到升学得不偿失。不少学校和老师也天然地对在线教育存在着敌意，感觉这些东西或直接或间地接会跟自己争利，向学生推介的动力不是很大。在这两个因素的综合影响下，这种在线教育点卡在他们那边的“转化率”非常低，为 1% ~ 2%，我们即使按 2% 算，每接触 50 人才会转化成功 1 个成交的。按照这个“转化率”来算，有效“接触人数”必须大到 25000 ~ 50000 人才能大致保本，每个员工每天的有效接触人数大致需要 30 人。如果老师向自己班的学生推介，“转化率”确实会高一些，但充其量也只有 5% ~ 10% 的水平。按照每个班级 60 人的容量算，一个班的成交数大约为 3 ~ 6 人，即便是把所有的利润都给了老师，他所拿到的提成也只有 1200 元。此类点卡，老师肯定不能强制学生购买，即使关系到位，能帮你向学生推介三次已经很不容易了。为了一年才 1200 元的回扣，现在的老师也不愿意冒风险，他们推荐此类东西，即便考虑到经济利益，其动力也远远不足。这位朋友在操作过程中，依据他自己的想法，每成交一个，给老师的佣金大约为 100 元。在这种情况下，遇到跟他关系不错的老师，人家也只是在面子上说，没问题，这个忙肯定会帮，我向学生帮你推介吧，但实际上却根本不会做这种费力不讨好、还有可能给自己带来麻烦的事情。

以上我们的假设还是建立在课程体系完善、体验性良好，其服务没什么太大问题，且毛利润全部等同于纯利润的前提下。但这位朋友当年代理的在线教育网站恰恰是众多普通网站中的一个，品质本身不能自己做主，其结果自然会在试用“转化率”和“购买频次（续费率）”上体现出来。与此同时，每张卡200元的毛利润，其实到了最后还是要扣除提成、公关、佣金等成本的，真实的毛利润在100 ~ 150元之间。这也就意味着，真正保本的销售数量是在一年内销售1000张卡，年有效“接触人数”需要达到5万 ~ 10万人。这个数字究竟意味着什么，就按50人一个班来算，需要沟通1000 ~ 2000个班级。说到这里，那位朋友的点卡代理项目的结局自然不言而喻，经过整整一年，他才醒悟自己被“新概念”和“高毛利率”给忽悠了，在整个项目当中，低“单价 / 交易额”、低“转化率”、低“购买频次 / 重复购买率”都是绝对硬伤，最起码在他代理项目的那年，的确是如此。

站在这样一个在线教育平台的立场上讲，要将其真正打造起来，最终所需要的资金量都是数以亿计的，发展过程中更大程度比拼的是团队的融资能力。最起码的基础还是内容本身的质量、体验性和黏着力，这个问题在更大程度上需要自己的资金来解决，如果在最初的阶段就需要通过专业机构融资，那就很容易陷入项目运作的“先有鸡，还是先有蛋”的悖论之中而不可自拔。这类项目的推广对于廉价的流量资源要求非常高，线上线下推广需要同时并重，更大程度上还需要以线上为主；尽管推广过程中的体验口碑、覆盖密度和相关圈子非常重要，但必须特别注意的是，线上的圈子更多呈现模拟化特征，这个圈子会在一定程度上向现实的圈子渗透，然后在更大程度上超越地域上的限制。在口碑传播的临界点来临并产生用户自传播的井喷效应之前，无论是网站平台还是各类区域代理商基本都避免不了烧钱的命运，这里头不光是在烧别人的钱，也在烧自己的钱，打算从事此类行业的创业者，必须要有这种心理预期和准备。

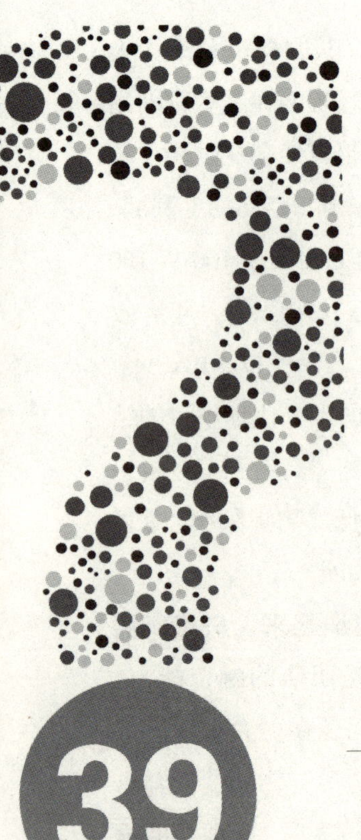

39

耐用品营销如何突破短板

导读：耐用品营销除了可以通过套装化等手段最大限度做高“单价 / 交易额”指标外，朝着时尚化、快消化和消耗品化方向改造显得更为重要。如果能把某类细分耐用品成功升级为大众化的刚需，在特定阶段其需求量就会发生井喷，其“单价 / 交易额”“利润率”“接触人数”和“转化率”这几项指标的潜力都可以得到有效释放。

在耐用型消费品中，对商业模式不太有利的指标就是产品生命周期较长，房子为 50 ~ 100 年，轿车为 8 ~ 10 年，白家电 15 ~ 20 年，黑家电 10 ~ 15 年，小家电 5 年左右。一般来说，耐用型消费品市场有几个较明显的特征：第一，此类商品的“单价 / 交易额”一般都比较高，低则几十元，大多数为数百元到数百万元不等，而且居民消费层次处于不断升级换代之中，比如由许多年前的手表、收音机和自行车升级为后来的彩电、洗衣机、冰箱，一直升级到现在的汽车和房子。第二，某类具体的耐用消费品刚出现的几年内都会经历一个井喷发展期，虽然“购买频次”或“重复购买率”谈不上，但“接触人数”却接近无限大，而且“转化率”也接近饱和，甚至有可能出现供不应求的状况，直至整个市场趋于成熟和饱和，每个细分领域在各自的井喷过程中，都会成就一批财富传奇。第三，绝大多数领域的耐用消费品，在其市场走向成熟和饱和的过程中“单价 / 交易额”都呈现相对稳定甚至逐渐下降的态势，其“利润率”指标一直会受到挤压，最终也会从暴利回归到一个正常水平。第四，这些领域在井喷发展期内都会催生一批明星级企业家或富翁，甚至不乏一些首富级别的，如黄光裕、沈文荣、王健林等。这些领域一旦进入成熟期，暴富的机会不但会消失，就连存续的一些企业都可能会倒闭破产。

我们以房地产行业为例，来对耐用型消费品做一个简短的说明。中国房地产市场快速启动开始于 20 世纪 90 年代，但真正开始出现井喷发生在 1998 年朱镕基那届政府实施住房制度改革之后。在接下来的十多年时间里，中国房地产市场随着城市化进程的迅猛发展而狂飙猛进，很多城市出现了“一房难求”的状况。十多年的时间成就了很多房地产开发商，也让关联的钢铁、水泥和建材等四五十条产业链跟着大发其财，让很多人跟着实现了创富梦想。一套房子的价格从几十万元到数百万元，直至上千万元，甚至上亿元，光“单价 / 交易额”这一项就足以抵消“购买频次”超低所带来的不利影响，又正好遇上井喷期，“接触人数”足够多的，井喷期的“转化率”往往又接近饱和。在这种情况下，“利润率”指标对于开发商来说同样属于重大利好。**尽管“购买频次”和“时间”是房地产开**

发商业模式的硬伤，但特定发展阶段中“单价/交易额”“利润率”“接触人数”和“转化率”这四个方面变量足够大的取值足以支撑房地产开发商变成我们这个时代最为引人注目的“土豪”群体了。在我国房地产市场的发展历史上，房地产开发商和与其利益紧密关联的一些媒体、学者也都在不断针对“购买频次”(重复购买率)做文章，深挖其中的潜力，先后抛出了“刚需型住房”“改善型住房”“投资型购房”“度假型住房”“学区房”“父母养老房”等概念，尤其是“投资型购房”概念的推出，使得房子顺利成为一种金融衍生品，在特定群体中“购买频次”和“重复购买率”都比较高。我自己买房子的时候，顶楼一位老兄和他的几个亲戚在该小区就买了80多套房子。当然，房子毕竟是耐用品，随着市场井喷期的结束，这一行业迟早会恢复正常。

从2012年以来的房地产市场来看，市场最为辉煌的井喷期基本已经过去。房产属于生命周期特别长的耐用消费品，在市场发育阶段，通过各种手段过度刺激需求井喷，实际上相当于以一种火箭般的速度急速透支着未来整个行业的发展空间，使得市场成熟期更快到来。最近几年来，我国的城市化进程，基本进入发展中后期，而且被以投资的形式囤积起来的房子亦会逐渐涌向市场进行交易，再加上一些地方不同程度出现“鬼城”，房地产开发行业整体上出现较大的困难是再正常不过的一件事情了。在可预计的未来，中国房地产市场整体上再难出现像本世纪前十年内出现的那种火爆式井喷局面，钢铁和水泥、建材等相关行业也会因此受到较为深远的影响。中华民族是一个非常善于快干猛进的民族，不光房地产，绝大多数耐用型消费品行业大致也就是十年左右时间就把一个行业给做成熟和饱和了。

目前某些耐用型消费品正在给消费者灌输一种时尚的理念，以便大大缩短产品的更换周期，这在手机和数码产品当中比较常见。比如，手机的生命周期基本为4～5年，但目前人们基本两年左右就更换一部，要不你就显得很老土了，另外一些新的功能你也可能根本不能使用。手机登IT类产品一般本身都属于耐用消费品，现在则皆属于升级换代特别快的“时尚品”了，多多少少朝着快消品的方向异动，以给自己不断注入新的活力和发展空间。类似的情况也在服装行业就曾出现过。钢材本身同样属于典型的耐用品，但目前钢厂也在努力朝着快销品的方向开发钢铁的新用途，例如用于灌装饮料的钢制二片易拉罐在钢铁企业的新兴品种中备受青睐。这些方式其实都是再缩短产品使用周期的基础上，对“购买频率”指标进行深度挖潜。换个角度来说，也就是耐用型消费品“去耐用化”或者“快消品化”“消耗品化”，其背后的发展逻辑同样受着市场经济规律的驱动。

在市场经济发展的特定阶段，耐用品更大程度上强调的是经久耐用，以至于太多东西是用来传数代的，在物资比较短缺的年代这个十分关键，也成为特定历史时期主流的生产理念。伴随着短缺经济成为历史，耐用品的制造理念发生了很大变化。在这种情况下，耐用品更多强调的是时尚、快捷和更新换代，并不需要过硬的品质，生命周期能用到大多数用户更换新的产品之前就成，已经不需要那种“传家式”和“考古式”的品质要求了。过去很多家庭请木匠做的家具能经得起几轮搬家的折腾，现在买到家里的很多组装式板材家具基本也就是一次性的，你下次搬家拆了之后就基本不能安装了。在很多现在已经六七十岁的老人看来，这样的家具厂简直就是在造孽，但现在年轻人买了新房后，家具肯定是要换的，除非是那种价格高昂的工艺类实木家具。前几天我跟一个做服装的朋友聊裂帛的服装，他说裂帛就是款式好，价格相对便宜，面料和做工他们都看不上。我笑了笑没说什么。其实裂帛是真正懂消费者和受众的，知道自己的用户真正想要什么，其他都是围绕这个量身定制，而我的那位朋友还保持着自恋式的产品设计理念而非互联网式的量身定制理念。这种细微的差异决定了他的品牌与裂帛之间巨大的差异，最终在销量上外化了出来。

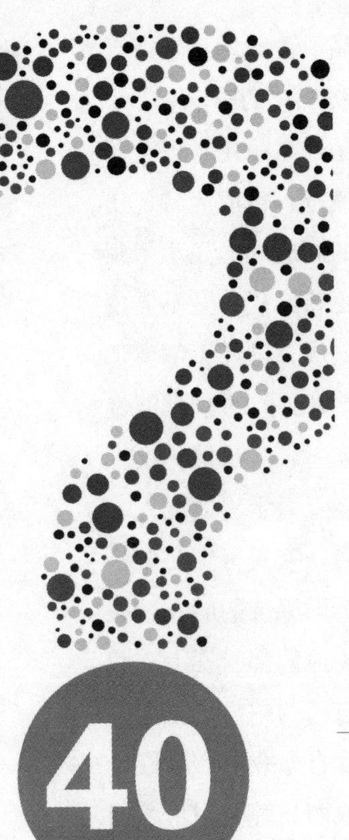

40 新开的淘宝店如何刷销量

导读：淘宝开店最大的魅力就在于“接触人数”可以有巨大的想象空间，但这更多是理论上的。2009 年淘宝“流量红利”期结束后，如何搞定“接触人数”或者是廉价的流量资源，就成为淘宝新店必须认真考虑的一个问题。产品的独特性、品牌黏着力和价格优势以及相应的信用等级固然非常重要，然而更为关键的还是高性价比的流量资源。

K 先生是典型的农家子弟，但为人踏实肯干，无论走到哪里人缘都非常好。K 先生大学毕业后先是在家乡的省会城市干了三年，后来到北京发展，经过接近十年时光的打拼，目前已经是一家大型公关公司的总监，月薪三万多元。他们家住在河北燕郊，房子是 2005 年买的，那时候的房价在今天看来接近土价，每平米才 2000 元左右。他本人的故事在“北漂”中绝对算得上一个励志典范，但我们今天说的并不是这个。他夫人生完孩子后，由于需要照顾小孩，就没再上班，先是开了一个网上超市，后来又在小区开了一个社区便利店，前者根本就没做起来，后者也不是太理想。经过几年的艰难摸索之后，他们最终选择了在淘宝上面开店，专门卖枕头、被褥等儿童床上用品。由于他们开店的时候已经过了淘宝网的“流量红利”期，要想真正做起来非常费劲，一个月下来卖不了多少，有的月份则干脆颗粒无收。看着别人田里“月月都见麦子黄”，再看看自家地里的惨淡景象，内心深处多多少少会有一些惆怅。正在一筹莫展的情况下，K 先生的好人缘又一次发挥了重大作用，救了他们一把。原来 K 先生有几个好友也是开淘宝店的，他们基本是和淘宝同步发展，到 K 氏夫妻开淘宝店的时候，那几位朋友的淘宝店都已经小有名气了，拥有较为稳定的流量和用户群。这几位朋友听到 K 先生及其夫人所面临的问题后，给他们出了一个主意，就是他们几个在各自的店铺内上架了一整批与 K 夫人网店相同的产品，利用各自的流量和用户资源帮着出货，一旦有人下单，他们就又通过淘宝网转下单到 K 夫人名下的网店。

这种模式操作了一年左右，K 夫人的儿童床上用品网店终于有了明显的起色。淘宝网同类产品的排名受销量、人气、信用、动销指数、价格等因素综合影响，但在几个朋友的鼎力帮助下，K 夫人的店铺及相关产品的指数得到了明显改善。第一，由于他们几家在这几类产品中卖的几乎是同样的品牌和产品，因此无论是在销量还是信用方面，相当于资源最终都集中在了 K 夫人一家上，这种流量、销量和信用的导入，最终都会在搜索排名上显示出来。第二，K 先生朋友的店铺不但可以给他们转下单，很多时候还可以给他们带来直接的流量，因为不少网友买东西总喜欢就完全相同的产品比一下价格，这一比不要紧，就搜索到 K 夫人的店铺了，而且结果总是显示 K 夫人的店铺销量最大，“马太效应”又开始发挥效应，很多人下单总是倾向于同样商品中销量最多、人气最旺的那家。第三，最为关键的倒并不是通过这种方式能赚多少钱，而是从中真正找到了自信和动力，而且有了一定利润之后，整个事情才能持续滚动地进行下去，这个对于很多创业初期的人来说，显得比资金更为重要，“信心堪比黄金”，在这种场合千真万确。

经过几年的苦心经营，截至 2013 年，K 哥 K 夫人的淘宝店虽然做得还不是太理想，但还是朝着良性的方向发展，最近几年内每年十万元左右的利润，也就相当于找到一份可以长期做的工作。照现在的情况来看，他们的淘宝店算不上成功，也算不上失败，前面还有更长的路需要走，但他们毕竟已经能够在一片血光的淘宝市场站得住脚，还获取了相对来说勉强过得去的收益，可以当作一份事业长久坚持下去。其实，对于草根创业者来说，无论是线上的项目还是线下的项目，能做到这一步都已经相当不容易了。在那些没有独立项目运作经验的人看来，做到这种程度似乎很失败，但让那些真正有经验并深度体验过酸甜苦辣的人看，才会对这些奋勇拼搏和坚守者发自内心地尊重，并将其视作沙场上的战士。

在我们的六项指标当中，做淘宝店最重要的就是“接触人数”“转化率”和“购买频次”三项指标，其中又以“接触人数”最为关键。2009 年之后开始做淘宝的，面临的是淘宝“流量红利”的结束，最难搞定的就是“接触人数”，也就是廉价的流量资源。K 家夫妻在这方面是幸运的，正好有几个朋友能为此给他们导入销量，其中相应的成本相对来说又接近于零。在这个过程中，很多新开的淘宝店铺则需要花钱来做这件事情，这也就成为了一种刷销量和刷信用的方式，表面上看起来没什么，所需要花费的成本还比较高。在社会上总有很多人对刷销量、买榜、刷信用的方式不屑一顾，认为这些方式登不了大雅之堂。但实际上，在商业社会中，无论什么样的营销手段，只要没有触犯国家法律，就没有高尚和低劣的差别，存在的只是各自的优势和弊端，以及在不同时空条件下所表现出来的不同的性价比。另外，营销世界永远只有感知而没有真相，只要守住了不作恶的底线，其他的方式都可以尝试，即便是一些另类的手段也未尝不可。刷销量、买榜、刷信用，从商业角度来讲，跟在央视上做广告以及在百度上做关键词竞价排名，或者在天猫上做直通车，是性质完全一样的行为。当然，一个品牌要想真正做好，光靠这些手段远远不够，任何一个品牌的运作都需要“结构化思维”，“单一化思维”在很多具体情况下确实管用，但从长远来看则无疑是在赌博。**各**

种营销手段固然重要，然而经营最为核心的还是产品或服务本身，缺乏品质等相关模块的支撑，就很容易患上“营销上瘾症”“炒作上瘾症”，钱不少花，效果却没有，花再多的钱最终也都打了水漂。

在淘宝销售模式中，“马太效应”比实体店更为明显，数以万计的新开店面，无论你如何努力，最终都是不可避免地被信息的汪洋大海所淹没，被买家所发现的概率连万分之一都难以达到。目前就连 APP 商店也面临着类似的情况。2013 年 7 月，移动装置营销研究公司 Adeven 的追踪数据显示，在苹果 App Store 上架的 90 万款应用程序中，有 57.9 万多款是“僵尸”应用，这些应用从未登上 AppStore 主页的热门下载推荐，苹果并不揭露应用程序的下载次数，但 Adeven 推论这些冷门应用的下载数非常少，在当前的结构模式下，小规模独立应用开发商很难被消费者发现。随着时代变迁，淘宝 / 天猫平台早已不是什么低成本创业场所，要想真正有效果，所需花费的配套成本并不比实体店低，与实体销售项目相比，淘宝店的好处不在于低成本，而在于想象空间巨大，可以实现超高速度的成长。在针对淘宝网店的营销中，最为基础的还是“接触人数”和“成交数量”指标，这两项指标直接决定了淘宝相关关键词搜索结果排名之上的“马太效应”，最终也在很大程度上影响着“转化率”和“购买频率”的“马太效应”的表现程度。

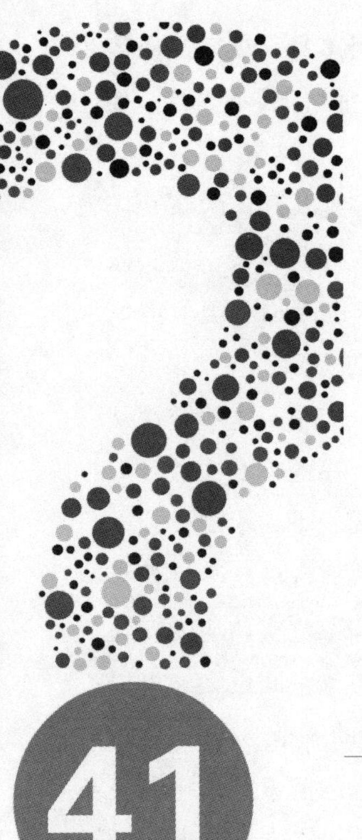

41

小区儿童摄影项目的困局

导读：受“接触人数”影响，与居民区相配套的都必须是跟日常生活高度相关且“购买频次”较高的基本需求，其他的细分商业模式最好还是选择商业区或者是某些专业市场，因为这些地方往往具有“长尾集成器”的功能，从四面八方导引“接触人数”。另外，对于细分商业模式，还必须在降低成本、提高“单价 / 交易额”方面多下功夫。

最近一些年，随着新小区成片出现，不少人针对相关配套项目，有搞主食厨房的，有开便利超市的，有开东北菜馆的，有开麻辣烫店的，有开驴肉火烧店的，有开蔬菜水果店的，有开药店的，有专门做母婴用品的，还有搞洗车服务的。在所有的相关配套项目中，绝大多数项目还算恰当合适，但也有些项目一看上去就不靠谱。我们小区内曾经就有一家车内用品店，结果不到一年的时间就关门了，自始至终没卖出几样东西。在北京通州八通线附近的一片区域，7个大型小区连在一起，总共加起来有四万多人口，而且业主们的年龄主要集中在25～40岁，他们正打算要孩子或者孩子在10岁之内。这属于非常典型的移民型小区年龄结构。从人口学结构上讲，这不一定合理，但对于某些配套商业来说，却可能是非常理想的一种状态，当然其中也不乏某些陷阱。有人正好看中了这种机会，在这片小区的底商开了一家儿童摄影店，在他们看来，这属于典型的便民服务，靠这个人口基数，消费能力应该问题不大，而且这片区域没有什么竞争，价格上还可以适当要得高一些。

他们租了两间底商，大约80平米，一年下来的租金大约八万元，简单装修一下，费用大约不到两万元，装修风格整体上很不错，店里连老板带员工共四个人。这家儿童摄影店是按照套餐来发展业务的，业务包括摄影、照片设计、相片装潢和相关制作，单独的摄影和洗相收费都比较高，基本上是城区闹市的两倍，比如照一版证件照，收费20～30元，单照一张也得20多元。其实，公道地说，考虑到各种成本及相关道具等，这个费用也并不算高，奈何这毕竟是小区旁边，这种收费标准已经远远超过了家长们的心理预期。在他们运营的一年半时间内，很多问题都超出了他们最初的设想：第一，这7个小区的消费能力其实还算可以，儿童摄影项目也不是不消费，想拍得正规一点的都到通州新华大街甚至是北京城区去照，价格高不是什么问题，他们要的是感觉和体验，在他们这里大宗消费的基本上没有几个。第二，在他们这里拍摄的，绝大多数属于一般性生日留影以及证件照，当然更多的还是那种照片打印和后续处理，这些业务他们的价格又显得相对太高，超越了人们的心理预期，由于价格因素，人们在他那里完成一次消费体验之后，绝不会消费第二次，即便是唯一的一次消费都会有一种被宰的感觉，内心不爽，更遑论重复消费和口碑传播了。第三，儿童摄影往往跟游乐和购物等体验关联在一起的，光一个摄影，这个本身也不可能有多大的热闹空间，日常生活照，则主要是用手机或者高性能数码相机自己拍，无非是批量拍摄、批量删除，从几十张上百张当中总能精选出那么几张好的，还能从拍摄中享受到那么一丝丝快感。

最近十多年来，手机拍照和录像功能的长足进步对常规摄影行业的冲击还是比较大的。2006 年 12 月 30 日，伊拉克前总统萨达姆·侯赛因被执行绞刑，有人在现场用手机拍摄了一段视频和几张照片，那时候清晰度还不是太好，但也就是接下来的几年时间，特别是当 iPhone4 横空出世之后，智能手机无论在拍照还是录像方面，其效果的改善简直是坐上了高速列车，进步神速。我有时候一个人没事儿就胡思乱想，如果萨达姆晚死上几年，他最后留下的影像资料就会非常清晰，也不枉他一世枭雄的英名。只可惜技术进步慢了几年，萨翁最后留下的影像是那么的不堪。技术进步和摄影器材的便捷化、集成化，再加上 2011 年以来内置“美图秀秀”等软件的出现，促使整个摄影行业及其整个产业链的格局发生了极为深刻的变化。

结合我们的六项指标来看，目前整个摄影行业都已经发生了很大的变化，选址对于摄影店商业模式是否成立所起的作用也越来越大。其一，到照相馆里面拍照目前已经变成一个相对大宗的奢侈性消费，每次消费“单价 / 交易额”指标都比较高，无论是婚纱摄影还是儿童摄影，很大程度上都存在着这种明显的变化趋势。其二，影楼最好还是选择当地繁华的商业区，甚至是商业街、步行街或者 CBD，各种时尚一点的商业服务集群，气场和氛围很好，能让消费者产生一种良好的体验感，在这种情况下所产生的“接触人数”和“转化率”实际上都会远远高于小区摄影店，**很多时候不见得商业区的摄影店水平就要比社区店高，收费标准也不见得低，但消费者的心理很微妙，这种看上去未必理性的心理思维，很大程度上决定着你的项目和商业模式的成败**。其三，从整体上来看，专业的摄影越来越成为一种细分型服务消费项目，也就是说从整个社会来讲，其整体上的“转化率”越来越低，但在商业区，仍具明显的细分“接触人数”和“转化率”聚焦和放大效应。其四，“购买频次”，或者“重复购买”与“口碑效应”，在很大程度上又取决于现场的一种体验，这种感觉除了自己店面的自身情况影响外，还来自于周围环境的一种造势。在这方面，社区店和商业区的店面比较起来，往往具有更大的劣势，在商业模式的设计层面，这无疑是一大硬伤，需要特别提请类似项目选择者高度重视。

一阴一阳之谓道，凡事都有利有弊。手机数码摄影和移动互联网的风行对面向社区服务的摄影店冲击确实很大，但同时又令一种独特的摄影服务横空出世。某些摄影师在网上打造个人品牌，承揽业务，专门帮一些家庭拍照，按天收取费用。比如跟着你出去陪伴一整天，收取五六百元的费用，最后在电脑中帮你进行简单的修理和剪辑，并制作成相应的电子相册，但不做实体的照片相册等。这样的服务，体验性、私享性和专属性很强，五六百元的收入都属于纯粹的人工收入，没有其他方面的任何成本。作为一项兼职服务，慢慢积攒人脉和口碑，最终的发展可以做到相当不错。据说一些口碑非常好的此类摄影师，服务价格已经被炒到了每天 1000 多元的标准。这种机会往往会在“超链接”“超文本”的模式下继续发酵，直至带来诸多你根本难以预想的东西。互联网同时延伸出了团购模式，对于某些具体的摄影机构来说，就相当于网络团购给他们的“接触人数”和“转化率”指标安装了一个“长尾集成器”，在整体专业摄影消费“接触人数”和“转化率”越来越低的情况下，为商业模式的延续和转型注入了些许新风。

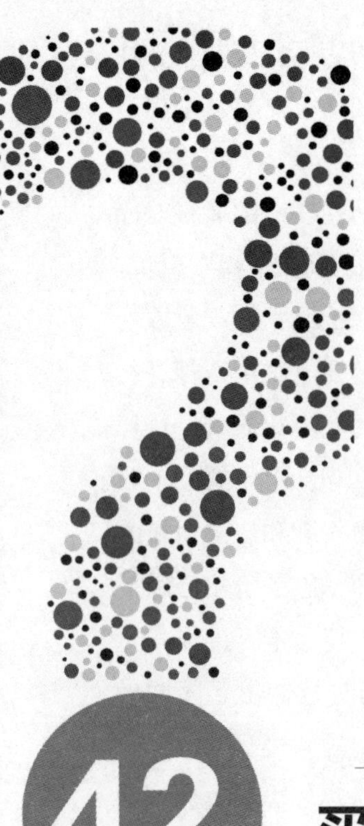

42 买简历的招聘网站真能扛下去吗

导读：即便是那种以“卖店”或者上市圈钱为目的的商业模式，某些环节上都必须有实实在在的东西，虚实相融才能成就一番事业。商业在本质上并不排斥忽悠，但忽悠的道具还或多或少必须有一定的实际成分。中国人的思维往往是非结构化的，很多时候过多看到的是忽悠，而忽略了别人成功背后所隐藏的扎实的成分，结果自己忽悠了自己。

不以赚钱为目的的商业模式是耍流氓，而一上手就到处忽悠，只以海外上市圈钱为目的的公司，更是耍流氓。可是社会上流行的创业理念中偏偏有一种流氓亚文化，有一部人不愿意脚踏实地做事情，编造那么一个时髦点的道具，在某些业绩指标上造造假，幻想着先骗骗风险投资的钱，然后再跑到股市上骗一把钱，套现走人。用很多人的说法，就是中国人聪明，脑子非常灵活，而欧美人是直脑子，认死理，编造好套子是很好骗的，甚至还为此举了一个又一个的例子，用一些八卦的东西绘声绘色地描述那些已经在纳斯达克上市的大佬如何造假。我自己不太清楚这些版本不同的故事从何而来，人家是否就是完全像他们描述的那样，但有一个问题基本是可以肯定的，就是这些人绝大多数自己把自己给忽悠了。忽悠得久的最终蜕变成了非法集资，比较典型的就是那个亿霖木业。

曾经有这么一家面向中高端人群的细分类招聘网站，其老板传说中是一个非常精明的南方人，他以智联和中华英才网的框架为蓝本，又结合自己的一些构想，一个按行业和城市双向分类的所谓的专业招聘网站就此粉墨登场。这个老板的操作模式及相应的情况大致是这样的：第一，按照省份和重点城市设立分站，将这些站点以承包的形式包给当地人，自己向承包人收取年费，其他的事情承包人自主经营、自负盈亏，跟他关系不大。第二，自己不去想方设法拓展真实的人才数据库，也不愿意在此方面投入多少资金。2008 年公司刚成立之时，老板想了一个捷径，从前程无忧和智联买简历。再导入到自己的数据库系统，然后再把简历筛选好，推荐给自己的企业客户，尽管造假的成分很大，但服务做得还是很细致，2010 年忽悠风险投资进入后，就开始做表面功夫了，而且那种向同行买简历的方式本来就不可持续。第三，靠自己和承包商忽悠过来的企业客户，体验性非常差，都是一锤子买卖，最终客户招不到什么人，而且数据库里也没有什么新的简历，一年合同期满后，现有客户非但没人续费，而且“负向口碑效应”在互联网上快速蔓延。第四，这家网站从 2008 年一直忽悠到了 2012 年，除了将自己投的钱、投资商的钱以及一些承包商的钱烧光之外，在真正的市场上连半点水花都没溅起来，其标榜的模式丝毫没有得到验证，更谈不上什么良性发展和高速成长，最终的结果自然是关门大吉，至于海外上市什么的，根本就是南柯一梦。第五，由于从承包商和风投那里忽悠了一些钱，所以并不见得那个老板本人的投资真的打了水漂，但最起码他白白浪费了几年时间，而承包商和投资者的钱最终确实颗粒无收，原本是要通过四处忽悠创造一个神话，但结果倒成了一个现世版的笑话。

我国的市场环境非常独特，20世纪八九十年代，靠四处忽悠、空手套白狼而发家的“企业家”“成功人士”，尽管比例也不是太大，但几乎身边每个人都时有耳闻。由于这种特定时代的“切身体验”，因此从那个年代过来的“50后”“60后”“70后”，有相当比例的人迷恋这种上蹿下跳的忽悠。出现这种情况，跟中国人传统上的“非结构化”“去结构化”的“单极思维”有很大关系。虽然有道是“水至清则无鱼，人至察则无徒”，营销活动不可避免地会涉及一些忽悠的成分，但别忘了，营销层面的忽悠只是“结构化”当中的一环，一些事情要想真正做起来，在虚的之外还必须有一些实实在在的东西。市场营销是从西方引进的舶来品，它会很明确地告诉你一些忽悠的方法和技巧，但也会告诉你某些实际的东西必须做扎实。市场营销到了某些中国人这里，蜕变成避实就虚的纯忽悠，恐怕是那些市场营销大师始料未及的。

从另类的角度看，我们也可以把忽悠看成是一种独特的商业模式。其一，这种模式的盈利点根本不是从真正的市场获取收益，也不是以最终的股票市场套现为目的，而是以某种所谓的“商业模式”和“远景规划”为噱头和道具，套取投资人和代理商的钱，最终演变成非法集资，这种庞氏骗局可以一直去吹，只要有人持续进入即可。其二，编造一个道具，整个商业模式所对接的产业链或价值链基本是全盘忽悠，真正实打实攻坚的事情都是纯粹应付，比如我们提到的那个招聘网站的老板，产业链上游忽悠投资商，公司内部忽悠员工，产业链下游忽悠用人企业，在外设立站点忽悠加盟商（或代理商），他们的“单价/成交额”“利润率”等指标其实都是以“投资额”“加盟费”和“代理费”为基础进行计算的。其三，某些一线城市还真有过专门以此为商业模式的机构，他们不断策划出有各种各样噱头的网站以及实体加盟连锁项目，每个项目都单独注册一家公司，然后在全国各地电话招商，当然极个别项目在这种模式的一通忽悠下，最终还真的做成功了，但大多数项目就是骗上一圈儿加盟费和代理费之后直接关门。接下来的事情，无非是继续换一个新的马甲、换一个场合和人马，重复着同样的模式。其四，有些专精于此道的“机构”和“团队”，尽管每一个项目都是靠此来赢利，但也并非每一个项目都能忽悠到钱，出现亏损的也不少，好在他们的“项目”太多，彼此之间可以进行“投资组合”，所有项目叠加起来，这种另类的商业模式整体上可能可以实现很好的利润指标。

商业模式多多少少需要一些炒作成分，但正如商业的本质一样，你最起码还是要有一点底线的，就是帮助社会和他人解决一些切实问题。在商业模式的设计或建构中，核心业务上的利益和动力是整个商业模式的基础。市场经济环境越成熟，几乎一点实事也不做、完全靠忽悠能够支撑的所谓的商业模式就越难成立，其结果往往是害人害己。对于年轻的创业者来说，妄想靠忽悠成就一番事业，最终来讲更是得不偿失。第一，一旦习惯于这个路径，就很容易形成一种飘忽和侥幸的思维，做真事、办实事的能力不知不觉中就会消解掉，若干年后当你想真正干点事情的时候就会发现自己难以胜任。第二，要想真正成就一番事业，关系、信誉、人脉、资源链都是非常重要，而这些方面的沉淀甚至需要几十年的时间，绝对是厚积薄发。当然你可以认为到处不缺人，只要有利益驱动，随时都可以组建一个强有力的团队，但实际上临时拼凑起来的更多是酒肉朋友、草头班子、乌合之众，设想得再好，能力和执行力都很容易出现问题，往往经不起严苛市场环境的检验。第三，这种忽悠或多或少都会将自己的一些资金、时间和精力给搭进去，无论从资金还是机会成本等角度来讲，其实最终付出的代价还是非常大的，在人生和事业上，那些捷径往往是通往彼岸最远的路。、很多时候，我们确实可以少走弯路，但该走的路，该补的课，一点也不能少。

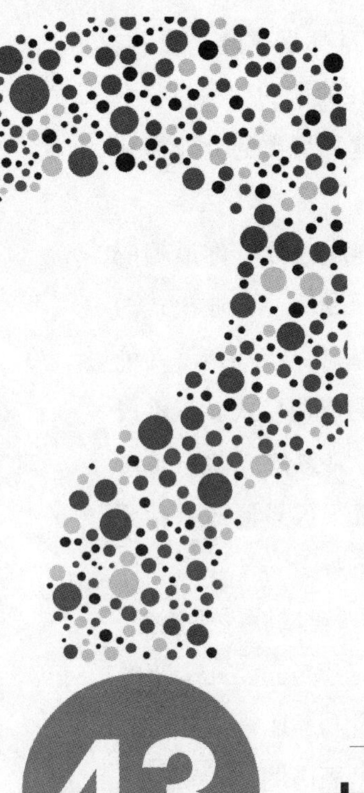

43 木风匣消失背后的商业模式逻辑

导读：在商业模式中，“单价”是一个非常敏感的因素，如果没有产品质量、品牌影响和用户体验方面的独特性作为背书，或者独特性不太明显，单价便宜的往往更有杀伤力，哪怕品质稍微差一些也是如此。产品价格往往是各个模块之上成本的“集成体”，影响单价的因素，本质上还是建构在各产业链或价值链模块基础上的生产效率。

风匣，又叫“风箱”，在晋北等地区叫作“风匣”。木制风匣是我国传统的鼓风设备，直到20世纪八九十年代不少地区都还在广泛使用。风匣大致由一个木箱、一个推拉的木制把手和用鸡毛勒成的密封活塞构成，为了兼顾密封性和润滑性，最后成型之前往往还有一道打蜡的工艺。木箱子前后两端各有一个进气口，操作人员用手将长方形箱子拉出时，空气从远端被吸进来；当它被推进时，空气则从近侧被吸进来。在向里和向外的两个过程中，空气被吸进箱内；在这两种情况下，被压缩部分的空气被推进到另一个侧室中，并在那里通过排气口排出去。双动活塞式风箱是中国在鼓风技术方面最重要的发明，它出现于唐代或宋代，1270年成书的《演禽斗数三世相书》中，刊载有一幅世界上最古老的双动式活塞风箱图，相传该书是唐初袁天罡所撰写，宋代初次刊行。明代《天工开物》中所载的活塞式风箱，与此类似。活塞式风箱正逆行程都做有用功，操作人员用手拉动活动木箱，每行程中一端排气鼓风，一端同时吸取等量空气，因而能提供连续风流，提高鼓风效率，是鼓风技术上的重大进步。从鼓风效率上来看，木风匣其实还是可以的，但其缺点是耗费的人力较多，如果风匣大的话，可能需要一个壮劳力。20世纪八九十年代，社会上还一度出现了用皮带传送的手摇鼓风机，某些地区俗称为“手摇风匣”，其后很快便是电动鼓风机（也即电风匣）一统天下，但由于偏远地区时不时会停电，木风匣或手摇风匣是必不可少的“备胎”。直到现在，不少地方的农村由于时不时还会将秸秆、树叶和树枝当作燃料，所需要的鼓风量比较个性化，需要根据具体情况随时调整，“智能化”程度很高，因此，木风匣或手摇风匣还是有一定应用空间的，但从目前的情况来看，除了几十年之前制作的老木风匣还在勉强使用外，已经没有人再去制作新的木风匣了。作为一种传统的民族工艺，木风匣现在面临着失传的境地，也许只有申请“非物质文化遗产保护”才是最终的出路。

在20世纪90年代之前的农村，还有很多亦工亦农的木匠，他们游走于乡间，农闲之时靠手艺赚些外快，其工艺谈不上有多好，但基本的木制的生活和生产用具基本上都能制作。对他们冲击很大的，倒不是他们所生产出来的东西性能不好，关键还是来自于性价比方面的巨大落差，更深层次的原因当然是生产方式和生产效率的问题。2011年一次偶然的机会，我还专门问过一位以前在乡村做木工的60多岁的师傅，他说按照传统工艺制作木风匣，目前连工带料全部算下来，至少也得六七百元，而现在一个电风匣或手摇风匣顶多只需50元钱，一个木风匣的造价足以买十四五个电风匣，而且现在就连不少农村都在使用沼气、煤气甚至是天然气。现在做一个木风匣，要的钱少了，对于木匠来说不，按照日工钱稍微要得正常一点，户主感觉不划算，所以现在此类活儿即使偶尔有需要的也不接，有那点时间干点别的，即便是在农田里干活，都要比这个划算。

此类事情不光发生在木匠师傅制作木风匣时，在裁缝、鞋匠、修钢笔、修碗锔锅、磨刀、柳匠、铁匠、毡匠、毛匠、皮匠、自行车修理等传统行当中同样存在。**在传统工艺模式下，技艺再精湛的匠人，无论其生产效率提高到什么程度，终究还是敌不过效率的飞速提升、产品单价快速下降的工业化大生产**。除非有一天某项工业化产品的价格由于渠道过长层层加价，最后高得离谱，或者是品质已经严重下降，才有可能在一定范围内发生回归。这里面实际上存在着此消彼长的关系，存在着精准的数字计算，结合我们的六项指标，很多成本都是可以较为精确地计算出来的。第一，在产品质量或者品质相差不是太大的情况下，单价便宜的往往在市场上更有杀伤力，哪怕品质稍微差一些，但单价便宜很多，对于消费者来讲，其冲击力非常大。正是在这种情况下，手工业品及传统匠人才一再败北，很多服务项目在市场上趋于消亡。第二，“利润率”相当大程度上受制于成本。在成本构成中，每个员工生存和发展所需的成本都是刚性的，另外在特定时空条件下原材料所需要的成本也是刚性的，传统手工艺品，如果制作一件成品所花费的标准劳动时间是一个星期，而品质相当的成品在工业化大生产模式下平均花费的标准劳动时间是一个小时，则很有可能出来的产品，手工艺品卖500元，还得亏损，工人还是吃不饱饭，而工业化产品，人家卖50元，员工不但有钱赚还能温饱无忧，老板以及经销商也很有可能会得到较高的“利润率”回报。第三，工业化大生产所生产出来的产品，由于其超高的生产效率和严密的分销体系，其“接触人数”与手工业品相比，基本相当于一个天文数字，而“转化率”“购买频率/重复购买率”一是受产品性价比的影响，二是受产品生命周期的影响，某些工业化产品的耐用程度其实是比不上手工艺品的，但架不住价格实在太低廉，因此劣质的廉价品轻松地把高价耐用品给打败了，无论“接触人数”“转化率”还是“购买频率”，工业化产品都往往会处于绝对完胜的处境。现在无论是修自行车的、修汽车的，还是修电脑的，基本不给你真正修理，而是直接更换零部件或者是总成，哪怕只是很小的毛病，因为很多时候工时成本都要比产品本身昂贵得多。从几项指标的综合测算看，一个员工花费同样的标准劳动时间所获得的产出收益，或者一个消费者在付出同样时间和资金成本基础上的所获，手工艺状态和工业化大生产都不能同日而语的。

从系统及经济能量守恒角度来讲，每个地方都需要一定的比较优势，去跟外界进行商品及服务的交换，或者是某方面的物产有较强的独特性及丰腴程度，或者是原料成本、生产成本、劳动力成本、物流成本和流通环节的费用叠加起来具有明显的竞争力。与人类历史上其他时代相比，最近几十年来，同样产品的生产效率极大提高，单位产品劳动力成本、物流成本和流通环节费用都降低了很多，物产和生产效率都不是很理想的偏远地区，以往由于地理距离所形成相对独立的区域系统效应在这里被逐渐消解。随着时代的变迁，对于那些物产和成本上比较优势都越来越不明显，甚至处于比较劣势状态的地区，可能唯一的选择就是对外输出劳动力，生产资源和消费资源都会被逐渐抽离。正是在这种整体系统变动的情况下，原有能制作木风匣之类器具的一些木匠，只能随着波涛汹涌的民工潮到城里打工。

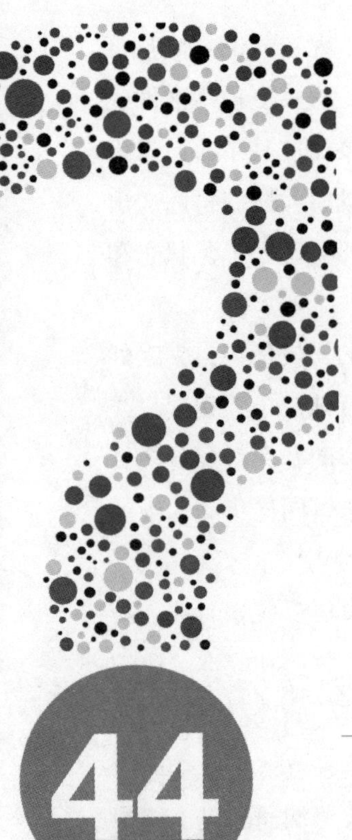

44 地磅生意中所隐藏的猫腻

导读：地磅经销属于典型的冷门生意，使用周期极长，需求概率超低，对于此类产品，最好的方式是在配件和维护上做文章，在局部上挖掘产品的“利润率”“转化率”和“购买频次”的潜力，这里面自然隐藏太多猫腻。如果遇上重化工业经济井喷年代，地磅生意由于其高“利润率”和“接触人数”的集中释放，甚至还可以变得炙手可热。

我国 2001 年加入世贸组织之后，包括外贸、房地产和汽车在内的诸多行业开始井喷发展，钢铁、水泥、煤炭、矿石，以及大批的各式工厂如雨后春笋般涌现出来。搭上这一波宏观经济飞速发展的东风，地磅行业也得以经历了十年黄金期，不少地磅生产企业和经销商因此大发其财。

地磅属于工业衡器的一种，一般来说，一个生产单位只需要一台地磅，使用周期为 10 ~ 20 年，属于典型的工业耐用品，目前地磅基本都是精密度较高的电子汽车衡，传统的机械式地磅已经很少见了。地磅标准配置主要由四大部分组成，即承重传力机构(秤体)、高精度称重传感器、称重显示仪表以及称重软件。影响地磅成本以及售价的因素主要有型号、配置、钢板材料和客户的付款条件。地磅的平均价格主要受秤体长度影响，2003 年，一米的价格大约为 10000 元，而 2012 年之后的价格大约为 5000 元。地磅整体尤其是秤体属于典型耐用品，但传感器却属于消耗品，正常情况下生命周期为 3 ~ 4 年，这个东西最怕打雷，如果遇上特别恶劣的天气，就很容易损坏，因此整个行业特别是经销商，特别希望打雷，用某个圈内人士的话讲，就是“雷声一响，黄金万两”。地磅厂家在全国多如牛毛，但传感器厂家就那么几家。传统传感器的生产成本 300 ~ 500 元 1 只，出厂价 500 ~ 1000 元 1 只，2003 年的时候，一只传感器经过经销商卖到用户那里，都能卖到七八千元，夸张点的都能卖到一万多元，直到 2013 年，传感器卖到用户手里也能卖到 1000 ~ 2000 元。

比传感器更为暴利的是地磅的称重软件及仪表。A 先生曾经是南方某省衡器行业的销售冠军，他在 2006 年前后曾创造过两项纪录，其中一项是一台 800 元的仪表卖了 5800 元，另一项是 100 元的软件卖了两套给客户，收了人家 35800 元，而且没有给客户任何回扣。当然他这是在不知道真实成本的情况下销售出去的，当时老板忽悠他说，那个软件最少要一万元的成本，他才有底气卖到这个价格，后来知道了真实的进货价，反而不敢跟用户开那么高的价，自己良心上也过不去，感觉那样做太黑心肠了。“抬头三尺有神灵”，骗得了别人但骗不了自己，尤其是当和客户关系变得很好之后，内心当中总会有种难以名状的压力潜伏在那里。地磅的结款周期通常为半年，长一点的也有 1 ~ 2 年的，而传感器、仪表和软件等配套产品，由于用户着急等用，基本都是现场结账。因此，对于经销商来说，反而对传感器等此类配件最感兴趣，这方面的利润贡献在很多时候要远远大于装新秤本身。

整个行业的井喷，在特定的阶段确实能让圈内人士快速积累财富，但毕竟是耐用品行业，井喷期一旦结束，原本无人关注的一些问题，无论是现实的还是潜在的，都会更为明显地释放出来，这种特征对于整个地磅产销行业是同样存在。第一，地磅的需求实际上比较低，平均 200 家企业才需要一部地磅，除非在整个经济环境处于快速上升期，新增企业或者行业及企业产能扩张速度较快，否则地磅就是一门冷生意，利润率可能会高一些，但在限定时间内赚钱的效率也不会太高，2011 年之后，我国经济增长速度放缓，新增需求不再集中释放，对地磅行业的冲击是巨大的，整个市场在某种程度上已经趋于饱和。第二，2011 年以来，由于用户普遍遭遇经营性困难，盈利状况不太好，同时由于井喷时期行业的进入者很多，结果导致了无论是整个地磅还是相关配件，压价都十分严重，而且结款越来越难，行业整体风险空前加大，价格和利润率都空前缩水。有的经销商为了短期的利益，先利用低价来抢夺客户，在产品交付时通过偷工减料来降低成本，部分极端的情况，地磅用了半年就坏了，而按照国家标准地磅的使用周期为 20 年。第三，地磅及相关配件厂家，在新的经济环境下都在严格控制风险，面向经销商基本没有了以往的信用销售政策，从 2012 年开始，厂家要求经销商付全款才给发货，相当于把市场回款风险全部转嫁到了经销商身上。第四，2003 年前后，销售到用户那里的每台地磅的毛利率为 40%，到 2013 年毛利率降到了 10% ~ 20%，一台地磅下来也就赚 1 万 ~ 1.5 万元，传感器、仪表和软件表面看起来尽管依然可以带来暴利，但跟原来比起来同样要差很多。第五，新地磅的主要用户一般是煤矿、铁矿、钢厂和新增的原料等大宗贸易品工厂及贸易商，但目前煤炭、钢铁、水泥、化工和建材领域属于宏观经济不景气的重灾区，有的关闭，有的限产，即便是正常运营的，盈利状况也不太理想，地磅衡器在新增市场的需求、价格敏感程度和结账回款难度等方面都面临着空前巨大的挑战，某种程度上不啻于一个寒冬。

结合六项指标，我们可以更清晰地感受整个地磅行业的浮沉。其一，传统上地磅属于典型的冷门产品，“单价”和“利润率”指标相对来说都比较高，而其价格透明程度相当低，特别在经销商环节更是如此，但随着市场需求井喷，经销商层面快速发生着细胞分裂，最终导致市场竞争激烈，在这种状况下，面向用户的“单价”和“利润率”都会出现比较明显的“冰融效应”。其二，从传统来说，“接触人数”“转化率”都是地磅销售的短板，但在宏观经济狂飙猛进、企业数量激增的条件下，“需求容量”“接触人数”和“转化率”都不是什么问题，再加上高“单价”、高“利润率”，行内经销商快速发财，都是情理之中的事情。可是当宏观经济回归常态，“接触人数”“转化率”又会再一次成为地磅经销的硬伤，再遇上“单价”和“利润率”缩水，生意的艰难程度可想而知，在这种情况下，不少以往的销售冠军都被迫转行。其三，**从整个地磅产品来说，“购买频次”“重复购买率”绝对属于不理想的指标，但其传感器和仪表等配件又属于典型的消耗品，经销商如果想赚钱，就得在传感器、仪表和称重软件这些方面下功夫**，这些东西“单价”可能不是太高，但“利润率”却高得惊人，更为重要的是，在南方一些地区，如果“雷公”配合一点，光靠传感器一项经销商就可以过得很舒服了，因此不少圈内人将“雷公”视作“财神爷”顶礼膜拜，一旦“雷公作美”，传感器的“购买频次”“重复购买率”马上就上来了。

实际上，任何行业都有自己的周期，都有自己的特殊性，也都有自己的赚钱法门和生存之道。像地磅这样的冷门行业，在其发展历程中也有春天。但需要特别注意的是，任何行业有波峰就有波谷，有春天就有冬天，千万不要认为春天会永远持续下去，特别是其从业人员，即便是行业最为红火的时候，很多事情都应该未雨绸缪、早做打算，而不是被那些阶段性的风光所迷惑，最终迷失了自己事业和人生的方向。

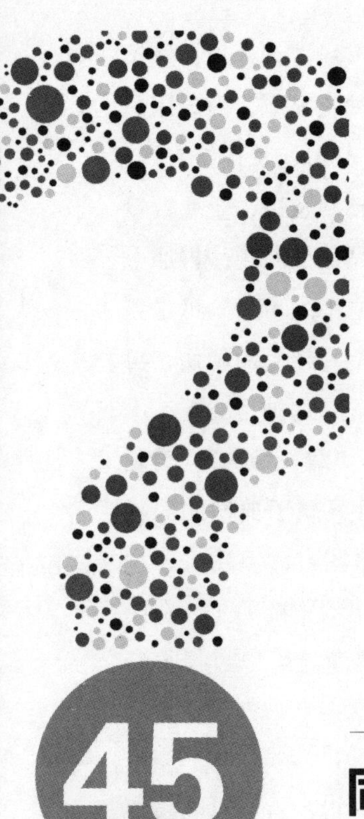

45 同一领域为何难以再重塑传奇

导读：成功往往是多元化因素结构化发生作用的结果，而其中的某些因素，跟特定的时空条件紧密关联。能力可以复制，思路可以复制，但事易时移，很多客观条件是复制不了的，千万不要在想象中将自己的能力放大。“思维链”再畅通，也得需要“资源链”来支撑，否则你做不成任何事情。因此，即使在同一领域，也难以复制同样的传奇。

W 先生属于典型的农家子弟。老家在甘肃，当年高考经历了“八年抗战”，才勉强上了一个末流的本科。毕业已经是 2004 年了，临离校门，工作还没有找好，只好单身一人到富庶的江南地区碰运气。像很多刚进入社会的高校毕业生一样，在不到一年的时间里换了好几回工作，但基本都是底薪不太好，门槛相对较低、又极具挑战性的推销工作。直到这时，他的经历都可以用“沮丧”一词来形容，问苍茫大地，拔剑四顾，人生看不到任何希望。都说“江南好，风景旧曾谙，日出江花红胜火，春来江水绿如蓝”，但这一切都似乎跟他没有任何关系，他的世界是灰蒙蒙的。古语云“否极泰来”，这四个字放在这位朋友身上，可能更为贴切一些。到 2005 年底，他的运气终于来了。这年 12 月份，在快过圣诞节的时候，他入职了浙江的一家大型医药代理公司。当时正是医药和医疗器械市场井喷期初，全国各地大型药店和药品销售连锁店如雨后春笋般涌现了出来，整个医药终端业态发生着急速变化。新增小区一片一片拔地而起，这都刺激着与居民生活配套的药店和各类医疗机构数量的激增。

他在这家代理机构干了大约两年，基本上顺风顺水，甚至如鱼得水，其间也逐渐掌握了大量的上下游资源，为日后的长足发展打下了坚实的基础。这两年当中，除了事业渐入佳境之外，他也收获了自己的爱情。由于经常到一个城市出差，慢慢认识了某家饭店的领班，并最终发展成恋人。他的对象是从农村出来的，只有小学文化，相貌长得还算标致，但性格略微刚烈，相对来说颇有心机，年龄也比他小不少，两人在 2007 年年底结了婚。2008 年刚过完年，他梳理了一下自己的资源，又四处筹集了些钱，跟原来的一个同事注册了家公司，在杭州一带做药品和医疗器械代理。由于过去两年积累的资源比较到位，刚起步就发展得比较迅速。时间过得很快，转眼间到了 2012 年。这年的下半年，他除了公司的股份外，还拥有 500 多万元存款、三套房子，以及 4 家药店，整个事业似乎都超着更好的方向发展，他的内心中也逐渐产生了天命所归的幻觉，总是感觉自己能力超强。

杭州美女自古闻名天下，当今杭州美女不但温柔多情，而且很有小资情调，对于来自西北地区的汉子来说，更具有杀伤力。由于业务关系，自独立创业以来，W 跑医院次数很多，一来二去就跟其中一家医院的某个护士长好上了。这个女的正好是杭州市区本地人，家境相当不错。他们俩曾多次幽会。这种关系大约维持了一年，基本都到了谈婚论嫁的地步。2012 年秋季，这位老兄有次在外面故意喝醉了酒，以酒壮胆回家跟他老婆商量离婚的事情，两口子顿时剑拔弩张，恶语相向，他老婆不断用一些言语激他，说离婚可以，但要求他净身出户，公司股份、名下房产和存款都归女方，而且还必须马上立下字据，签字画押。一是由于太相信自己的能力，二是酒后冲动感情用事，他还真的照办了。半个月后正式办理离婚手续，W 在财产分割上有点后悔，然而他老婆那边掌握着字据，而且又哭又闹，数落他的不是，W 最终也只能依据自己所立字据而分手。

离婚之后，他就去找那个护士长协商结婚，没想到人家一听他这档子事情，认为财产分割处理得太窝囊，对他表示失望，关系从此疏远了不少。他本来感觉凭借着自己的能力，再干一番同样的事业并非难事。但真的归零后再去从头开始，才发现根本不是那么回事儿了。注册一家新公司当然容易，但找新的代理权、选择新的品种，以新公司的资质拓展客户，难度却相当大。更为要命的是，他资产基本归零，所需的相应配套资金完全没有着落，前前后后又折腾了一年左右，基本没有多少起色，也没有闯开什么局面。在这一年当中，他边做边反思，发现行业环境跟前几年已经大不一样。照这样下去，恐怕此生都难以翻身，曾经的传奇似乎也只能成为渐行渐远的一抹记忆。

时间很快到了 2013 年秋天，W 先生又找到了他前妻，数度苦苦哀求复婚，说以后要痛改前非，一心一意过日子，同时也找了不少朋友去游说。来来回回磨了两个月左右，他前妻为了孩子，终于同意同居，但始终没有同意复婚，不过答应生意可以由两个人共同打理。W 先生某些方面需要费用，经对方同意可以从他前妻那边拿，也不算什么债务。其实他俩即便复婚，依据我国现行法律关系，离婚时分割的财产已经属于婚前财产，这也就意味着复婚后这位老兄从法律角度还是追不回本来属于他的财产，只能取得复婚后经营行为所产生的增值部分——可以算作他们两人的共同财产。假如女方一直不同意正式复婚，而仅仅维持同居关系，W 先生充其量只能算是傍了一个富婆，十余年的人生轨迹宛如南柯一梦。

任何人的成功，固然和个人的能力及奋斗有直接的关系，但更大程度上是特定时空条件下的产物。所面临的经济环境和行业阶段不同，你的能力和奋斗

所发挥出来的效力往往会有天壤之别。在项目运作过程中，“思维链”和“资源链”属于典型的“任督二脉”。“资源链”并不是恒定不变的，随着时代变迁，“资源链”上各要素的积累难度以及权重都会发生很大的变化。与此同时，由于积累过程不同，有的“资源链”是和个人绑定的，有的则更多是和平台绑定在一起，特别是后者更容易产生迷惑性。有人在某个平台上干了十五六年，能够呼风唤雨，就以为这些资源是和自己个人绑定的，当离开平台之后独立开创一番事业的时候，才越来越发现根本不是这么回事儿。这种情况在市场实践中并不鲜见。曾经有某行业教父之称的明星级企业家因经济问题被捕入狱，刑满释放之后江湖传言他要在自己的老本行重塑传奇，有机构确定给他投资，但整整五六年下来，操作效果很差，连个水花都没溅起来。时代造就英雄，时代也毁掉英雄，什么样的时代造就什么样的英雄。

某些异常成功的人士一旦重头来过，即使在自己最为熟悉和擅长的老本行也往往难以复制成功，这跟他们的能力关系不大。我们案例中提到的 W 先生，多少年下来，其实他的能力和人脉都得到了极大提升，最起码要优于他 2008 年开始创业时的状况。但五年多下来，毕竟行业格局、发展阶段和一些细微的游戏规则已经发生了很大的变化。去掉多年积累的平台和多方面的配套情况，即使你数年来混得很熟的一些老关系，出于各种各样的利害关系考虑，也未必真会买你的账。更重要的是，每个行业一旦过了井喷期，进入成熟期之后，项目起步的资金壁垒和其他准入门槛都要高很多。如果你这些方面都不能“做主”，仅凭抽象的能力和人脉，往往解决不了任何问题，顶多是自己忽悠自己。常言道“巧妇难为无米之炊”，说的就是这个理儿。换言之，一个人在事业上的成功千万不要简单归因于自身的能力，顺风顺水之时切记要警惕天命所归的幻觉，不要在想象中将自己的能力放大。在现代市场经济竞争中，时空条件的适配性、各种装备，以及相应的配套资源体系，要远比你的能力重要。一旦这些条件发生变化，即便你的能力强如霸王项羽，最终等待你的只能是垓下悲歌。珍惜已有的成功，不要轻易认为自己的成功可以复制，全面、精准地去看待主客观条件的匹配性，才有利于更进一步认识自己，进而切实把握各种机会。

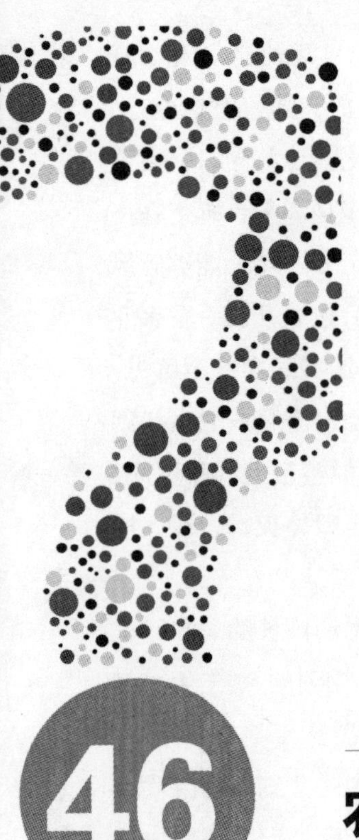

46

农业创业家与他的杂粮中国梦

导读：诸如饮用水、粮油、蔬菜和水果之类的东西，在传统上同质化程度都比较高，相关企业要想做大做强，在消费者心目中形成巨大影响力，按照深加工、小包装、品牌化和时尚化的方向改造，基本是必由之路。这样操作不但有利于提高单价，更为重要的是能够很好释放“接触人数”“转化率”和“购买频次”这几项指标的潜力。

在内蒙古中部地区有这样一家企业，他们专注于当地的绿色小杂粮品种，经过十多年的发展，从最初的杂粮收购点发展成为拥有 500 万元固定资产，占地 8000 平方米，拥有 800 吨储窖和一条年生产 10000 吨有机小杂粮精品加工生产线，每年可收购原粮 5 万吨，精加工杂粮 8000 吨，产值 8500 万元的特色农产品企业。这家企业名叫“内蒙古凉城县世纪粮行有限公司”，创建于 2000 年，逐渐发展出小杂粮深加工、品牌化、时尚化的模式，把农民的产品推向超市，构筑起“公司 + 农户”和“农超对接”的桥梁和纽带，通过他们旗下的“田也”品牌让当地农民有保障地耕地种田。他们公司目前在当地带动农民种植小杂粮 15 万亩，惠及农户 15000 户。“田也”牌小杂粮是他们经过多年酝酿，从土地种植结构到籽种、施肥严格把关，全程由技术人员跟踪，所打造出来的具有地方特色且原汁原味的绿色有机农产品品牌。在长达十多年的发展历程中，他们着眼于“建设绿色粮源，创新健康生活”的企业愿景，身体力行实践“公司 + 农户 + 科研 + 基地”四位一体的基地建设和管理模式，推动了当地农业产业化和现代化的进程。世纪粮行的创建人李全喜，从小家境穷困，原本是当地的一个农民，早年为了谋求生计，还曾一度在外当过木工，其后又返乡在县城经营小百货和服装生意，但内心终究还有强烈的“农业”“农村”和“农民”的“三农”情结，梦想着能够做一家立足于当地特色的规模化农产品深加工企业。怀揣着这样的理想，在别人的一片质疑声中，他最终毅然选择了貌似没有多少前途的“涉农”行业。

世纪粮行所在的凉城属于典型的农业县，地处偏远，招商引资比较困难。李全喜的远大理想和创业行为很快得到当地政府部门的重视，并受到重点扶持。先是得到了团县委和就业局小额贷款的扶助，后又在相关部门支持下成立了“岱海镇小杂粮协会”，并创建了他们县里首家农民专业合作社——田也农民专业合作社。其后，注册进出口证书，购置先进设备，进行质量管理体系认证、质量安全认证、有机认证，产品定位，企业专业化、正规化以及品牌化等方面，也多有各级党团组织和专业人士的帮助。为了适用消费者日益注重品质、简约、时尚和便捷的理念，目前世纪粮行主打小包装产品，并启动了全新的品牌传播体系。第一，面向不同的消费理念、渠道和功能，将产品细分为“有机谷物杂粮”“有机杂粮礼盒”“有机杂粮面粉”“有机农家特产”“超市有机单品”以及“有机熟食休闲”五个大类，杂粮品种上则涵盖了荞面、糕面、豆面、莜面、小香米、笨鸡蛋、黑豆、黄豆、荞麦米、红豆、小米、高粱米、豌豆、杂粮、燕麦片、胡麻、黍子、五月仙和葵花等接近20多个品类。第二，李全喜和世纪粮行吸取了地方特产由于口味问题难以普及和上规模的教训，对不同地域和文化层次的消费者进行深入研究，在继承当地特色的基础上，又进行了适当创新，研制出更加适合现代大众口味的绿色粗粮，以便在全国范围内推广并走出国门，同时他们还立志在传播粗粮饮食文化方面闯出一片天地，奉献更为时尚健康的食品。第三，在“田也”品牌传播诉求方面，强调“有机田，农家肥，原生态，乡野味，粗纤维，更健康”“五谷正餐，田也相伴”“精品杂粮，健康分享”，并聘请乡土色彩较浓的二人台表演巨星、“内蒙古第一笑星”武利平担任品牌代言人，虽然武利平在全国范围的影响力较弱，但在“晋陕蒙冀”四省交汇的地区，拥有更为乡土、更为强大、更为亲民的声誉，而“田也”目前的市场范围也主要是在内蒙古中西部地区，最起码在当下这个发展阶段之上，此种策略是比较合适的。第四，世纪粮行的产品主要有直接面向消费者小包装销售、大宗粮油贸易和向大型餐饮连锁企业供货三大渠道，在产品线规划、VI体系、包装设计和相关文案方面，一反土特产品过分注重乡土气息的传统，更多借鉴了乳业、奶粉、饮料和数码领域的主流快速消费品企业的手法，使得“田也”小杂粮产品在整体上显得更简约、时尚、健康，富有品质感和科技感，乍一看还真有伊利和蒙牛中高端产品的神韵。第五，在某种程度上，世纪粮行还在打造“小杂粮专家”的形象，除了专注小杂粮相关产品研发外，还在自己的官方网站上开辟了“技术专栏”“五谷养生堂”栏目，对相关品种的营养价值、花样吃法和养生之道进行持续关注和深入研究，并将其梳理和营造成一种独特的杂粮文化。

从我们的六项指标来看，世纪粮行的商业模式有着如下几个方面的内在逻辑：其一，以品牌化、小包装化和礼盒套装等方式做高小杂粮相关品种的“单价”指标，赋予其产品品牌附加值、营销附加值和概念附加值，与此同时，通过进入“西贝”等大型餐饮连锁企业的供应链，以及进行粮油大宗贸易，做高交易额指标。其二，从传统的原粮贸易角度来讲，利润率是比较低的，但通过延伸价值链，对相关品种进行深加工、品牌化，制作成不同层级的产品和组合之后，由于相关认证等配套体系的背书，其利润率相对于原粮来说要高一些。其三，通常来说，小杂粮品种属于地方特色的小众消费品，在“接触人数”方面不是太理想，但这可以通过营销和包装的方式进行较大幅度的改良，通过口味的调研和测试，使其更为适合全国范围内的消费者，而且将其赋予更多的时尚、健康和有机的内涵，开发出全新的食用方法，并通过大型连锁超市和连锁餐饮进行销售，从而使潜在的“接触人数”和现实的“接触人数”都得到了高倍数提升。其四，在注重品牌化建设的同时，世纪粮行还特别重视全产业链质量把控，此外，一方面在某些超市和餐饮店面做堆头展示，另一方面积极参加各种各样的专业展会活动，以此来拓展渠道，在提升“接触人数”的基础上提高了“转化率”。其五，“购买频次”指标，主要受制于产品的大众化程度，以及品牌“瞬间认知”和“瞬息联想”等方面的影响力。“田也”小杂粮口味设计、小包装组合、形象设计和品牌化建设，以及销售区域的聚焦，在很大程度上解决的就是“购买频次”（或“重复购买率”）的挖潜问题，这些方式放在整个营销界来看似乎平淡无奇，属于十分常见的一些常规手法，但对于整体上还处在传统无品牌、散装化销售，或品牌建设体系严重粗放的小杂粮品种来说，具有很强的杀伤力，甚至可以在此基础上实现高速成长。

如果对很多行业的发展历程进行回顾，我们也可以发现一些相对规律性的东西。**绝大多数行业都会经历一个从原始粗放状态到品牌化高度集中的过程。在这个过程中，大致上会经过丛林、方国、春秋、战国和寡头五大阶段，其业态的规模化、正规化和品牌化程度越来越高**。在整个行业从蛮荒状态向品牌化和规模化过渡的过程中，率先朝着这个方向努力的企业一般都会经历一个井喷式发展的过程，这在日化、啤酒、饮料、乳品、电器、手机、零售和房地产中介领域都曾发生过。在小麦面粉、大米和食用油领域，这个过程也基本接近尾声。而目前在餐饮及其上游与之配套的杂粮、蔬菜和水果供应链，从 2011 年开始，面向普遍民众的餐饮连锁逐渐进入了井喷发展期，这个过程目前正在加速发展，在一线城市和省会城市其特征更为明显。伴随着餐饮连锁终端消费的井喷，其上游配套的粮油、蔬菜和水果供应链解决方案领域，在企业规模和行业集中度上都即将发生巨大的变化。也许是误打误撞，也许是有意为之，李全喜和世纪粮行正好踏上节奏，很有可能还会在小杂粮这个不太起眼的细分领域创造奇迹，当然所有的一切还任重而道远。

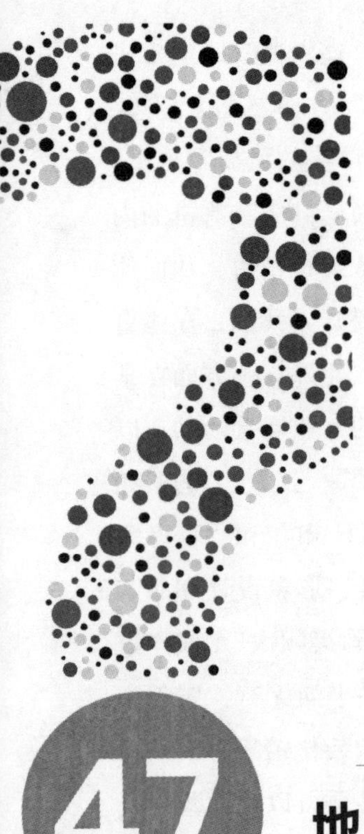

47 地方特色菜口味去地方化背后的逻辑

导读：正宗的地方特色菜面向的都是小众群体，难以适应城市化和去区域化的需要，因此必须存在一个口味创新和菜式研发的问题，平衡好传统和创新之间的关系，虽然最终出来的菜品不再是原来的配方，不再是熟悉的味道，但还得让家乡人和他乡人都能接受。只有如此，其“接触人数”“转化率”和“购买频次”潜力才能得以释放，模式才能有所大成。

我国虽然地大物博，但传统上属于典型的农业国，且以分散型、自给型和绑定型为特征的小农经济占绝对主流，各省份和区域之间的物产禀赋差异相当大，各地域之间具有较为明显的封闭性。这种差异在语言、习俗和饮食方面的感官上都有着突出反映，最终也孕育出数以百计的地方特产、风味小吃以及大大小小的菜系。我国传统上就有“八大菜系”的说法，即鲁菜、川菜、苏菜、粤菜、浙菜、闽菜、湘菜、徽菜，如果再加上京菜和鄂菜，便成为“十大菜系”。这十大菜系代表着中华饮食文化的主流，而其他菜系则基本处于被边缘化的境地之中。如果我们仔细观察，就很容易发现这十大菜系基本发源于食材资源丰富、人口众多且密度较大、经济文化相对发达的省份。事实上，我国传统上的菜式和口味，每个地级市（或者传统意义上的“府”）都会有不同程度的差别，且处于相对稳定的状态。

1992 年以来，我国正式实行社会主义市场经济，对国内菜系和餐饮文化的发展带来了巨大的影响。第一，较小区域内的口味和餐饮风格快速趋同，相邻的地级市甚至是同一省内的差异越来越小，在人口密度较大且流动性较强的区域内更是这样。第二，由于市场经济的深入发展，以及道路和相关物流运输条件的极大改善，包括粮油、蔬菜、水产和肉蛋奶等门类在内的食材资源供应逐渐打破了地域性局限，全国一体化程度越来越高。第三，各省份之间的人员、信息和商务交流规模和频繁程度前所未有，而且越来越高，原本地方特色浓郁的一些菜式开始在全国流行，这其中比较典型的就有回民清真菜、川味火锅和小吃、山西刀削面、湖南湘菜。第四，2000 年之后，我国的工业化、城市化和全球化进程加速，数以千万计的人口涌向排在最前的五六十个城市，这些城市特别是一线城市和省会城市，来自每个省份的人都越来越成规模，这使得原本难以被其他地方人接受的非主流菜系在这些城市都有了一定程度的细分市场，这些餐饮主要服务自己家乡人，时不时也会有来自其他地域的消费者前来体验一下，生意谈不上有多红火，但靠特色往往也活得不错。

时至今日，在一些经济发达的城市，来自不同地域的特色菜很多都成为当地的一种时尚，与此领域相关的某些餐饮连锁，得到了长足发展。不过十多年发展下来，往往都会有一些规律性相对较强且较为有趣的变化。这种变化主要体现在口味方面。尽管他们特别强调某地特色，但在口味和烹饪方面已经跟老家有着很大的差异，相对更为适应所处城市人们的口味，或者变得所有地域的人都能接受，以至于真正的家乡人来品尝都找不到那种久违了的熟悉味道。这种改良、中和改良后的菜系实际上是种全新的口味，其他地域的人能品尝出一些特色，相对来说更容易接受，而家乡人其实也能接受，同样能感觉到好吃，只不过不再是原来的配方，不再是熟悉的味道，而是一种全新的创新型体验。众所周知，川式火锅最大的特征是麻辣，大概全国人民对此都有所体验，但你不到成都就不知道什么叫真正的麻辣，地道的川式火锅，猪肉、猪脑花和鸭肠是重要的材料，而且辣椒和麻椒放得多，麻椒基本能铺满一层，即使你在北方属于特别能吃辣的，初来乍到你也根本受不了。类似现象其实比较普遍。我有次还真实体验过蒙古焖面。

在草原上生活的蒙古族传统上大多处于散居状态，购物不太方便，饮食就地取材的特征更为明显，因此蒙餐传统上以肉奶米面的组合为主，而蔬菜相对要少得多。我老家就属于晋语文化圈，平常焖面也吃得比较多，但品尝蒙古焖面，还是不太习惯。蒙古焖面用手擀面（或挂面）、羊油（绵羊脂肪）和极少量的单品种蔬菜做成，吃的时候配合一点奶茶，在口感上羊膻味很重且比较油腻，而且吃完之后释放出的热量较高。来自草原深处的蒙古族青年对这个特别青睐，几乎每周都要吃上一次，如果不这样似乎就有一种说不出的不自在。随着时代变迁，同时也是为了适应以汉族为主体市场的消费者的口味，现在商业化的蒙餐在很大程度上做了必要的改良和创新，内地的某些城市或内蒙古的很多旅游接待点更是这样。如果去掉某些戴着有色眼镜或上纲上线的因素，这些都是再正常不过的一些事情了。

在“北上广深”等一线城市，“西贝莜面村”是名气较为响亮的一家内蒙古中西部地方特色餐饮连锁，主打的是我国西北地区的莜面特色。“西贝”品牌创建于1989年，名字来源于老板贾国龙将自己的姓氏拆字即兴所得，其谐音正好是“西北”。他投身于“莜面”特色餐饮是1999年的事情。与人们通常想象的正好相反，“西贝莜面村”创建地并不是贾国龙的老家内蒙古，而是在帝都北京，依托的是巴彦淖尔市临河区驻京办事处，最初以售卖筱面和羊肉为主打，羊肉都是家乡的烹饪方法——烤、煮、炖、烩。目前“西贝”有50多家连锁店，分布在北京、上海、天津、石家庄、深圳、沈阳、广州、西安、呼和浩特、包头、鄂尔多斯等全国 13 个城市。十多年下来，“西贝”的口味逐渐由地道的家乡风味创新为能够适应全国各地消费者口感的菜式，并成功地塑造了时尚、简约和健康的良好品牌形象。十多年的发展历程中，为了适应连锁和标准化的需要，“西贝”菜单品种相对比较聚焦。但在 2012 年，“西贝莜面村”将品牌升级为“西贝西北菜”，在菜单上增加了“大盘鸡”等品种，似乎要做全“大西北”特色，2013 年又有消息说“西贝西北菜”品牌要改回“西贝莜面村”，但无论品牌后缀如何确定，菜单会更加具有大西北特色，而口味则更适合全国范围内不同地域的消费者。

在地方特色菜口味去地方化过程中，我们提到的六项指标或隐或现地发挥着作用：其一，地方特色菜品牌化、大餐化改造，其内在的动力在相当大程度上是为了提高“单价 / 交易额”指标，在菜式品种的开发上，这个内在逻辑更为重要。其二，对于餐饮来说，其“利润率”水平跟食材供应链管理、菜式设计和 SKU 宽度等因素有很大关系，大多数食材越大众化、本地化，越超越地域局限，实际上也就越有利于“利润率”的提升，客观上就需要对菜式配方和口味做较大幅度的创新。其三，如何最大限度放大“接触人数”“转化率”以及“购买频次（重复消费率）”，对于地方特色餐饮来说是最为关键、最为核心的问题，这就需要相关经营者**在传统和创新之间做好平衡，最起码在菜式和口味上的定位必须更加大众化和全国化，一味地坚守传统，反而不利于扩大规模，长远上也会影响自己的企业做大做强**，在城市人口来源和消费者构成更加复杂多样多元的情况下，这点其实是要害。其四，部分地方特色餐饮连锁，在品牌后缀限定语方面进行了调整，相对来说，由细分聚焦更加趋向于宽泛，而 VI 形象体系及装修风格上则调整得更加时尚、简约和亲民，更加符合白领群体的美式快餐化审美标准，在现代都市受众群体上更加具有弹性，客观上也是在增强体验性，挖掘“接触人数”“转化率”及“购买频次（重复消费率）”这些指标的潜力。

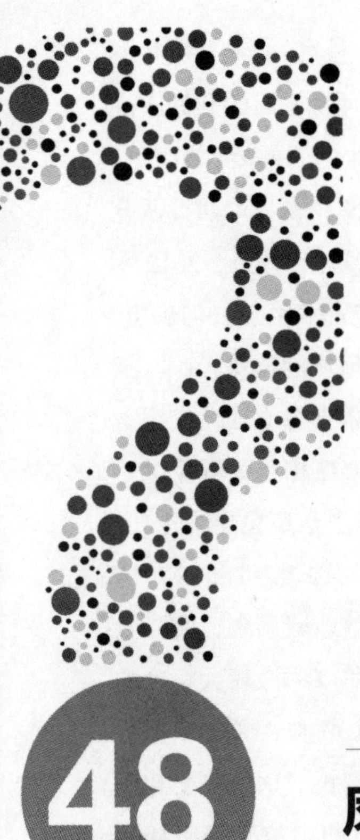

48 凤凰岭龙泉寺与文化传播营销

导读：以最简单、最世俗而又无公害的方式来吸引眼球，放大“接触人数”，然后在专业方面向受众做递进式增量化，以进一步提高“转化率”和黏着力，这是文化传播机构最应该考虑的一种方式。其实在某些新产品设计中同样需要遵循这种理念，用户需求直指人性，将复杂留给自己，将便捷留给别人，才能诞生出真正具有颠覆力的东西。

2014年春节前后，很多人还沉醉在“1314”（一生一世）梦幻中，佛教界也发生了两件意味深长的事：其一是有消息称大年初一北京烧香祈福景点游客数量同比增长了十多倍，香客人数基本也是同幅增加，另据了解这种情况似乎在全国各地都差不多；其二是北京凤凰岭龙泉寺迅速蹿红，被媒体追捧为“极客寺院”“用互联网思维管理的寺院”“清华北大后花园”“最强科研实力寺庙”。

凤凰岭龙泉寺是一座千年古刹，始建于951年（辽代应历元年）。2003年，学诚大和尚带着五位法师从福建到北京重建龙泉寺，在经过一年多奔波后，“龙泉寺申办宗教活动场所”最终审批通过，直到2005年才正式开放。经过10年时间的不懈努力，凤凰岭龙泉寺最终成为具有强烈现代科技气息和高端文化传播思维的一家寺院，这从一些方面的指标完全可以看出：第一，寺中“高知”僧人比比皆是，清华大学流体力学博士、北京航空航天大学教授、中国科学院生物物理研究所博士等，如果再加上那些与龙泉寺关系密切的居士和义工，拥有高学历和科研背景的不胜枚举。第二，龙泉寺站在了自认为宗教与世俗最恰当的分界点上，既不孤芳自赏，又不随波逐流，既摒绝商业化的侵蚀，又主动拥抱互联网等新兴信息化技术传播手段，据说龙泉寺僧团全部用iPad来读经，寺内已经高度移动互联网化，布满了WiFi，人人都用智能手机。第三，内设“龙泉寺信息技术组”，他们给自己的定位是“穿越技术人生，探索终极价值”，贤信法师是龙泉寺信息技术组的发起人，他从北京工业大学毕业后，做了几年程序员，后来“因为变化太快，心脏受不了”，于2009年出家。贤信出家后还经常参加一些有影响力的IT技术会议。第四，龙泉寺信息技术组的最新项目是开放阅读平台，希望对浩如瀚海的佛经典籍进行再整理，这项工作非常庞大，整体完成可能需要10～20年的时间。在一些创意中，他们甚至设想让佛法有更多现代化的表现形式，比如利用故事、动漫、网游和微电影等多媒体手段对佛学进行后续再创作，最终把龙泉寺打造成全世界的经书中心。第五，图书馆和教学楼是龙泉寺最大的建筑，教学楼内有工程部、文化部、慈善部、弘宣部、教化部、翻译中心，几间阶梯教室供各个学佛小组使用，他们甚至设有动漫组、微电影组等机构，时不时招聘微电影策划、制片主任和导演，就连义工等类的招聘海报都留有相应的二维码。

在中华文化体系中，佛学属于传统文化一个极为重要的门类。**在市场经济和现代化技术的滚滚浪潮中，传统文化如何与当代文明深度融合，或者说传统文化如何现代化，以更适合现代人的话语体系、传播方式和价值观念的方式表述出来，是极其重要的一个课题**。在这些方面，已经有很多有志之士朝着不同的方向做出了各自的探索与尝试。比较有代表性的，就有南怀瑾、释永信等人。南怀瑾通过数十年如一日坚持不懈的努力，衔接由于白话文运动所带来的文言文和白话文所造成的传统文化断层，以一种更为通俗、亲民的语言，以适合现代人大众化接受信息的范式，来“科普”传统儒释道的一些东西，但南怀瑾毕竟属于互联网等现代化信息技术兴起之前的那一代人，在传播手段上更偏重现场讲座以及所对应的文字性出版物的传播，虽然晚年也受到互联网兴起的影响，也建立了相应的官方网站，并将相关影像资料放到视频网站上传播，但手段和所取得的效果整体上还是弱一些。南怀瑾老师在利用传统图书文献检索手段的基础上，已经将一些工作做到极致了，如果在他数十年的研究和传播生涯中能利用上目前这样便捷的网络化信息检索技术，其成就之高，必将是现在的几十倍。一个时代有一个时代的局限，这些都不能强求。南怀瑾及其弟子先后成立的“东西文化精华协会”、《人文世界》杂志社以及“老古文化事业公司”“太湖大学堂”，都是聚焦于中国文化与佛教研究成果传播的机构。在佛教和现代化融合的过程中，释永信带领下的少林寺则走的是另外一条道路，使禅宗祖庭少林寺更多融入世俗化与商业化色彩。少林寺不仅投资影视剧，率武僧团频频出国表演，设立药局、书局，甚至释永信本人会为手机号码“开光”以供拍卖。由于少林寺太为成功的商业化运作，不少媒体直接称呼释永信为“CEO”。

目前国内所有传统文化的爱好者都面临着一个共同的课题，就是如何复兴和弘扬传统文化。换言之，也就是传统文化在内容、形式和传播手段上的现代化改造。佛教和佛学界其实也面临着同样的问题，我们不能因为商业化程度很高就贬低“少林寺模式”，但确定无疑的是，“少林寺模式”只是佛教与现代化相融的路径之一，更多的路子值得僧俗两界共同探索。在这方面，学诚法师和凤凰岭龙泉寺用自己的行动，脚踏实地走出了一条更加具有特色的路，其路子姑且可以称之为“龙泉寺模式”。其一，践行“网络治寺”和“技术弘法”理念，面对互联网和智能化技术，学诚法师的想法非常明确，“如果不利用高科技，佛法的声音就传播不出去”。在他们那里，佛学与新兴互联网技术融合已经不是什么问题，关键是如何利用这些技术手段，取得更为理想的传播效果。其二，与其他寺院不同，凤凰岭龙源寺将自己直接定位为传统文化传播机构，其官方网站命名为“龙泉之声”，这个网站是各种数字化传播模式的集成体，共有简体中文、英文、日文和韩文四大语种版本，并将门户、博客、微博、视频、电子报、专题和论坛等模块集合在一起。其网站在整体上又有“龙泉道场”“多元文化”“人与社会”“人与自然”“修心养性”和“品味生活”几大板块，在传统文化上多元共存、兼收并蓄、求同存异。其三，在语言风格上，相对来说更加亲民，更加清新自然，注重优质心智模式和健康生活的塑造，以深入浅出的方式、传授禅意、普度众生。为了与时尚接轨，他们还特地为动漫组推出了“龙泉好声音”栏目，其主要任务是招聘相关人员，进行漫画绘本、Flash 动画、漫画书、面人动画和微电影的创作，其成员来自不同的艺术领域，包括传统的国画、油画、版画、雕塑，以及装裱、古建修复、美术史研究、设计、摄影、播音、主持、原创音乐等。网站在醒目的位置放有“今日看点”和“新文快览”两大栏目，每天保持更新。其四，在整体上将自己的官方网站打造成文字、图片、视频、音频、专题、专栏、漫画、动漫等多媒体包装形式的数据库和资料库，而且这些资源都处于快速扩充状态中，他们的内容不光是自己创作的，不少内容还来源于其他儒释道等相关资源的整合，换个角度说，他们本来就是用互联网整合思维打造一个开放式平台。

除了打造自己的官方网站的多媒体数据库之外，学诚法师及凤凰岭龙泉寺还尽可能利用更多的互联网媒体和其他场合去传播已经过通俗化处理的以佛学为主要内容的传统文化。学诚大和尚 2006 年开了博客并结集出版了相关作品，并开设了微博，新浪和腾讯两大微博的粉丝量共接近 70 万人，如果考虑到以机构名义进行的 ID，其粉丝量累计过百万人，这些微博每天会以中、英、日、韩、俄、德、法、西和泰等多种语言更新。他们的相关传播内容通过新浪博客、微信、微博、豆瓣、QQ 空间、微信群、QQ 群、优酷网、贴吧、百度百科、百度知道、推特网，以及一些门户网站的佛学频道，进行综合式、多向度、立体式传播，这些网络工具发挥着各自不同的功能：义工报名、出家联谊、网络学佛、法会事务，群中基本为寺中居士，再配一名法师督导。截至 2014 年年初，与龙泉寺相关的 QQ 群近 200 个，承担着义工组织的任务。凤凰岭龙泉寺最擅长的还是利用现代传播学原理，同《瞭望东方周刊》等影响力较大的媒体进行合作，每隔一定周期就制造一回新闻焦点，以各种各样比较另类但又新颖健康的噱头来赚足大众眼球，在相应的后续传播过程中，充分利用互联网传播的特点，在某些角度上继续挖掘传播的潜力。在整个传播体系中，策划的一些段子发挥着非常重要的作用。其中一个流传比较广的段子讲的是微信之父张小龙。话说某一年，张小龙正处于事业的低谷，开发了QQ邮箱后一直找不到新的方向，有一次从广州到北京出差就去凤凰岭龙泉寺散心，他偶然与寺中的一个扫地僧攀谈，竟然发现发现对方很懂互联网技术和产品，在这个扫地僧的开悟下，张小龙回到广州闭关一年，微信产品终于横空出世，有所大成。

凤凰岭龙泉寺做的是佛学资源数字化、信息化、通俗化、多媒体化，换个角度来看，是在打造一个与互联网及智能化时代对接的“虚拟道场”“在线道场”。但他们在具体的运作过程中还应用了一些另类的炒作手段，这在表面上看起来有违传统的佛学精神，其实在互联网时代，也不失为一种很好的佛学传播手段。这一方面是因为制造的各类噱头，虽然按照传统价值观念确实另类和雷人，但确实也没有什么不健康的，比起社会上那些恶意炒作，不知道要强出多少倍；另一方面，这些传播内容表面上看起来跟佛学没有多大关系，因此，更容易被广大怀有猎奇心理的普通受众所接受，但这里面已经巧妙地植入了“龙泉寺”“学诚法师”等关键词信息，诱发人们按图索骥，自发寻找和了解更多的背景信息，而他们早已在互联网平台以及相应的各类渠道上布满了大量的信息接触点，供感兴趣的僧俗两界做“超链接”“超文本”式的了解。在实践中，这种“曲线弘法”实际上要比那种“直线弘法”具有更为强大的效力，客观上更有利于佛学事业复兴，功德无量，善莫大焉。

凤凰岭龙泉寺以弘扬中华传统文化及传统文化价值观、促进东西方文化交流融合及整个世界和谐发展为宗旨，是一个具有鲜明公益色彩的平台，跟那种依赖法物流通和香火布施的高度商业化的寺院不太一样。在我们的六项指标中，不太适合进行“单价/交易额”和“利润率”分析，他们的模式的成立主要来源于“接触人数”“转化率”和“黏着力/购买频次”三项指标上的潜力能在多大程度上得以释放。以各种非佛学噱头定期在媒体和互联网上进行炒作，巧妙引导受众对相关背景资料进行后续了解，然后再以通俗化、现代化和多媒体的内容及形式，以及相应的现代话语体系来绑定受众，使其具有良好的“转化率”和“黏着力”，并借机在此基础上引发更为广泛的口碑传播效应。自古有道是“物以类聚、人以群分”，学诚法师和凤凰岭龙泉寺的这种佛学现代化改造和传播模式，更为适合当代知识分子特别是高级知识分子们的口味，所以他们的出家人、居士和义工在结构上更以此类群体居多，其声势和影响力逐渐开始进入井喷期。凤凰岭龙泉寺的僧人多为“研究僧”，在相当大程度上能打通“佛学”和“技术”的“任督二脉”。在龙泉寺，僧人颠覆了传统的社会印象，僧人可以是年轻人，可以很阳光，可以热心公益，可以不必是失败者，可以将现代化前沿技术和佛学融合，甚至可以为文化传承做出贡献。所有这些，都为他们的相关传播活动的公信力提供了背书，有利于佛学和佛教的真正复兴。

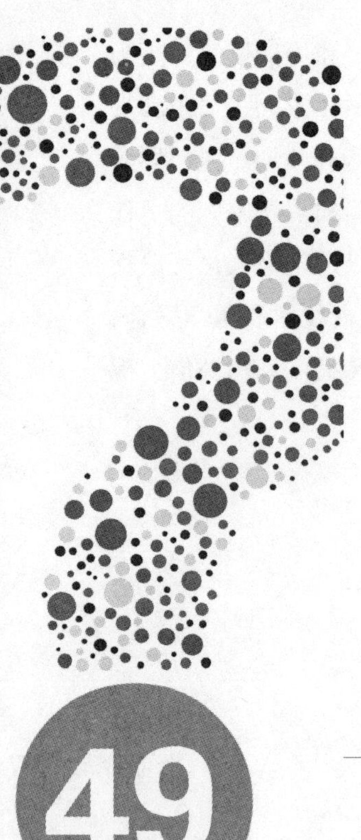

49 某个县城牛奶产业的怪圈

导读：很多人对赚钱这个概念在理解上缺乏弹性，最终将其简化为最小交易单位上的利润率，没太考虑规模化经营、品牌化运作或连锁化拓展，无法将整个项目做得更有想象空间。当然，所处地域的人口基数和密度，以及相关人员的学识、经验和感知水平，也发挥着极为深刻的作用。这在客观上也给某些企业的迅速崛起提供了条件。

M 县地处内蒙古中西部，虽然近些年也沐浴着西部大开发的春风，工业经济得到了长足发展，但仍属于典型的农业县。坐落在“乳都”呼和浩特的伊利和蒙牛两大乳业集团在本世纪初的十多年内，曾以火箭般的速度得到了飞速发展，客观上带动了周边奶牛养殖业的崛起。农户散养业态令很多的农户从中受益，尽管忙碌一些，但日子也越过越小康，就连不少县城里的上班族都开始羡慕。

凡事有利必有弊。2008 年之前，奶农和奶站每个月都笑眯眯的，因为牛奶根本不愁卖，基本都被伊利、蒙牛给包了，剩下的就是每天按照固定的流程做事，月底等着数钱。2008 年，中国乳品行业发生了最为灰暗的一幕，那就是“三聚氰胺”事件，短短一两个星期，令整个行业变得风声鹤唳、草木皆兵，厂家的产能利用率越来越低，同时奶站交奶也变得越来越困难，其连锁反应的结果自然会波及奶牛养殖户。在这种情况下，离县城比较近的奶农开始拉着自家的奶牛上街卖奶，早中晚都能见到不少这样卖奶的。当时相当比例的消费者都对那些大品牌失去了信心，一时间甚至出现了上街排队向奶农抢奶的现象，其夸张程度不亚于北京儿童医院挂号。这也难怪，原本在整个乳品行业火爆的时候，当地奶农的牛奶都被厂家给“吸”走了，尽管厂家的收购价偏低，但毕竟量大、稳定、便捷和省心，本地民众如果想消费牛奶，只能通过超市购买厂家的工业化产品。现在奶农和消费者之间、奶站和厂家的中间环节有点断链了，某些奶农的牛奶只能由趸卖变成零售，当然每斤的价格要相对高一些，而消费者一方面更为信任原生态的本地鲜奶，另一方面相对于工业化的袋装牛奶，也感觉本地鲜奶优质优价，非常合算，特别是家里有哺乳期婴儿的，在消费心理上更是如此。

这本来使当地的牛奶产业在某种程度上回归到一个更少中间环节、更为低碳环保和更为天然健康的状态，于国于民于己都有相当大的好处。然而，世上的事情没那么简单，特别是在传统小农经济特别盛行的地方。有人先是往自己卖的牛奶里面兑水，后来越兑比例越大，当影响到自己销售的时候，或者价格上比别人便宜一点，或者打一枪换一个地方，玩起了游击战术。**这是一个典型的“劣币驱逐良币”的竞底游戏，先是坚守底线的人没办法赚到钱而被迫退出，接下来便**

是牛奶质量越来越差，逐渐丧失行业口碑，被消费者用脚投票，结果无论牛奶是好是坏，都变得越来越难卖，剩下几个卖牛奶的，抱着能蒙一个蒙一个、能骗一个骗一个的心态去做事，直到最后本地消费资源彻底枯竭。这种恶性循环持续了四年之久，大约到 2012 年底，这种本地奶农向本地消费者销售鲜奶的现象基本绝迹。在消费者那里，他们宁愿多花钱购买伊利和蒙牛的工业化产品，也不愿从本地奶农那里购买鲜奶了。这倒不是因为厂家的牛奶产品质量有多好，消费者对他们的品质多有信心，而更大程度上是因为直接向奶农购奶在现实中显得更不靠谱。伊利、蒙牛等大品牌虽然在“三聚氰胺”事件上留有污点，但毕竟是大厂家，长远来看还是非常爱惜自己的牌子的，在品质上仍旧会有起码的底线，而如同“车船店脚牙”般的奶农散户，在直接面对消费者的时候反而显得更无节操和底线，相互之间竞底的结果，是在短短四年内在当地消灭了一个行当。

也许有人会认为这个案例毕竟极端，其实在人口比较稀少且市场经济不是太发达的某些地区，还是比较常见的，这属于典型的小农式狡猾。过去每个县城和镇上都会有一些做白酒、酱油、醋、豆腐、香油、馒头的小作坊，在其刚开业一年左右的时间里，为了积累口碑，快速扩大销量，一般都比较注重品质，可是客流量一旦达到了预期的基础值，品质就会一点一点下降，直到最后由于质量太对不起买家而被市场无情抛弃。我当年上中学的时候，县城学校里面没有食堂和宿舍，乡下来的学生只能借宿在私人家里。专门提供这种服务的美名其曰“留学生”，土豆、食用油、调味品、米面由学生自带，留学生的户主负责做饭和提供住宿场地，每月收取 30 ~ 50 元不等的服务费。留学生的户主，不光是县城的普通居民，不少甚至是老师和机关事业单位的工作人员。尽管这样，整体上还是避免不了服务质量层面的“撇脂效应”，刚开始都是和东家一起吃，后来就逐渐分开做分开吃了，演变到最后无一例外，都是白开水加盐煮土豆，外加一个大馒头，甚至馒头里还夹着没有熟透的“硬核”，学生们几年吃下来，几乎肠胃都有毛病。尽管现在回想起来感觉非常艰苦，但在当时觉得这都是很正常的事情，根本算不得什么，因为整个大环境都是那样，你根本无从选择，顶多调侃几句“天下乌鸦一般黑”。

结合我们的六项指标，可以对此类现象进行如下解读：第一，在这些人的观念中，做生意利润率是最关键的，尽管他们通常嘴上都会强调物美价廉、薄利经营、价格优惠，但总是对规模经营、长期经营没有真正的自信，内心当中对利润率指标比较敏感，“车船店脚牙”心态突出，似乎只要自己不是最差的，就算是对得起良心了。第二，由于在“价格 / 交易额”上难有多少突破，他们更多将注意力焦点放在偷工减料、以次充好之上，以此来挖掘利润、利润率层面的潜力，这些在短期内更有诱惑力，毕竟是短期内就看得见、摸得着的，特别是在县城五六万人、缺乏想象力空间的市场，这种事情更容易出现。第三，在“接触人数”“转化率”上，他们往往只是以自己现有的产能为限，在前期通过真正的物美价廉来换取口碑和必要的用户基数，以便后期通过“质量撇脂”透支上几年时光。他们很少考虑通过扩大产能并快速放大“接触人数”指标来实现规模化的经营，主观上也缺乏这种志向和长远的规划。第四，“购买频次”或者是“重复购买率”自然跟价格、品质和性价比等因素高度相关，因此他们在前期还比较这三项因素的，只是到了一个时间点之后，通过“质量撇脂”来“杀熟”。在这种情况下，由于购买惯性等原因，尽管“购买频次”或者是“重复购买率”都会逐渐降低，但在限定时间范围还是有一定保障的。第五，在“时间”上，他们更多考虑的是眼下、较短时间内，更为准确地说是一年下来能赚多少钱，不太可能将时间量度放至三年、五年甚至十年来考虑事情，一方面是感觉到长期经营太累，另一方面也缺乏长久做事的信心。我们暂且先不论这种理念是否真的符合理性，但无疑只能自毁长城，使整个行业处于低水平轮回状态，一旦遇到那种品牌化、规模化和立足于长远做事情的，就只剩下溃散败亡的命运了。

50 一个烧烤涮老板的生意经

导读：时代造英雄，如果你在某些时空节点上赶上了节奏，并能针对当时的很多情况，对你的商业模式、服务模式进行微创新的话，幸运之神就会向你招手。但所有的微创新，或明或暗都指向了我们所谈的六项指标的挖潜，其中，“交易额”“接触人数”“转化率”和“购买频次”显得更为重要。如果拿捏得当，那些看似简单的模式效率反而会更高。

1998 ~ 2008 年 10 年间，北京进入很多外地人的淘金黄金期。那个年代，致富传奇比较集中的就有中关村、大红门、新发地和百子湾等区域。就连不少干脆没有多少文化和人脉的纯草根，短短几年内发财的都大有人在。虽然那个年代人们同样很不容易，但每个人身边确实都会有一些故事可讲，屌丝成功逆袭的个案还时有耳闻。多少年过去了，不少人或多或少对那个年代都有些怀念。

我曾认识一对夫妻，他们 2000 年从东北老家来北京发展。最初，夫妻俩弄了一个烤羊肉串的摊位，发展到 2009 年，已经在北京北五环外买了 2 套房子，开了 3 家烧烤涮店面，并成功把儿子送到加拿大读书。他们选择的位置是在海淀区，具体位置相对来说比较偏，但其摊位及后来的店面周围有一家央企的总部，还有一家级别比较高的机关，这两家单位没结婚、住宿舍的年轻人比较多，一到晚上闲来无事，往往就会凑上几个人到外面吃喝吹牛。这夫妻俩在消费群体上主要抓的就是这些人，他们的手段看上去也很简单，似乎平淡无奇，在实践中却非常有效。第一，他们的烤串要比别人家的稍微大一些，烧烤和凉菜的品种也要比别人多一些，量比较足，但在价格上却跟别人一样。第二，日久天长，这夫妻俩几乎把这两个单位的年轻人都给认住了，平常远远一看见就跟你打招呼，不管对方搭理不搭理，他们都会坚持不懈，最后弄得一些比较冷淡的人都有些不好意思了。第三，他们营业的时间比较长、比较晚，从 5 月份到 10 月份，基本每天都能营业到晚上 11 点多，这一点很重要，年轻人喜欢玩闹，很多时候 9 点多了，还会被同事从宿舍里叫出去吃烧烤。第四，每当年轻人吃喝得差不多的时候，那个东北大哥就自己开上一瓶啤酒，烤几个串儿，搬个凳子坐过来，跟这些年轻人拉家常，谈天说地，氛围很好，几个月下来，逐渐也就变成哥们儿了。在这种情况下，当你再出去吃饭，路过他那里，他跟你打招呼，你都不好意思不去他那里吃。第五，一年四季经营，天热的时候以烧烤为主，天冷的时候就转为麻辣烫，在那个地方一守就是十多年。其实天天那样，那夫妻俩还是很辛苦的，但在客观上也赢得了顾客发自内心的尊重。

差不多同时期，在北三环安贞里那边有另外一对东北夫妻，搞了个铁皮小房子，卖馅饼、包子和羊杂汤，品种相对来说要少一些，但做得很有特色，每天从早到晚营业十多个小时，十多年下来也没挪过窝。大约 2007 年，他们就在北京北五环外买了一套房子，在东北老家又买了一套，此外还把儿子送到了澳洲读书。相对于前一个案例而言，这夫妻俩做得很简单，只是在那几个品种上一直坚守，也算不上有什么特色，聚焦和专注而已。在这两个案例当中，主人公还都有些共同点，一是两对夫妻都是小学初中文化水平；二是他们大约都是 60 后，做事风格都是典型的东北人那套；三是 2006 年前后都在北京买了房子，那时候北京北五环之外的房价 7000 ~ 8000 元 / 平米的样子，到 2013 年，那个位置的房子都差不算多 4 万多元一平米了。**很多时候，一个人要想真正做成点事情，更为重要的是踏对了时代节奏，在正确的时间和地点做对了事情，而不论你是误打误撞还是有意为之，也不论你是有心栽花还是无心插柳。在这点上，老天爷是最公正的，“天地不仁，以万物为刍狗”，上苍只看你的行为在客观上是否符合规律及趋势，而不去管你是什么学历、你对某些问题的看法是否清晰**。就拿在北京买房子的时间节点一项来说，发展到现在，这两对东北夫妻就完胜了他们服务过的不少白领和机关职员。直到现在，那家央企总部的某些“白骨精”还在羡慕她们身边的东北大哥和东北大嫂，一说到这些故事，虽然也不能算“羡慕嫉妒恨”，但也会唏嘘不已。

那个烧烤涮的老板表面上没有多少文化，也没有到清华北大上过 MBA 班，经营模式上，多少有些误打误撞，但在客观上却暗合了我们的六项指标。其一，尽管在单价上没有什么特别的，但来他们这里消费的都是成群结队的年轻人，而且消费群体相对固定，在交易额指标上更容易获得突破，一串一串卖，表面上看起来不太打眼，每桌下来整体上交易额还是比较可观的。其二，烧烤、麻辣烫、面食、凉菜这些东西在整个餐饮行业的“利润率”还是比较高的，只是不太容易上规模，但他这里是相对稳定的群体性消费，通过自己独特的“情感营销”手段，在规模的时间密集度上还是有保证的。其三，在其“接触人数”指标上，有周围两家大单位和其他几个厂子住宿舍的青年职工，烧烤涮又属于非常大众化的品种，因此这项指标不存在什么问题，更何况由于是群体性消费，只要抓住一个就相当于抓住了一群。其四，在这个案例中，“转化率”主要受规模、口味、价格、口碑和服务热情程度等方面的多重因素影响，但在这些方面，那对东北夫妻的做法有着相当大的竞争优势，另外搞定一个人的“转化”，就相当于搞定了

3 ~ 5个人，其“转化率”平均下来要高于同地段那些同样做烧烤的人。其五，“购买频次”和“重复消费率”。除了口味、性价比和服务态度之外，更重要的是情感上的体验，那个东北烧烤涮老板以自己交朋友、处弟兄的形式交结了一帮人，让你很多时候不去他那里消费都感觉不好意思。在这种情况下，“购买频次”和“重复消费率”指标当然不会差到哪里去。其六，“时间”是项硬指标，对于有“猎人式思维”的人来说，追求的当然是短期的利润总额，而对于有“农民式思维”的人来说，前期所有的耕耘都指向了长远的收获，而这种收获在长达三五年的时间轴上才能看出来，而烧烤涮的老板无疑是追求长远和规模的，在6 ~ 10年的时间里终于有所成。

后一个案例相对简单，但也跟我们的六项指标暗合。首先，品种相对简单，制作起来比较方便，顾客付款之后便可带走，既提高了效率，又大大节约了服务面积，能大幅提高“接触人数”和“有效服务人数”。其次，安贞里那边在北京算得上一个繁华地带，周围的上班族、购物者和居民都比较多，他们虽然不是紧靠三环边，但也只有几十米的距离，“接触人数”不是什么问题，而且馅饼、包子配羊杂汤大致也算得上一个特色，“转化率”相对来说较高。“馅饼 + 羊杂汤”或“包子 + 羊杂汤”组合，在客观上也有利于将“交易额”指标做上来。最后，他们在某种程度上采取的是卖快餐的方式，馅饼和包子自不待言，羊杂汤事先熬好的，用保温桶盛着，即来即买，即来即卖，而且他们早、中、晚三餐都可以卖，甚至在上午和下午还可以穿插一些购物的散户，这是一些大点的餐馆所不能比拟的。而且此类小吃的“利润率”实际上比较高，只要销量能上去，还是可以赚到钱的。

51 正和岛商界高端人脉平台及其商业模式

导读：正和岛核心团队的做法，相当于将自己积累了几十年的资源拿出去套现。在“资源链”和“思维链”这两个“任督二脉”双双贯通的情况下，他们基本没有经历导入期就取得了成功。正和岛以其独特的资源优势，直接将“单价 / 交易额”做了上去，而优质的人脉资源和超体验的服务又使得“黏着力”极强，“购买频次”虽然是一年一次，但整体上稳定性良好。

正和岛创建于 2011 年，是目前中国最为高端的商界人脉与价值分享平台，并通过互联网 SNS 应用、线下论坛活动和高端资讯产品向自己的会员提供服务，其所面向的对象主要是国内那些优秀企业的企业家和资深职业经理人。正和岛创始人刘东华原是《中国企业家》杂志社社长，他希望通过创办正和岛，借助互联网的力量把 20 多年集聚的价值放大，可以更有深度、更为贴身、更加广泛地去服务国内的企业家群体。关于"正和岛"品牌，刘东华是这样构想的："正和"，在博弈论里是相对于"零和"与"负和"说的，意思是博弈各方通过合作可以创造更大的价值，共享"合作剩余"，相关各方所得都大于单打独斗的结果，其实就是通常所谓的"互利共赢"的意思。正和岛所要倡导构建的，正是这样一种良性商业生态。正和岛是线上线下相结合的决策者俱乐部，为保证相关服务质量，采取了严格的实名制、会员制、收费制和邀请制，"千金买宅，万金买邻"，最有价值的选择从择邻开始。正和岛强调自己的"三大核心价值"：一是缔结信任。通过正和岛理念与标准让"对的人"在一起，并让在一起的人彼此更加信任。二是解决问题。通过正和岛的三大系列产品解决企业家的真问题，帮助企业家个人及其企业实现可持续成长。三是合作共赢。通过正和岛让基于信任与各自优势的企业家之间实现多样化商业合作。

正和岛的品牌诉求主要是三大方面，即"真实的商业领袖，扩大高端人脉资源""丰富的顶级资讯，提升视角掌握大势""真切的活动交流，增加企业发展商机"。2012 年 6 月正式开岛以来，截至 2013 年底，正和岛已经吸引超过 2400 多位"岛邻"（会员）登岛，其中有将近 2000 位企业家、300 多位专家学者、媒体领袖，会员遍布全国各个地区及行业。历经一年多的发展，正和岛已在江、浙、沪、粤、鲁、川、渝在内的十个重点省市成立了正和岛岛邻机构，让原本散落在天南地北的岛邻通过正和岛越来越紧密地联接在一起。从目前的情况来看，正和岛的产品和服务包括以下几大模块：第一，每日一问。正和岛利用平台内的企业家与专家学者的集体智慧，为会员搭建一个解决企业经营与管理中的真问题、有效提升会员决策能力与岛企治理能力的问答园地。第二，部落。在正和岛上，会员可以基于不同行业规模、不同区域、不同兴趣偏好和不同课题来自组各种交流圈，深度探讨商业及相关话题，实现合作共赢。第三，私人董事会。私人董事会在西方已有50年历史，旨在使企业家通过相互学习、相互帮助解决企业各类问题，类似于董事会的专业顾问模式。会员可申请组建或加入结合了岛邻互访、案例教学和传统私董会的正和岛特色私董会。让会员成为私人董事会的成员，提供解决现实问题的高价值服务。第四，正和岛《决策参考》杂志。是每月一期的特供内参，由企业家和专家学者推荐、点评、批注自己有感悟的文章，让企业家做编辑，筛选重要信息，并为全体岛邻批注心得，探讨经济规律，洞察行业走势，畅谈人生感悟，提供越重要的人越需要的深度资讯。第五，正和营。组织岛邻以商学院案例教学的形式每年深度探访学习一个大型标杆企业，例如2013的“华为年”，深入学习华为的战略思维、企业文化建设和人力资源管理等华为的核心竞争力。第六，网站/客户端资讯。“全推荐制”的企业家内参。“狮子最相信狮子，鹰最相信鹰”，这是正和岛“全推荐制”资讯模式的原点。所有资讯均由岛上的“狮子”（企业家）和“鹰”（专家学者、意见领袖）们相互推荐，相互点评，共同分享。第七，《每日推荐》手机报。五分钟不错过世界，正和岛不生产新闻，让圈内最具判断力的头脑为会员推荐每日必看的七条资讯，周一至周五每天下午六点发送，最终目标是要覆盖近万名高端企业家、经济学家、意见领袖。第八，此外，正和岛的服务还包括官方微博、微信等线上服务，以及岛邻大会、新年家宴、正和岛夜话、岛邻互访和海外游学等有价值的线下特色产品。

正和岛模式的内容表面上看起来比较繁杂，但最为核心、最为实效的模块还是与资讯相关的服务内容，这一方面是因为创建、运营的核心团队主要是来源于《中国企业家》杂志社，对杂志和信息内容的生产和包装最为擅长，同时也是因为《决策参考》、手机报资讯等服务是操作起来最简单、相对来讲是最能看得见又摸得着的模块，而其他的则更多是噱头和潜在的可能，其效果有待于深度整合与挖掘。正和岛强调的是企业家高端移动互动网社交网络，在功能上集Facebook（脸谱网）、微信与微博于一体，但由于这个群体在数量规模上本身就比较小，而且企业家和高端职业经理人基本都很忙碌，因此正和岛的线上社交平台的活跃程度并不是太理想。但由于都是精心挑选出来的精英，因此其互动和资源整合质量足以弥补活跃程度不高所带来的不利影响。正和岛线上平台上线的初衷是利用企业家的碎片时间满足这个群体的社交需求，但从目前的情况来看，如何有效挖掘其中的潜力是正和岛所需要重点思考的一个问题。目标虽好，但要想真正达成，还需要在服务和内容的“黏着力”上多下功夫，在内容的整合和表现形式上有更多的创新，更多考虑企业家这个群体的特殊性。

从我们的六项指标来看，正和岛的商业模式在设计过程中或多或少考虑了这么一些因素：其一，虽然其核心仍然为杂志和网络化的资讯产品，但又在此基础上加了几件社会化网络、高端商界人脉和线下论坛活动等时髦的外衣，通过“线上社交平台（正和岛网站 + 手机客户端）”“顶级资讯通道（《决策参考》+ 每日手机报）”“高层线下活动（正和宴 + 正和营 + 正和局）”三大模块的包装，将每个会员的年度“交易额”由 500 元做到 30000 元。根据正和岛的规划，随着服务质量和影响力的提高，这种年会员服务费还会涨价，说不定未来十年还会涨到十万元的样子。其二，在盈利点和服务模式延伸方面，正和岛可以去做顶级商务中介、高端咨询服务，以及更为大众化的图书出版，精选一部分他们高端杂志中的精华即可，目前正和岛已经出版了《圆桌内参》一书，并有望按照“杂志书”的理念，形成系列化和品牌化，这是一个自然延伸、水到渠成的事情，一旦做到这种程度，正和岛的“交易额”指标挖潜程度就会得到极大释放。其三，相对而言，定位高端的产品或服务，“单价 / 交易额”“利润率”都比较高，但其“接触人数”和“转化率”可能是硬伤，然而只要“接触人数”潜在的空间比较大，“转化率”是有保障的。按照正和岛他们自己的测算，中国目前符合他们定位的企业家和职业经理人群体人数上大约有上百万的规模，按照 1% 的转化率，最终形成的会员规模可以达到一万多人，可测算出来的常规营收可以达到三个亿，按照目前 2400 多人的规模来算，正和岛 2013 年的营收即可达到 7500 万元。同时由于他们拿着在《中国企业家》杂志社从业 20 多年所积累的资源来套现，其前期的“接触人数”和“转化率”实际上都是比较高的。另外，他们在一些省份和重点城市还找了一些当地很有实力的代理机构来发展会员，这会进一步拓展“接触人数”空间。其四，此类服务的“购买频次”比较稳定，也就是一年一次，至于“重复购买率”或者“续会率”，主要看的是企业家和职业经理人们的体验，从目前的情况来看，正和岛做得比较到位，团队主要成员在这方面的经验非常丰富和老到。

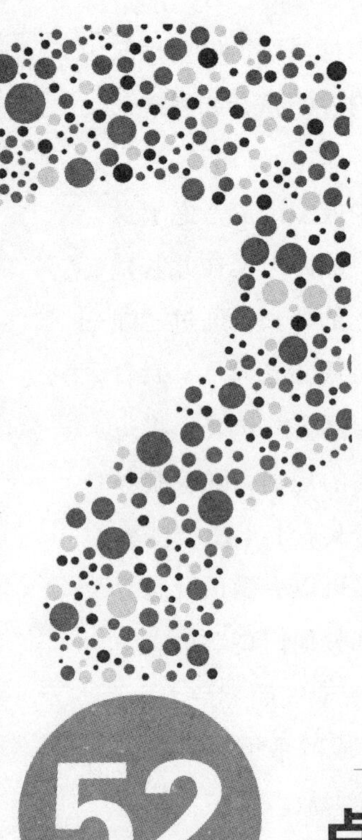

52 点“错”成金的社区菜市场小贩

导读：市场信息不对称，或者消费者靠着经验和直觉想当然，是商业模式点“错”成金的契机，“反者道之动”，在此过程中表现得淋漓尽致。点“错”成金，可以获得较高的“单价”和“利润率”。不要把消费者想象成理性的，须知非常理性就是非理性。正因为如此，商业世界才能焕发出迷人的魅力。要善于利用移动打靶来捕捉机会。

在人们的传统印象中，社区露天菜市场的菜价一定要比超市和便利店便宜，因为毕竟外面摊位的租金要比底商便宜很多。这似乎是一个放之四海而皆准的逻辑，因此，很多居民一出去买菜，直接奔社区菜市场，想当然地认为超市的价格要贵很多。这种认识上的思维定势，很多时候正好被那些精明的商家所利用。就拿最近五六年北京某些区域的菜价来讲，与人们的认识定势恰恰相反，社区露天菜市场的价格整体上要高于连锁超市和便利店，同等质量水平的菜，价格通常要高 50% ~ 100%，特别是新小区比较集中的区域，更是这样。尽管这种巨大的价差客观存在，但绝大多数消费者似乎还对身边这种现象没有多少觉察。第一，路径依赖和思维惰性是在每一个个体身上必然存在的现象，只是程度、结构和具体的趋向有所不同而已，在这种行为模式下，不少人很少去超市买菜，即便比价是很容易的事情，他们都懒得去比较，而是习惯性地直接跑到菜市场买菜，其实这种类型的人在比例上并不低，即使比价，他们也只是在菜市场内部比。第二，菜价动态性比较强，以至于每天都可能产生明显的变化，而且买菜在人们的日常支出结构中所占的比重越来越低，在北京这样的城市更是如此，消费者对菜价不敏感，甚至到了菜市场买菜很少询问价格，根据需求直接去拿，然后结账。很多时候菜贩子多算几毛，甚至多收一两块钱都根本不知道。第三，当前虽然已经是移动互联网时代，各种各样的比价 APP 应用随处可见，但聚焦于社区菜市场和超市、便利店之间的比价 APP 还未见踪影，科技发展昌明到了今天，很多细分领域的信息不透明、不对称现象还依旧存在，特别是与我们生活关联性更高，天天发生在我们身边的蔬菜、肉蛋和水果销售领域更是这样。“走遍南京到北京，买的没有卖的精”，别看那些小小的菜贩，他们对消费者的心理和行为模式已经琢磨得很透了，甚至已经将其视为自己生意经的一部分。

“反者道之动”，商场如战场，出其不意，攻其不备，方能成就一些事情。在社区菜市场搞蔬菜零售的，利用的就是这种认知谬误。这个就如同炒股，当绝大多数人都认为这只股会涨并疯狂跟进的时候，恰恰相反的方向便是机会。如果大家都在疯狂抛售，那你最好择机接盘，金融巨鳄索罗斯最为擅长的就是点“错”

成金。如果换个角度来看，点“错”成金本来就是经商的一个法门，在这一点上，索罗斯和那些卖菜的小贩在本质上是一样的。无论是理论上还是现实中，超市、便利店和菜市场的价格谁高谁低实际上是一个不断变化的动态过程，在相当长的时间内，在相当大的范围内，在某些具体的品种上，超市和便利店的价格确实高于社区菜市场，其幅度甚至在 50% ~ 100% 之间。当几乎所有人将这种现象视为常识并固化为稳定观念的时候，社区菜市场的小贩们就偷着乐，开始点“错”成金了。

与之原理相通的现象还有“杀熟”。在日常交易和购物的过程中，人们更多倾向于选择相对较熟的人。通常出于人品和习惯上的考虑，人们往往会想当然地认为对方一定会给自己一些优惠，最起码不会比别人的价格更高，不会以次充好。这个可能放在相当占比的商户身上是成立的，但对于某些太精明的人，可能会存在很多问题，不要想当然地进行这种简单的推论。很多人相信一个人的本性，并会简单地给对方贴标签，其实这种方式往往是最靠不住的。按照《周易》来讲，人性同时具备阴阳两面；按照现代西方研究成果来说，任何人身上都兼备善恶两种属性。不要妄想考验一个人的本性，人性基本是经不起考验的，能做到的也只是将其关在笼子里。很多人确实会给熟人相对优惠的条件，但即便是在此上能坚持很长时间的那些人，能做到三年不“杀熟”，五年不"杀熟"，但七年、八年、十年呢，就真的不好说了。我们做事情，最好还是遵循基本的流程，基础性工作必须做好，不能想当然，比如比价、结构性分析、背景调查、适当的求证。即便是那些非常精明的人，上当受骗以及被人坑都是因为想当然，某些基础性工作没有去做，在执行过程中缺省掉了。

人们更多相信自己和他人在经济选择过程中的理性，特别是在性价比方面的理性，其实按照“怪诞行为学”和“怪诞经济学”来讲，我们平常的很多假设是存疑的，并不能解释更多的问题。我们每个人尽量按照自己所认为的理性去做事，但在实践环节，更多的非理性行为、非理性理念实际上比比皆是，即便是通常被认为是非常理性的人，在某些具体事项上也会做出平常看来十分幼稚的行为。因此，社会上便常常有某某伟人也是人、某某大师也是人的说法。换言之，人性的弱点普遍存在，这些东西在商业、军事和政治上都有着巨大的利用空间，如何有效地点“错”成金，也就成为和品牌传播市场营销所关注的重要课题，其实也是核心课题。在现实中，不少品牌越来越注重包装和外在形象，而核心品质方面却越来越无底线，就是对点“错”成金原理滥用的结果。

从我们的六项指标来看，点“错”成金在商业中的应用，有着更多的内在逻辑。其一，因为很多人在某些具体的认知方面存在谬误，别人的“错”给自己带来的就是商机和高价，其实也就是借机在“单价 / 交易额”、“利润率”指标上获得突破。卖菜的小贩可能没有多少文化，但这个道理还是很清楚的。其二，在点“错”成金模式下，“接触人数”基本是固定的，与通常的定位没有太大差别，剩下的只是“转化率”或者概率的问题，一般来说，这种概率比较低，但在形成“认知固化”的基础上，“转化率”实际上比人们通常想象得高很多，在极个别情况下，80% ~ 90% 的可能，也不是完全不可能的事情。其三，“购买频次”或“重复购买率”，在点“错”成金大背景下，特别是我们案例当中所讲的社区菜市场发生的现象中，由于长期的“认知固化”“比价盲区”和“路径依赖”，且这种惯性不太容易被打破，“购买频次”在绝大多数情况下是可以有保障的。其四，**经商在某种程度上就是“移动打靶”，只是所要盯住的“错”究竟是来源于消费者，还是竞争对手，是属于市场所遗留的空白点，还是时空条件所赋予的新领域**。有人将商业行为看作是理性行为，有人将商业行为看成是非理性的怪诞行为，但现实中更大程度上是兼而有之，只有这样，才给“移动打靶”、点“错”成金提供了巨大的想象空间，特别是“单价 / 交易额”及“利润率”指标。

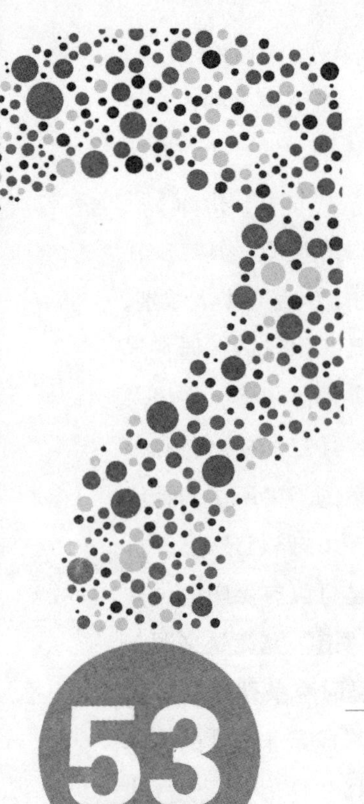

53 回乡硕士的竹鼠养殖生死局

导读：特种养殖除了行业周期非常明显外，还面临着技术层面的风险，整体上有一个技术链的闭环，很多细节一点也马虎不得。技术细节上能否过关、将损耗率降到最低，直接制约着他们的“利润率”，这是除了价格波动周期之外横在养殖行业面前最大的门槛。IT 其实算不上什么高科技，因为都有标准化模块，而特种养殖才是真正的高科技。

2005年前后我国兴起了一股特种养殖浪潮，养水貂的，养野猪的，养藏獒的，养金线龟的，养果子狸的，养黑狗熊的，比比皆是。2006年，福建某地镇上发生了件怪事情，有一个中科院毕业学物理的硕士，放弃了留在北京的工作机会，回到自己家乡去养殖竹鼠。虽然当时南方一些省份竹鼠养殖比较热门，但基本都是没上过大学的人干的，硕士回乡从事特种养殖，在他们那里还算得上是新鲜事儿。这位朋友被乡里人私下议论，是不是性格怪僻不太合群，或者犯什么事没完成学业而被学校开除了以各种八卦五花八门，但他都全当不知道，该干啥干啥，反正是“天行健，君子以自强不息”，一切让结果来说话吧。他最先决定投入两三万元的小额资金试试，受教育背景影响，他做事情还是非常慎重的。他先从网上搜集资料，后来又拜访了附近几个镇上的竹鼠养殖户。此外还从各种渠道买了一些专业方面的图书，一边自学，一边请教，一边琢磨，基本没走什么弯路，就成功实现了引种繁殖。竹鼠每年繁殖三四胎，一年四季均可发情交配，但这个东西最忌讳的是近亲繁殖，那样会导致种群资源迅速退化，因此他从几个不同的地方引种，但引种最多的还是外省。第一年，竹鼠基本没有什么大的损耗，加起来有30只左右，这在特种养殖界是很难得的。与引种同步进行，就是兴建竹鼠养殖场，在此过程中，他深入研究和参考同行的经验，还从网上购买了专门的视频教程，个别仍拿不准的问题就在百度上通过与网友互动来解决。

他在家里的一个房间养了200多只竹鼠，到2008年春节之后就赚了30多万元。其规模虽然比较小，但赢利能力与同行相比还是可以的，而这里面的关键就在于“炒种”。如同其他大多数行业，很多竹鼠养殖户都是跟风的。后来者需要向先行者买种，价格200 ~ 300元一种，毛利润非常高，如果是要一对种，则需要500 ~ 600元。大约到了2009年，他买了一处废弃的四合院扩建养殖场，这座四合院占地有两亩多，中间的院子大约就占一半的面积，不过房子很破旧，必须翻修，于是这位朋友将前三年赚到的钱都用在养殖场建设上了。养殖场建好之后，他的竹鼠存栏量猛增到1000多只。美中不足的是，养殖规模虽然大了，但“炒种”的热度也慢慢降了下来，因为有意引种的养殖户，经过三年左右的时间，自己也基本有了种，不需要再大量购买。这样一来，这位硕士就由原来的以出售种鼠为主，改为种鼠和商品鼠并重，利润率由暴利慢慢下降，利润也变得比较一般了。在整个养鼠生涯中，商品鼠会有人专门上门收购，他们也不用专门去酒店跑业务。

2009年以来，由于养殖竹鼠的人日益增多，商品鼠的收购价一年一年下滑，逐渐开始逼近成本线。到2012年，这位朋友越来越发现自己养殖竹鼠也就和打份工差不多了，他的竹鼠场包括他本人和他父亲，也就相当于解决了父子两人的就业。2013年，由于众所周知的原因，高档餐饮业，还有虫草等高端礼品行业都出现了严重下滑，特种养殖业在某种程度上也受到了波及，终于连他这样的竹鼠老养殖户也无力保持住利润。而更早的时候，很多小的、技术差的养殖户已经清掉存栏，去其他行业寻找新的机会。这位朋友毕竟硕士毕业，某些问题想得比较周全，在别人纷纷放弃的同时，他还是不断深入思考，认真评估了一下，最终得出如下结论第一，中国人在文化背景上更喜欢美食，《舌尖上的中国》栏目的大受欢迎在某种程度上就是中国人最好的写照。从长远发展来看，我国餐饮方面的消费结构和档次还会持续升级，以竹鼠为代表的特种养殖还是有巨大空间的，这个行业本身没有太多问题。第二，养殖、种植行业存在明显的周期性变化，即便是最为常规的养猪、养鸡和种白菜都是如此，有波峰必有波谷，有波谷必有波峰，“反者道之动，弱者道之用”，严冬过后必有春天，竹鼠养殖行业的复苏和再度火爆是迟早的事情，在这个行业坚守是必须的，也是有价值的。第三，暂时先把竹鼠的养殖规模压缩到最小，保留十多只，行情实在不行就自己家吃了，留几窝种鼠做繁殖用，免得以后行业复兴又没有资源。同时，把养殖场的利用率用到最大，原本竹鼠养殖最好的时候，这个养殖场也只利用到了一半，现在不但要把养殖场剩余的面积利用起来，还引入资金周转效率较高的品种，最终选择的品种是土鸡和土鸡蛋。第四，虽然搞的都是养殖，土鸡和土鸡蛋同样会出现与竹鼠类似的行业周期，但毕竟相互之间的周期不会重合，风险正好可以对冲，假如有一天土鸡养殖跌入波谷，就把土鸡的规模压缩到最小，然后再把竹鼠的养殖规模做上来。甚至还可以搞个绿色蔬菜种植之类的，形成生态链。

这位朋友大的思路框架是没有问题的，关键是在一些细节上，如何去具体落实与执行。好在这位朋友属于典型的“技术男”，受专业背景的影响，很喜欢在一些领域系统地琢磨一些细节性问题，并能形成行之有效的解决方案。因此我们也不用对他某些操作方面的问题担心，风险自然不太可能完全避免，但他是那种对风险的控制和管理能力较强的那类人。

结合我们的六项指标，大家一起来加深对这个案例的理解：其一，**绝大多数行业都会面临周期性轮回，只要行业从长远来看不会消亡，出现正余弦曲线的变化都是很正常的事情，在这种情况下，“单价”和“利润率”同样会呈现大致上的周期性变化**，如果采用不同细分领域的养殖或者种植进行平衡的话，按年平均整体算下来的“交易额”及“利润率”，相对来说还是可以做到最大化的。其二，随着人民生活水平持续提高和消费档次日趋升级，很多原本高端的细分食材都会逐渐变成大众化的品种，木耳、香菇和牛蛙都曾经历了“旧时王谢堂前燕，飞入寻常百姓家”的过程，在此期间，“接触人数”在“时间轴”上会持续放大，硕士男没有完全退出竹鼠养殖领域，看重的就是这一点。其三，“转化率”也是一个相对指标，受市场接受程度和价格、口味、购买便捷性等多重因素影响，这项指标在“时间轴”上同样是非常有利的一个因素。其四，在限定的“时间”内，谁能赚更多的钱是几项指标平衡的结果，而“单价”和“利润率”只是其中的两个指标，如果在“接触人数”“转化率”和“购买频次”等方面获得重大突破，即便是在“单价”和“利润率”不断下降的情况下，项目还是有可能获得井喷式发展的，产生利润的效率也有可能像是在“印钱”。在可预期的未来，随着“时间”指标上潜力的释放，竹鼠消费市场会迎来更大的发展黄金期。

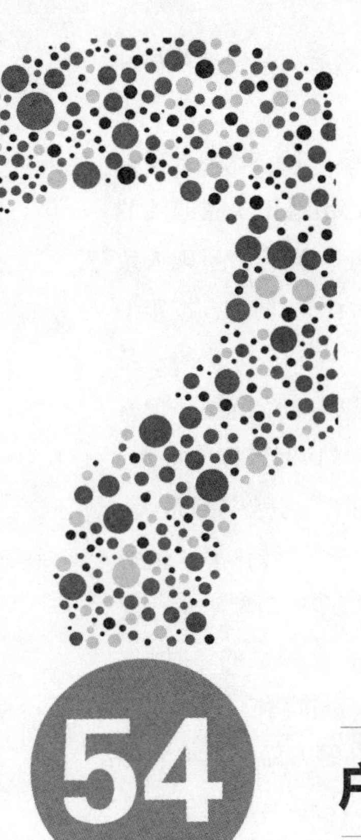

54 户外宠物笼与客户体验微创新

导读：细分领域常被看成是蓝海源泉，但有关项目的最大问题就在于“接触人数”和“转化率”如何获得突破，如果这两项指标挖潜乏力，那就只能在“交易额”上做文章了。专业渠道商在此过程中扮演着“长尾集成器”和用户代言人的角色，通过用户体验微创新，成功绑定了“长尾集成器”，整个细分产品商业模式的困局，就可以成功破解。

W 先生的父亲是印尼华侨，1967 年回国，他本人基本是在国内土生土长的，现在有 40 多岁，大学毕业后一直创业经商，多少年下来所尝试的领域比较多，整体上起起伏伏，转战大江南北，发展得不是太顺利，但还过得去，人脉和经验相对来说比较丰富。2008 年底，他又一次结束了原来的项目，开始了新一轮的迷茫探索。一个偶然的机会，W 先生从之前经商积累的人脉中获得了一个重要的市场空白信息，生产销售户外宠物笼属于看上去不错的蓝海市场。2009 年初，他办了个小的户外宠物笼工厂，在市场开发上采取了客户转介绍模式，虽然勉强也能运作，但总是不能真正进入状态。2009 年，他们的业务开展进度不是太理想，虽说面前一片蓝海，但就是看不到新大陆，在圈内竞争很小，却难以上规模，客户需求批量不大，维持尚可，发展不足。转眼间就是 2009 年底，圣诞、元旦、新春，一个节连着一个节，很多行业由于宏观经济大幅回暖，老板们内心中感受到的都是一片融融春意，但 W 先生还得为自己的生意如何破局而苦思冥想。他经过认真的分析判断，感觉这种细分领域在国内市场发展起来还是要费劲一些，还是要走“傍大式路线”，集中精力开发一个大客户，以便能在批量上实现快速发展，通过一番甄选，最终将目标锁定在美国某零售商巨头身上。经过各种渠道多次联络后，他们进入了美国零售商的审核供货商目录。

2010 年 3 月，W 先生的公司接受了深圳某中介机构的代验审核，初次审核没有通过，评分 51 分，但属于可以给予二次验厂机会的评级。二次验厂前，W 先生改进了厂区的库存分类管理、垃圾堆放、生产作业区间流程定位、物料及人员通道导向，明示生产作业流程标准，同时还对其他评分较低的重点问题一一做了整改。员工宿舍由于改善难度很大，难以达到美国客户的审核标准，最终他将住宿问题由自主管理改为企业补贴、雇员自行消化，化解了宿舍管理的大难题。2010 年 9 月，他们又迎来二次验厂，结果以 90 分的成绩顺利通过，成为美国零售商的合格供应商。虽然通过了美国零售商的资格审查，但 W 先生并没有迎来最初想象中的大订单，前前后后又经过几个回合的争取，但对方给他的答复中说同类产品已有供货商，溢出订单才会给中国供货商。大半年努力换来的不过是个资格，这位朋友的公司只是老美供货商的备胎而已。

已经走到这步，自己绑架了自己，自己把自己架在了火上烤，该怎么办呢？只能痛定思痛，反思自我，从客户的角度来寻找突破。其实最终也无非两大方向：其一，在保证质量的基础上降低成本，其二，在原有的基础上提升客户体验。如果走第一条路线，粗略看起来似乎可以，但由于在中国各项成本已经非常低廉，人工成本还面临较大的上升压力，因此成本压缩的空间不是太大，倘若偷工减料，针对国内市场还可以，针对美国零售巨头，这条路是万万行不通的。与此同时，户外宠物笼产品本身的技术含量也并不高，唯一可行的路子只剩下通过款式设计方面的微创新来提高客户体验了。结合他这个产品来说，空间还是比较大的。通过研究客户诉求，来寻找产品体验上的改进，实际上并不复杂，这方面可以通过在线网站的客户留言进行潜力挖掘来实现。

有道是天道酬勤，功夫不负有心人。2011 年，对客户产品需求的挖掘终于有了突破——款型的运输适配性问题。通常户外宠物笼比较大，拆成分片其规格也有 2 米 ×1 米，共 4 ~ 6 片，另外还包括铁架及铁网，无法放进家庭轿车，给购买者带来了极大不便，需要箱式货车或者卡车才可运走。因此，W 先生基于运输便捷性的定位，宠物笼向着更小的拆分包装进行研发和设计。用了两个月的时间，新的产品款式最终得以定型，单片产品与原来产品相比缩小到了 75%，整体包装缩小到适合家庭轿车运输的状态，其便捷性因此而大大提升。此外，更合理的链接结构设计，使得他们的户外宠物笼安装起来更简单，组装人员对照说明书在一个半小时内就能完成安装，比原有的组装方式节约了大约一个小时。微创新后的改良产品，提交美国零售商后得到了对方极大肯定，结果 2011 年当年订单量激增，甚至出现了供不应求的状况，在经济危机尚未过去的 2012 年，订单量约 1200 多万元人民币，2013 年又凭借单一产品、单一客户，实现了 3000 多万元人民币的销售额。

对于很多细分领域的项目来说，走“傍大式路线”不失为一个很好的发展方向，其好处一方面是可以把产能、产值和销售额以一种较快的速度做上去，另一方面是对方会对你的研发、设计、管理、储运和物流等方面的能力提出较高的结构性要求，使你的很多能力进行强制性提升，从而能在较短的时间内迫

使你上一个大的台阶，实际上也就相当于变相地引进了技术和管理经验。南京有一家比较有名气的润滑油厂家，他们家产能规模其实还是比较大的，老板在定位上，一半左右的产能用于生产自己品牌的产品，另外一半产能则用于给国际大品牌代工，他主要是希望用这种方式从国外引进先进的技术和管理，在较短的时间内缩小自己和国际品牌之间的差距。他的这种理念在七八年之前还备受争议，但从这些年出来的效果看，取得了巨大成功，自己的品牌在同行中的地位直线飙升，产能规模增长了 3 ~ 5 倍，在外地还不断兴建新的工厂，这在大环境不太景气的情况下非常难得。

经商很大程度上就是我们所提到的六项指标之间的平衡与挖潜。在这方面，W 先生的户外宠物笼项目有意无意暗合着这样一些规律。第一，户外大型宠物笼传统上属于冷门产品，在国内市场更是如此，因此这个领域在目前市场竞争整体上如此激烈的情况下还属于传说中的“蓝海”，但这也带来了一个全新的问题，就是“接触人数”指标难以做上去，通常每次需求的批量都不大，这也是他运作这一项目最先遇到的问题，如果要想在批量和销量之上获得巨大突破，直接面向消费者做营销恐怕是“高射炮打蚊子”，有点使不上劲儿，只能在全球范围内寻找规模化的专业渠道商。第二，消费市场的细分领域渠道商已经通过多少年的积累和沉淀，进化成一个“长尾集成器”“长尾放大器”，使得原本散落的、数量较少的接触人数最后集成为“关键人”。虽然厂家在直接面对的“接触人数”上没有获得突破，但相对来说更为聚焦，你跟对方每次之间的“交易额”是有所保证的，只要批量能够上去，“购买频次（下订单频次）”能够有所保障，生意可以做得有声有色。第三，冷门产品相对来说“利润率”比较高，对于那些专业化程度较高的渠道商来说往往意味着暴利，“利润率”本身并不存在太大问题。欧美与中国的宠物市场不太一样，由于独门独户的别墅占比较大，而且整体上更为喜欢宠物，因此户外宠物笼的需求量和需求比例都是比较高的，“接触人数”和“转化率”都要比中国市场好很多，而这一切都需要美国本土专业零售商这个中间环节，才能在 W 先生的工厂这边转化成大批量、成规模的需求。第四，尽管宠物笼此类产品属于典型的耐用品，但当今社会是典型的信息化社会，用户的消费体验最终都会在相关网站上留下痕迹，专业零售巨头在很大程度上是消费者的代表，用户最终的满意程度和关联体验性会在零售巨头的订单量和订单频次上反映出来。如果在这些指标上获得较大创新和突破，那么贸易商对你的黏着力及依赖程度也会急剧放大。第五，在项目运作中，除非其他方向无路可走或者效果不大，最好不要以降低“单价”和“利润率”为手段去血拼市场，特别是对于那些“成本创新”没有多少潜力可挖的产品或服务来说，更是如此。

55

顺势而为生长出来的可汗学院

导读：好多优秀的商业模式都是从误打误撞到有意为之过来的。这些内生性很强的模式往往在“接触人数”“转化率”或“购买频次 / 黏着力”上有着强劲的表现，而商业价值则是在此基础上延伸出来的。此种案例在欧美比较多，在互联网、移动互联网和智能化应用领域更为集中，维基百科、谷歌、Facebook、可汗学院都是这些典范中的佼佼者。

在创业领域和投资界有一种流传很广的说法，即好的商业模式往往是生长出来的，而不是被设计出来的。这种说法放在可汗学院身上则更为贴切。可汗学院(Khan Academy)是目前世界上影响力最为强大的在线教育平台，由孟加拉裔美国人萨尔曼·可汗创立，并有望在全球范围内颠覆延续了300多年的现行教育模式。可汗学院的目标是利用网络视频进行免费授课，为受众提供更为方便和快捷的体验，目前其内容涉及数学、历史、金融、物理、化学、生物和文学等科目。截至2013年底，教学影片超过了4300部，并以越来越快的速度更新着，全球有6000多万中小学生观看他的教学视频，每月600万学生登录该网站，创造了一名教师、一台电脑便招揽上千万学生的“教育神话”。萨尔曼·可汗拥有马萨诸塞理工学院硕士学位、哈佛大学的MBA学位，曾从事金融业。

萨尔曼·可汗本人原本毫无这方面的想法，一切都是误打误撞、顺势而为。故事还是要从2004年讲起。那一年，可汗远在孟加拉的表妹遇到了数学难题，便向这位“数学天才”表哥求助。刚开始他们通过雅虎通的聊天软件、互动写字板和电话联系。可汗不愧是天才，对所有问题来者不拒，为了让表妹很好地理解和掌握，他尽量说得浅显易懂。可是没多久，他的侄子、外甥、外甥女也上门讨教，很快可汗有点忙不过来了，于是他想了一招，就是把自己的数学辅导材料做成视频，放到YouTube网站上，如果有人再遇到类似问题，直接推荐对方看视频，而且大家在交流时间上可以分离，利用各自的碎片时间即可，效率会提升很多，也不至于影响各自的工作与生活。考虑到注意力集中时效的问题，他有意识地将每段视频的长度控制在十分钟内，以便他亲戚家的孩子有耐心理解和消化。令他没想到的是，不光他的亲戚家的孩子们对这种方式很感兴趣，而且还受到了越来越多网友的追捧，其互动效果越来越好，结果辅导视频的针对性和表述方式也以很快的速度改进和完善。

2007年，萨尔曼·可汗成立了非营利性的可汗学院网站，用视频讲解不同科目的内容，并解答网友提出的问题。除了视频授课，可汗学院还提供在线练习、自我评估及进度跟踪等学习工具。很快，这个网站每月的平均点击量达到 200 多万次。2009 年，可汗干脆将基金公司的工作辞掉，全身心投入到可汗学院的建设中来。可汗的教育创新模式得到了美国社会的高度关注，并获得了来自各方的支持。2009 年，可汗学院被授予“微软技术奖”中的教育奖，同时由于其教学视频点击量极高，可汗每月可从 YouTube 网站获得约 2000 美元（约合 1.3 万元人民币）的广告分成，许多学生会自发地给他汇钱，从几十美元到一两万美元不等。美国著名风险投资家多尔夫妇，曾捐给他 10 万美元。2010 年，可汗学院先后接到了两笔重要捐助：一笔是比尔·盖茨夫妇的慈善基金捐助的 500 万美元，另一笔是谷歌公司赞助的 200 万美元。可汗学院的模式目前被越来越多的机构所效仿，最为典型的慕课 MOOC（massive open online courses），即大型开放式网络课程。

从整体上看，可汗学院在模式上具有以下几个方面的特征：第一，目前在线教育虽然是一大热门，但更多时候关键词相同而概念迥异，相当比例的在线教育只是相当于视频聊天的远程课堂，互动性和服务的体验性不是太好，而可汗学院都是经过剪辑和后期制作的一段又一段视频影像资料，并放在开放式的视频网站上，与不特定的受众进行互动，幽默风趣，色彩感相对更强，不但体验性好，更重要的是还能产生“群体创新加速”的效果，有点类似于维基百科。第二，每段课程影片长度约 10 分钟，从最基础的内容开始，以由易到难的进阶方式互相衔接，受众可以根据自己的学习效率、知识点掌握的基础，选择循序渐进、跳跃式前进，或者重点复习巩固，个性化和针对性更强，这是常规的学校教育以及视频聊天式在线教育难以比拟的，就相当于给学员“一对一”配备了高质量的贴身家教。第三，萨尔曼·可汗本人不出现在影片中，用的是一种电子黑板系统，其网站开发了一种练习系统，记录了学习者对每一个问题的完整练习记录，施教者参考这些记录，很容易得知学习者哪些知识点掌握得好，哪些掌握得不好，能个性化地极为准确地定位思维特征、知识点掌握结构及其演化轨迹，在客观上也为大数据挖潜准备了必要基础，有助于课程体系的开发与优化。第四，美国一些学校已经发展出了与可汗学院相配合的线上线下互动教学模式，学生回家不用做作业，看可汗学院的视频来代替上课，到了学校课堂上则是做练习，再由老师或已经懂得的同学去帮助其他同学，有针对性地消除他们不懂的地方。第五，教学方式，就是在一块触控面板上面，点选不一样颜色的彩笔，一边画，一边录音，电脑软件会帮将他所画的东西全部录下来，最后再将这一则录下的影片上传到网上，学员看到相关内容后，可以很便捷和顺畅地将关联知识点及内容整理成笔记，以便消化和吸收。第六，萨尔曼·可汗虽然是个天才，但也不是什么都懂什么都擅长，随着所涉领域不断拓展，针对性“充电”无比重要，他对哪门想教的课不熟悉，就会自己先恶补一番，一个视频甚至要花两个多星期准备，倘若受众没能理解，或者发现了其中的错误，可汗甚至还会重新做一遍。第七，讲师明星化、品牌化，这个就如同影视公司包装明星一样，只有这样才显得更有价值和有噱头，整体上的传播力会更强。从目前的情况来看，可汗学院最终也将成为一个开放式的平台，内容当然是以可汗本人的视频为主，但还将引入其他创造力、感染力极强的讲师的教学视频。目前，国内某些自媒体视频也有类似的倾向，比如袁腾飞和“腾飞五千年”、高晓松和“晓说”、罗振宇和“罗辑思维”，但整体上还是跟可汗学院的模式有一定差距。我常常跟一些朋友讲，在国内如果谁能参考可汗学院的模式，将数学、物理、化学讲得如同袁腾飞讲述历史那样，在教育领域肯定会创造一个大大的奇迹。

可汗学院的发展历史是一个内生型不断成长的结果，是一个不断从误打误撞到顺势而为，再到有意为之，高速发展的过程。他们目前的使命定位是“加快各年龄学生的学习速度”，使学习变得简单、轻松和高效，它最终肯定要覆盖绝大多数现行学校教育课程体系，甚至还会涵盖全球范围内的各大主流语种。可汗学院模式很大程度上也是对我们六项指标深度挖潜的结果：其一，此类项目是公益性非盈利项目，因此我们不去考察他的“单价/交易额”和“利润率”指标，当然发展到一定程度之后他想赚钱也容易，盈利点组合可以更丰富，更加富有弹性，毕竟强大的用户基数在那里摆着，就如同现在的腾讯QQ，主业上可以非营利，但在相关延伸点上照样可以获得很好的收益，这本质上也是互联网精神的一种体现。其二，网络学院最大的好处就是在“接触人数”上具有无限大的想象空间，而且不受时空条件限制，很多内容一旦制作完成，基本上就会一劳永逸，边界传播效用会呈现明显的加速效果，一般而言，“时间”越久，这种效果越明显。其三，“转化率”和“购买频次（重复浏览率）”，跟定位以及课程的质量有关，可汗学院的内容最初定位在中小学必修课程上面，这种需求基本属于刚需，因此其“转化率”比较高。与此同时，由于风格和制作细节综合产生的黏着力很强，而且课程都是成系统、成系列的，当整体上所积累的视频库越强大，“购买频次（重复浏览率）”的潜力越会得到更好的释放。

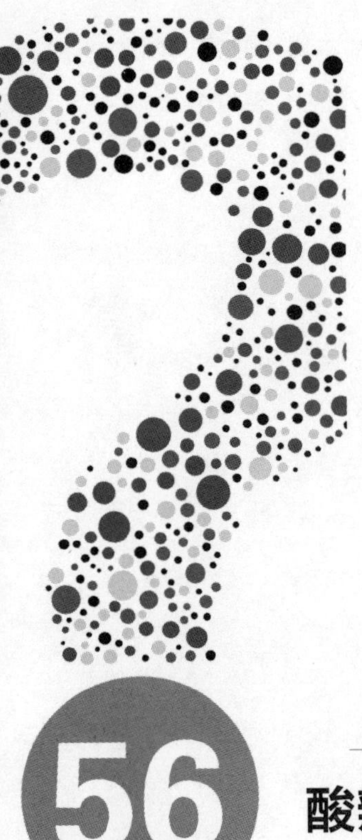

56 酸辣粉店如何升级到“迷你美食城”

导读：对于小吃店来说，口味无疑是最为重要的，但如果能在消费品种、店面空间利用率、翻台率、有效营业时间等方面有效实施微创新，进而使得“交易额”“利润率”“接触人数”和“购买频次”的潜力都得到释放，就不只是锦上添花了。“迷你美食城”模式通过品种组合和资源整合，可以将“接触人数”潜力在时空上挖掘到极致。

D 先生现在 30 多岁，初中刚毕业就在社会上混，前前后后做过很多生意，但也就是在他们老家那边开店。2003 年以来，珠三角地区兴起了一家叫“八哥酸辣粉”的小吃连锁，生意愈来愈红火。D 先生感觉到这是一个商机，自己粤北山区的老家县城没有专门的重庆酸辣粉，于是他找了另外一个朋友合伙，在 2010 年山寨了一家“八哥酸辣粉”店，刚开始的时候店面很小。这个老板不知在哪里学到的技术，重庆酸辣粉做得很正宗，其他的相关品种也很齐全，冷饮小吃都有，并且针对本地人的口味做了明显的改进，因此小店一开业生意就非常红火。到了 2011 年年底，D 先生又做了两件非常重要的事情：其一是解决正式的品牌授权问题，他们去深圳“八哥酸辣粉”总部谈判，得到了正式授权，成功被“招安”，身份由“梁山军”晋身为了正规的“大宋军”，做大做强的后顾之忧得到了解决。其二是选择到他们那里商业繁华的一条街上开了家大店，上下两层，大约 100 平方米的样子，生意更加火爆，令他们当地的不少人非常羡慕，毕竟粤北山区比不得珠三角，赚钱不太容易。不过总算是起了一个很好的头，一上马就赢了利，还朝着良性循环的方向发展。

他们的生意看起来似乎平淡无奇，但也有不少值得创业者称道的地方。他们两个年龄相仿的朋友合伙，多年下来一直相当团结，又互有分工，不同意见总能协商解决，都没有当老大、出风头的情结，光凭这一点就不太容易，很多人过不了这一关，经受不起时间的考验。2012 年，D 先生和他的合伙人发现店面的面积没有得到充分利用，一合计，就把其中的一些柜台分包给其他小吃店老板。这看似很小的变化，却相当于他们店面的一个“微创新”，其后显示出来的效果超出了他们的预期。他们一方面相当于每月都增加了一笔还过得去的租金收入，另一方面又无风险地拓展了产品线，夸张一点说，各种小吃组合起来，就相当于一个“迷你美食城”。经过这种“资源整合”式改造，D 先生店里的客流量极旺，几乎每天大部分时间都是满座。与此同时，他们逐渐把辣鸭爪等不少东西做成包装外卖出售，他们包装型外卖生意也越来越好，太忙的时候他俩还得亲自送外卖。

这种利用资源整合的方式其实在很多领域并不鲜见，甚至都快发展成“商业人气一站式解决方案”了，目前最为典型的就是大型连锁超市和卖场，将入口及走廊的一些位置租赁出去，作为箱包、化妆品、美食、茶叶、保健品、饰品、服装专卖店的商铺。这种商业模式接近20年的发展，被证明是非常有效的，而且这些铺面的招商也越来越品牌化、正规化，越来越以各种各样的专卖店居多，品牌知名度和装潢程度都在逐渐升级。沿着这种看似平常的思路，在商业模式上可以有好多变型，D先生的“迷你美食城”只是其中之一，其他的我们还可以列举几种较为常见的模式，供广大正在创业的朋友们参考。

第一，城市综合体。这是商业地产目前常见的做法，就是在房地产建设规划中，将城市的多重功能很好地结合在一起，通常是商业、办公、居住、旅店、展览、餐饮、会议、文娱和交通等城市生活空间中的若干项进行组合，使之建立一种互依互存的能动关系，形成一个多功能、高效率的综合体。城市综合体基本具备了现代城市的全部功能，所以也被称为“城中之城”。这种方式实际上是在为习惯快节奏的人们提供一个方便、快捷、经济和集多种功能于一体，满足工作、生活、购物和娱乐综合需求的一站式解决方案。

第二，漫画、动漫、网游、电影和连续剧的剧情、道具和品牌植入。2003年前后这种植入主要是简单的道具植入，比如赞助品牌手机特写，发展到目前，更多是品牌形象店和产品卖点剧情介绍植入，较有代表性的就有蒙牛形象店在《乡村爱情故事》中以“大脚超市”的形式深度植入，还有长城润滑油在《结婚前规则》中以广告提案的剧情植入，剧中有广告公司给长城润滑油做提案，台词将长城润滑油航天品牌的诉求点基本完整地表述了出来。

第三，让产品内外包装赋予更多的品牌形象自传播功能。包装是品牌形象传播的重要载体，更应该强调包装自传播功能，通过视觉效果突显传播重点。包装或者标签设计在面积上应该更加突出产品副品牌以及产品名称，使得品牌元素更加醒目，另外还应当更为明显地呈现产品的卖点及传播诉求。如果面积允许，还可以具体介绍卖点的深层次含义，甚至在包装或标签上可以考虑印有不同图标，用来表示自己产品不同的适用范围。

这些其实就是“一个平台，多种功能”思维的变型与体现。这个概念的内涵是尽可能地挖掘某个资源投入方向上的潜力，使其达到多种对公司有利的效果。比如，在促销礼品的选择上，不但要注重促销功能，还要注重品牌传播、渠道渗透等方面作用的发挥。再比如，公司的宣传资料在传播公司品牌形象的同时，还应当扮演实用培训手册和工具书的角色。从逻辑上来讲，这种功能方向上的多元化和集成化，不但要在较为现实的几个功能方面挖掘潜力，也应该为未来的某个发展趋势预留发展空间。其影响力发挥具有叠加式和指数级特征。

结合我们的六项指标，D 先生的“八哥酸辣粉”店其实是在这么几种方式上挖掘指标的潜力：其一，采用增加小吃品种和柜台外包的形式，在“单价”不变的情况下，将单位“交易额”做大。同时坚守小吃品种，表面上看起来“单价 / 交易额”指标比较低，但由于品种相对简单且标准化程度较高，因此在服务效率上有了极大提升，以此换取了所能服务人数的容量。其二，酸辣粉和各种小吃，“单价”和“交易额”与其他餐饮模式相比，确实不是很高，甚至是弱项，但相对来讲“利润率”不错，这就如同饭店当中的“醋熘土豆丝”，其“毛利润率”相当大，尤其是那些品牌化的连锁小吃，更是如此。其三，“接触人数”是酸辣粉店最适合挖潜的指标，一是如果选择在较为繁华的商务区，有效营业时间会成倍增长，日翻台率 6 ～ 7 次。二是可以通过吧台式装修提高空间利用率和客容量。三是用更多品种上的组合来提高吸引力和放大接触人数。其四，“转化率”和“购买频次”是两项比较微妙的指标，其实更大程度是口味、价格、品牌和品种丰富程度的问题。口味方面，D 先生既保持了正宗的重庆酸辣粉口味，又针对当地人进行改良，结果令消费者特别喜欢。价格方面相对来说偏高一点，但也不是太明显，而且相对于口味来说还是物美价廉的。品牌方面，先是山寨著名的酸辣粉连锁“八哥”，然后接受“招安”，品牌的响亮程度还是可以的。而在品种上，则在以酸辣粉为主打基础，以出租柜台的方式整合其他资源。其结果是整体上的黏着力和体验性都得到了极大的提升，“转化率”和“购买频次”潜力得以释放。

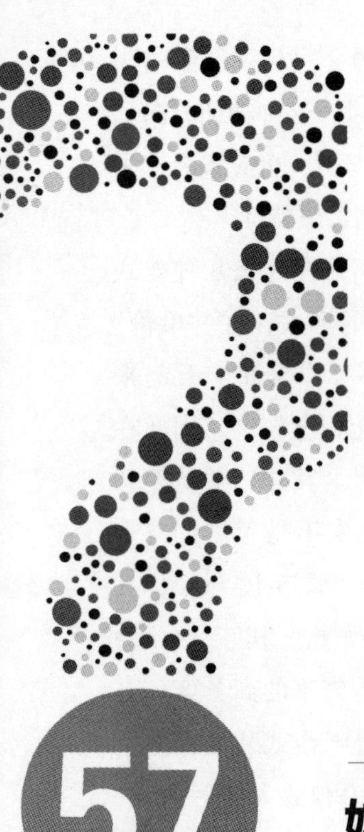

57 媒体平台所面对的价值观迷局

导读：人类属于杂食动物，在不同的价值导向上都有需求，而且都会发生阶段性变化、跃迁和轮回，这些因素在很大程度上决定了特定媒介商业模式的兴衰成败。不同价值定位和形式载体的媒介项目，它们所表现出来的“接触人数”“转化率”、“购买频次”和“时间”持久性都会有很大差异，原有价值定位一旦失去优势，就得重新定位。

从媒体正式产生以来，大致上先后出现了图书、报纸、杂志、广播、电视、户外、直邮、互联网、手机等这么一些载体或表现形式。而每一类形式当中，又有很多具体的分类，甚至更为具体的定位。就拿互联网（包括移动互联网）来说，这十五六年来火过的模式就有社区、门户、即时通信、博客、视频、人脉、搜索、电商、微博、微信等常见类型。如果按照价值取向来分，我们姑且又可以将其分为九个方向，联合起来暂时可以将其命名为“九维模型”。这九大价值取向分别为“及时”“深度”“爆料”“八卦 / 娱乐”“论战”“互动”“人脉 / 商机”“简要”和“个性定制”。当然，从另外大的定位上，又可以分为“内容型”和“平台型”两个大类。每一类媒体在它们各自火爆的时代，都不同程度在这九个价值取向上存在着较为明显的分界。但随着其他媒体的兴起，其所集中的价值取向不得不发生重大调整，否则等待它的命运就只能是日薄西山，甚至是直接退出历史舞台。**传统媒体、互联网、移动互联网，本质上都是一种资源对接的媒介，必须在这九项价值中，最起码要守住一个绝对的制高点，否则你很容易被滚滚洪流所淹没**。如果由于种种原因丢掉了原来的制高点，就必须换一个价值取向来进行创新和重塑，以获得独特的竞争优势。从一个全新的角度来讲，随着移动互联网及其相关技术的飞速发展，这九种价值取向很有可能会相互融合，能够在同一个应用平台上集成实现。实际上，微信已经具备了这样的潜力。

在广播和电视兴起之前，以报纸和杂志为代表的纸媒体在功能上就有较为明显的分工：报纸更多偏重于“及时”“爆料”“八卦 / 娱乐”和“论战”，而杂志则更多偏向“深度”与细分聚焦之上的“个性定制”。当广播和电视出现后，针对某些突发信息的报道，报纸的“及时性”开始逊色。报纸和杂志越来越依赖信息的大篇幅报道和加大信息容量，个别情况下还可以策划系列访谈栏目。但随着广播和电视容量的长足发展，以及收音机和电视机的极大普及，给报纸和杂志带来的冲击越来越大，因为在那些“及时”“深度”“爆料”“八卦 / 娱乐”和“论战”方向上，广播和电视的竞争力越来越强，再加上连续剧的泛滥，加速了对纸媒生存空间的挤压。好在纸媒体有着很好的便携性，而且纸媒还可以复查和跳读，但仍需要更精准的细分差异化定位才能生存。“人脉 / 商机”的比重逐渐超越了资讯，成为纸媒新的立足点，甚至到了最后，纸媒根本不是靠资讯来赢利，而更多是倚重广告。这个大致的发展脉络很有趣，到了“广播为王”和“电视为王”的时代，尽管影响力还是靠内容来立足，但赢利上更倚重广告和赞助了。互联网和移动互联网的兴起，以及与之伴随的各种模式，对传统媒体造成最为全面的冲击。这主要是因为传统媒体的“及时”“深度”“爆料”“八卦 / 娱乐”“论战”“人脉 / 商机”“互动”“个性定制”功能，互联网都可以实现，而互联网（含移动互联网）还具有传统媒体所不具有的“位置服务”“点播”“深度互动”和“人脉圈子”的功能。

互联网兴起之初，主流模式是综合门户和社区，受网速等技术条件的影响，内容也更多体现为纯文字或者像素很低的图片，但在“及时”“爆料”和“论战”上很有竞争力。同时，由于资讯量爆炸式增长，纸媒的生存空间受到快速挤压，特别是在这几个价值标准上越来越站不住脚。为了生存，纸媒越来越被逼到“深度”和“专题”之上，而且更多强调内容的独特性。在这个过程中，新浪、天涯和凯迪都曾大红大紫过。Flash、图片、音频和视频分享网站的兴起，对广播和电视的冲击非常大，视听新闻、电影、连续剧，还有强烈视觉效果的图片，在相关网站上都可以实现，而且顺畅度、清晰度和体验性也越来越没有问题。在这种情况下，广播和电视都被迫转向以专题片、系列讲座、访谈为代表的“深度”，和以真人秀、脱口秀和草根选秀为代表的“娱乐”方向发展。特别有趣的是，本来受电视和互联网夹击，广播都快奄奄一息了，但很快私家车的井喷和路况拥堵救了广播一命，路况信息和时尚音乐、脱口秀，最近十多年在广播节目中的占比越来越大。

博客模式的兴起，主要是满足了人们对个人专栏以及被关注的需要；QQ 群模式则更大程度满足了及时互动的需要；SNS 的兴起满足了网友人脉方面的需要。这三种模式对社区人气的分流影响都比较大。但对门户和社区冲击最大的，还是建构在移动互联网基础上的微博等应用。由于能够做到随时随地，微博在“及时”“爆料”“论战”“八卦 / 娱乐”“互动”“人脉 / 商机”和“个性定制”这七项指标上的表现在两三年的时间内都很强劲，同时还满足了人们内心深处强烈的“被关注”需求。在微博的冲击下，门户、社区、博客和 PC 基础上的 SNS 都逐渐黯然失色，原来靠“爆料”“八卦 / 娱乐”“论战”和“互动”来维持繁荣的社区，特别是天涯这样的平台，影响力、浏览率和黏着力都呈快速下降态势。微博另外一个最大的价值就是简明扼要，要求 140 个字把意思表达清楚，这对于长期饱受长篇大论“折磨”且对写作不是太擅长的大多数中国人而言，秒杀力特别强。

很多媒介平台在推广中应用“名人策略”，其实主导的价值就是“八卦 / 娱乐”以及“论战”，新浪博客和微博的兴衰都跟这种策略有很大的关系。这种策略的优劣势都显而易见，也就是影响力、关注度和参与度的提高和衰落都会很快，最终画下一个完美的抛物线。名人是一种相对稀缺的资源，而且他们的时间和精力更是一种稀缺资源，他们同样时髦和喜欢尝鲜，兴趣也很容易发生转移，被更新的模式所吸引。“名人策略”曾使新浪博客和新浪微博迅速蹿红。刚开始这些名人出于新鲜，还会时不时更新一些内容，但随着时间的推移，就越来越出工不出力了，平台整体上的活跃程度和黏着力就会大幅下降。媒体“名人策略”推到最后，很容易出现类似于政坛和企业当中常见的一类现象：“老人”逐渐懈怠，但依旧把持着位置，“新人”无论怎样努力，都得不到机会，缺乏向上发展的通道，新陈代谢不畅，逐渐动力不足。最终，受众越来越不满意，平台黏着力下降，直至失血过多，休克而死。如同人们吃饭一样，口味是需要轮流换的，任何一种口味吃着时间久了都会腻味，也会朝着相反的方向回归。当人们在微博上享受了三四年之久的快餐式、碎片化和要点式的信息之后，口味终于再一次发生了漂移，对信息深度和多媒体效果的需求发生了回归。

微信在相当大程度上拥有微博的一切长处，且很好兼顾了“深度”和互动基础上的“多媒体效果”，此外还有全新的“位置服务”和“猎奇模式”，因此成了微博最大的挑战者和替代者。在微博影响力回落的情况下，以天涯和凯迪为代表的社区，浏览量和影响力都开始小幅回升，但如果不按照纸媒体曾经经历过的那样朝着“深度”方向进行价值重塑的话，恐怕这种回升将是暂时的，更大的压力就在前面。在某种程度上来讲，网络化的虚拟世界和现实世界一样，需要解决社会底层靠着自己的品质、贡献和努力程度能够不断向上发展的通道问题。这在智能化网络时代其实可以通过软件程序自动实现，比如对内容质量、受欢迎度、活跃程度等指标进行加权评分，进行优先级的自动推荐，这样保证被认证的名人、专家、大 V 们逐渐出工不出力的时候，还有源源不断的优质内容被推荐出来，从而使无论是对那些内容发布者还是接收者都有强劲和持久的吸引力。

媒体定位的这九大价值取向在一定程度上可以与我们的六项指标中的某几项融合：第一，从“接触人数”和“转化率”指标来看，“及时”“爆料”“八卦/娱乐”和“论战”这四个价值导向更具有潜力；其次便是“人脉/商机”，而“深度”和“个性定制”的潜力要比其他几个价值导向弱很多；第二，在“购买频次”（黏着力）和“时间”持久性方面，“深度”“论战”“互动”“人脉/商机”和“个性定制”的潜力相对来说，要比其他几个价值导向更大，而“爆料”和“八卦/娱乐”的时效性更强，但难以形成有效的积累和沉淀，快速爆红，快速遗忘；第三，媒体的 九大价值取向中，“购买频次”（黏着力）最强的分别是“人脉/商机”“互动”和“深度”，这几个方向上的内容和功能商业价值更强，在相当比例的人那里属于刚需。如果考虑长远的商业化潜力，无论是“卖广告”还是“卖内容”，或者是“卖人脉”，其“单价”和“利润率”指标有巨大潜力可挖。

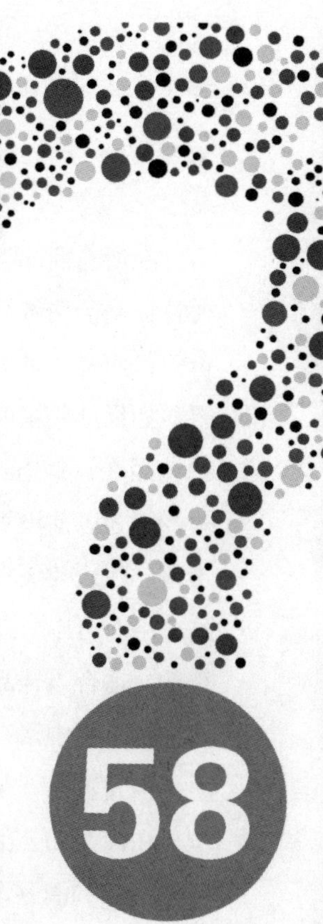

58

礼品经济为何让你眩而又晕

导读：礼品商业模式最为诱人的地方就是“单价”和“利润率”都比较高，甚至还会带来传说中的暴利。但如何让市场高度认可，在“接触人数”“转化率”和“购买频次”等指标上释放出巨大潜力是其最为关键的“命门”。礼品消费的“面子”因素远远大于使用价值，然而在市场上成功营造产品的“面子”氛围却需要经历“烧钱”的过程。

在所有商品当中，礼品是非常特殊的一类，绝大多数礼品都属于消费品，其主要特征是消费者和购买者分离。因此，礼品的付费者，往往购买的不是产品的使用价值，而是一种面子和情感。这方面的体验和感受，要远比礼品的使用价值本身重要。如果这些东西跟接待或往来的标准与档次相挂钩，变成一种不成文的规矩，这种礼品在营销方面更加富有魔力。当年，我去另一个城市拜访某位八九十岁的长辈，因为以前没见过面，也不知道买什么好，就向一位朋友请教。他社会经验比我丰富，建议我买真空包装的全聚德烤鸭，我说这种包装的烤鸭味道不算太好，他说这个绝对可以，北京特产，又是名牌，包装看上去也大方上档次，价格不算高也不算低，适合当礼品，面子上很能过得去，至于味道如何，倒是不太重要了。这哥们儿在圈子当中素有“老油条”的美誉，我当时的观念还是更加偏重于礼品的内在品质，但这些年下来，越来越证明他的看法是对的，他对人性和商业的把握更为到位。在商业和公关场合的礼品就更有讲究，不知从何时起，招待什么样的客人用什么样的烟和酒逐渐有了严格的等级划分。那样的烟酒到底好不好，值不值那个钱，似乎倒属于其次，关键是你不按照那个标准上，是看不起人，是对人家不够重视。茅台、五粮液等高档白酒，在 2009 —2012 年之间就曾扮演着这样的角色。中央的“八项规定”出台，才硬生生将这股歪风压了下去。不过倒也留下了很好的营销学素材供我们总结和梳理。

礼品经济从整体上来看具有以下几个方面的特征：第一，礼品的外观和包装更为重要，因为直接能感受到的东西与面子在瞬息间能产生交集，产生瞬间认知、瞬息联想。在所有的礼品当中，月饼是非常重要的门类，在过去十多年的时间里，月饼的内外包装都越来越华丽，高档的金属盒子，还要配有磨砂面的亚光材料，以至于很多人都说，月饼内外包装的实际成本是月饼本身的几十倍。有位朋友曾送给我两盒月饼，都是正版史努比马口铁盒子，月饼在物质世界中早已不知道轮回几次了，但这两个盒子我一直当作宝贝珍藏着，因为这见证过一段真诚的友谊。第二，礼品具有强大的情感和面子溢价能力，价格往往会比礼品本应该具有的价值高出不少。购买者其实心里也清楚，只要是你买礼品，无论是哪个档次的，其实都会无可避免地挨宰，但似乎又心甘情愿，不得部去购买，人生在世，人情往来是少不了的。如果这种礼品能被社会特定受众圈子认可，厂商就成功了一大半。在这个方面，过去 20 多年的营销史上有三大经典案例：一个是哈根达斯，“爱我就请我吃哈根达斯”；一个是“钻石恒久远，一颗永流传”，成就了戴比尔斯；还有一个是史玉柱的“脑白金”。“今年过节不收礼，收礼只收脑白金”，“孝敬爸妈，脑白金”，一个广告愣是死磕了好几年，几乎让全国人民只要买礼品，就不能不想起他，都快成为一种条件反射。第三，**对于购买者来说，礼品的核心价值是包装、面子和品牌等外在的东西，而对于消费者来说，只要礼品的使用价值还过得去就行了，对其本身的价格并不是太敏感**。其实，也就是无论购买者或消费者，对礼品本身的“性价比”都不会太关心，消费者顶多关心的是“物美”，而购买者也不会太多去关心“价廉”。

顺着这个逻辑，适合当礼品的产品都存在着不同程度的过度包装，有的甚至到了非常夸张的地步。当然，对于时令性比较强的礼品，除了情感型、面子型定价因素外，还受应景属性影响。比如月饼、粽子、汤圆，在更宽泛的意义上还包括对联之类的东西，此类东西无论你怎么卖，最终都会存在大量的剩余，客观上浪费的比例很大，因此定价和利润率都不能简单按照包装单位本身来计算，而是应该将整批货当作一个整体进行考量。按照包装单位进行利润计算的话，这些东西可能算是暴利，如果将整批货当作一个整体，再将资金周转效率考虑进去，很有可能跟最初想象的大不一样了。在《韩非子》中有个“买椟还珠”的故事，讲的是郑国人买来珠宝而只留下漂亮的盒子，但不要里面真正富有价值的珠宝。但在礼品经济、面子经济高度繁荣、产品过度包装的今天，“买椟还珠”可以有全新的版本。现在社会上有一种趋势，利用精美瓷器等工艺品作为烟酒和茶叶等礼品的包装，“珠”可能很快就消费掉了，甚至品质也不是太好，但“椟”却被当作宝贝长留人间。我们自然也不能说什么“金玉其外，败絮其中”，化用一个曾经流传很广的说法，“哥卖的不是烟酒，是包装”。在某些特殊的情况下，礼品的购买者和消费者对此心知肚明，双方都知道“珠”只是一个噱头，而“椟”才是关键。某些茶叶和白酒企业顺势推出此类款型的礼品，虽然量不是很大，据说卖得都不错。

在我们的六项指标中，礼品经济商业模式最占优势的就是“单价 / 交易额”，其次便是“利润率”指标。在“单价”层面，精美包装的礼品很有可能是同等材质和品质产品的十多倍甚至是几十倍，在某些特定情况下，上百倍都未尝没有可能。高“单价”模式下，自然包装和外观设计要显得更有档次，这同样需要花费较高的成本，但即便将所有这些因素都考虑进去，无论是“毛利润率”还是“纯利润率”，都是比较高的。“接触人数”和“转化率”是礼品商业模式的“命门”，这跟包装和产品设计有很大关系，但很大程度上受制于渠道、品牌影响力和品牌传播手段。很多商家都希望能顺利走上“礼品道路”，然而成功的很少，这其中的门槛比较高。高就高在如何让人真的感觉买了你的东西送礼就很有面子，或者变成一种身份和地位的背书。“脑白金模式”以及“茅台酒模式”非常令人艳羡，操作框架也非常透明，但真正做起来非常难，需要很多方面的资源与之配套。“脑白金模式”自不待言，“茅台酒模式”中，喝茅台酒变成了身份、级别和成功的象征，“接触人数”“转化率”和“购买频次（重复购买率）”在某个发展阶段都被挖掘到了极致。在这种情况下，价格不像坐了火箭般疯涨都难。建立在礼品经济基础上的商业模式既不是洪水猛兽，也不是万能良药，这里面既有“馅饼”，也有“陷阱”，创业者不可不察。

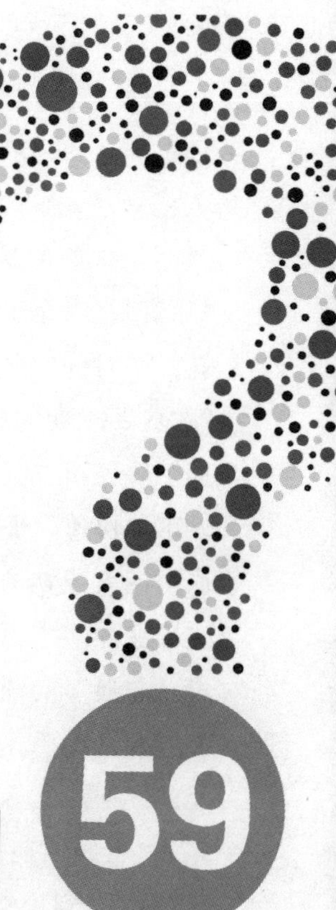

59

空气净化器的火爆是如何炼成的

导读：细分产品和大众产品相互之间并非截然对立，“接触人数”和“转化率”便是其中的窗户纸。细分产品转化为大众产品，说难也难，说不难也不难，在很多时候需要突发性事件作为“天时”。每当细分产品向大众产品成功逆袭，都会有企业利用需求“井喷”成功坐大，并跃迁为商界明星。当然这个逆袭过程是以“利润率”的下降为代价的。

空气净化器本是鲜为人知的一个细分产品，而今却变成家电类产品中的“显贵”，以至于某些品牌经常断货。2014 年 2 月下旬出现了连续一周的严重雾霾，一时间空气净化器和 PM2.5 口罩遭到了疯抢，其火爆程度几乎跟 2003 年“非典”时期的口罩有得一拼，同时又使人不得不回想起“大核民族”“盐慌子孙”等往事。其实，商业史上有很多原本发展得不是很好的细分型产品靠突发性事件快速“坐大”，并最终成就一批企业。在突发性事件中“突变”成名，并取得巨大成功的，除了本书前面提到的那个“呷哺”外，最为典型的就是加多宝了。加多宝原本是广东地区很小众的一个饮料，充其量也就是地方特产，经过“非典”的洗礼，最终突破临界点而走向全国，借助 2008 年“5·12 汶川地震”慈善捐款，以及配套的高超营销和公关手段，加多宝终于有所大成。2003 年的“非典”客观上还成就了电子商务领域的两个“大佬”——阿里巴巴和京东。“非典”还成就了山东胶州大店村的“口罩产业”。大店村制造口罩始于 1988 年，到 1999 年，这个村的口罩业一直发展平平。口罩的销售基本面向西北地区防风沙和东北地区防寒，每家口罩作坊的年利润在 2 万 ~ 3 万元，作坊数量局限在十几家。到了 2013 年，大店村口罩产量约 10 亿只，我国 80% 的民用口罩出自于此，年产值 11 亿元，并形成了成熟完整的运输、织布纺纱和口罩包装产业链。大店村口罩首次脱销并产生“突变”，发生在 2003 年“非典”期间。口罩本属于细分类产品，通常需求量稳定且不是太大，但“非典”让口罩需求量几乎在一夜之间高倍数放大。其他地方由于缺乏口罩产业集群，供给能力有限，结果给大店村提供了千载难逢的机会，当年村里口罩产量暴涨到 2800 万只，产值 2000 万元，理想的产业分工、配套和集群也快速成型，并形成了无以伦比的专业渠道和分销网络，事后其他地方想模仿都来不及。随后的十多年时间里，大店村每一次口罩产量的暴增其背后都有沙尘暴、禽流感和雾霾等原因。大店村“疯狂的口罩”在很大程度上是沾了环境问题的光，虽然他们的致富路多多少少有点黑色幽默。

整体上来说，那些名不见经传的细分产品及其关联企业最终成功逆袭，一般具备以下几个方面的特征：第一，产品本身属于特定情况下的刚需，但在平常是可有可无的东西，或者只有很小比例的细分人群使用，只是特定群体，或在特定区域受欢迎，具有较强的特种属性。第二，通常情况下，生产此类产品的企业，规模都不是很大，在很多时候利润率还不错，但发展速度往往受到很大限制，能做到“小而精”“小而美”已经很不容易了。因此，真正有实力的企业也不太愿意往这些领域投资，整个行业的产能很多年处于超级稳定的状态。第三，社会上一旦发生突发性事件，此类产品的知名度和影响力会在很短的时间内极速爆红，需求量“井喷”。但多数厂家产能或供货能力不足，难以很好地把握住其中的机会，只有小部分企业或者特色产业集群地能抓住的机会，由小企业迅速坐大，实现跨越式发展。第四，部分企业利用突发性事件所提供的千载难逢的机会，迅速占领渠道和分销网络，在打通产业链的基础上形成垄断，即便同行再想模仿，已经变得非常困难了，同时也形成了强大的品牌影响力，由细分领域的品牌跃升为大众化品牌。第五，虽然在绝大多数情况下，突发性事件很快变成过去，但民众的消费理念和习惯已经改变，此类产品最终由细分产品变成大众型消费品，并得以长久固化。或者是另外一种情况，尽管突发性事件已经过去，但关联问题成为常态，此类产品的消费持续走强，甚至在随后的数年内继续井喷式发展。**某些商业模式的发展同样讲究“天时”“地利”与“人和”，对于那些得以坐大的细分产品来说，突发性事件就是当之无愧的“天时”。**

空气净化器，由于其跟大气污染高度关联，在中国本来属于非常陌生的一种产品，但欧、美、日、韩等国家和地区由于较早遇到严重的空气污染问题，因此早已被民众所广泛接受，已经成为极为重要的一类家电产品。据有关数据显示，空气净化器在美国普及率达到27%，日本为17%，欧洲为42%，韩国为70%。我国进入21世纪后，随着工业化和城市化进程加速，一些大中城市空气污染越来越严重，只是在PM2.5这个概念被民众所熟知之前，绝大多数人没有多少防范的意识，甚至都没听说过空气净化器这回事儿。随着雾霾和PM2.5日益严重，甚至出现爆表，空气净化器作为一种重要的家电产品，正以超常的速度为广大消费者认可和接受。在空气净化器品牌的选择上，现在都市白领更多选择的是欧洲品牌。欧盟标准在全球范围内是出了名地严苛，毕竟此类东西如同食品，对人们的健康有着较为直接的影响，还跟其他家电类产品不太一样，安全可靠是放在第一位的，谁都不敢拿自己和家人的健康开玩笑。有婴幼儿、老人或病人的家庭，实际上对这个更为敏感。历史上，以德国为代表的中欧国家曾遭遇过世界上最为严重的雾霾，因此他们应对这些问题，研发这些产品更有经验。与此同时，他们做事的严谨程度，也为此类产品的品质提供了背书。

结合我们的六项指标来看，空气净化器等类似产品在传统上属于典型的细分产品，且又属于标准的耐用品。它的“单价”和“利润率”都比较高，但“接触人数”和“转化率”是硬伤，好在滤片等耗材还需要定期更换，可是一旦遇到较为严重的突发性事件，比如持续一周的严重雾霾，此类产品很容易产生恐慌型购买需求，“接触人数”和“转化率”在当时和其后相当长的时间内都会出现急速“井喷”，变成相当大的一个数值，进而带动整个产业在 GDP 中的比值一路飙红。按照 50% 的普及率，在我国都会变成一个非常庞大的产业。如果我们将不同房间、办公室以及车载空间都考虑在内的话，实际上其中的“购买频次（重复购买率）”指标也可以持续挖潜。在整个过程中，机关和企事业单位的团购也是非常大的一个市场份额，这为某些品牌和商家挖掘“交易额”指标提供了一个十分大的想象空间。时代在不断向前发展，市场上总是不断会有各种细分产品或商业模式借助一些突发事件修成正果。但无论如何，机会都总是留给那些有准备之人的。能不能把握住，就看你修炼得如何。

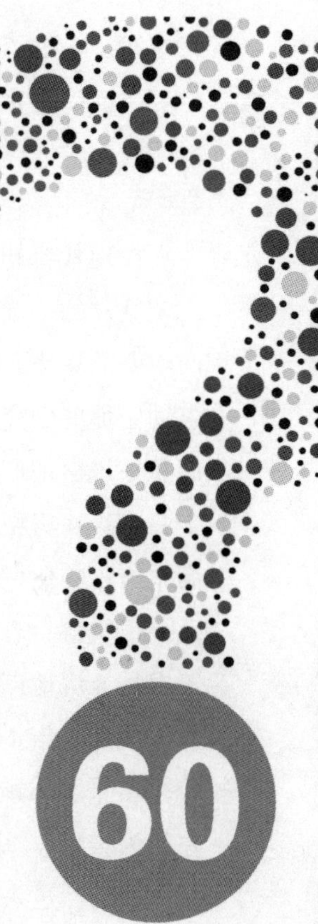

60

房地产中介坐大的背后逻辑

导读：我国急剧发展的城市化进程使很多行业及商业模式都得到了井喷式发展，房地产中介和外包售楼团队便是其中的受益者。房子本是一种耐用品，传统上交易量不会太旺盛。但在城市化速度的高峰期，在“六一模式”[1]推动下，在房子被赋予了投资和金融属性后，“交易额”“接触人数”“转化率”和“购买频次”的潜力都得到了释放。

（1）“六一模式”，是指一对青年夫妻在大城市买房要6个人出资：夫妻二人之外，还有双方父母的积蓄。

在现代都市中，房地产中介是一个令人既爱又恨的行当，尤其是在“北上广”这样的一线城市，更是如此。有太多的人，把房价和房租上涨都归咎于房地产中介的炒作，将其视为都市吸血鬼。但自己买房、卖房或租房的时候又不得不求助于那些中介机构，他们总是能救你于危急之中。在过去十多年的时间里，人们总是说房地产中介的冬天快到了，但每一次，都证明他们比人们想象的更具有生命力。在房租不断攀升、底商租户经营压力越来越大的情况下，他们在所有底商中所占的比例非但没有萎缩，反而前所未有地野蛮生长。只要是刚刚建好的小区，很快就会有房地产中介网点入驻，最终使得这些机构的网络分布密度远远高于银行。房地产中介的从业人员，大多数从中受益。有数年从业经验的房地产中介以及那些售楼人员，相当比例的都会有两三套房子。这在各大中城市来说已经十分不错了，最起码不会再为“逃离北上广”，还是“逃回北上广”此类问题而左右为难了，“房事”对他们来说，基本不再是个事儿。

我们回过头来梳理，很容易发现房地产连锁中介的发迹过程基本上与我国的房地产行业周期和城市化进程紧密关联。我国房地产中介连锁机构，出现在2000年前后，房价的每一次上涨都将其发展推到一个新的高度。虽然这个行业的机构越来越多，从业人员也如同过江之鲫，但整体上的生存状况似乎并没有受到多大影响。房地产中介在很大程度上还在不经意间扮演着一些比较特殊的角色：其一，小广告清理义工。被称为“城市牛皮癣”的小广告，比例最大的就是跟房屋出租出售有关。此类小广告本来就同房地产中介的商业模式存在竞争关系。因此，数以万计的房地产中介一项非常重要的日常工作就是拉网式消灭房屋租售类的小广告。在相关人员数千天如一日坚持不懈的努力下，不少城市最近几年的“牛皮癣”顽疾有了明显改善。其二，房地产价格真实的掌握者和咨询渠道。房子是非常特殊的商品，其价格跟地段的关联性最大，大致属于个性化比较强的东西。你无论买房子或者卖房子，无论是租住还是出租，很多时候都不太容易掌握动态的行情。在这种情况下，房地产中介会成为你较为理想的免费咨询机构。当然，这样也给他们炒作房价、租金预留了很大的空间。其三，房价助推手。在房地产中介那里，房屋租售信息与经纪服务在更大程度上是一种金融产品。他们每隔一段时间就会给那些不动产拥有者打电话，询问房屋是否要出租或出售。在交流行情的时候，适当抬高业主对价格的预期。当大多数业主都受到同样的价格暗示后，租售价往往就会真的一点一点被炒高了。当一个城市数以万计的从业人员都在共同讲一个故事的时候，价格在某种程度上是可以被操纵的。

房地产中介服务的营收要来自于按交易金额比例来收取佣金，当然还有其他的一些手续费。因此买卖双方的“交易额”对房地产中介的收入来说至关重要。在过去十多年的时间里，我国各大中城市房价整体趋势一路上扬，而且受投资性购房的影响，二手房交易、房屋换租一直保持着较高的频率。因此，房地产中介才能以极快的速度发展壮大，店铺数量出现膨胀，而且在底商中的占比越来越高。一线城市有个非常有趣的现象，饭馆、便利店和服装店受租金与人工成本上涨等因素影响，相对来说，在底商中的稳定性比较差，而房地产中介、投资担保公司却欣欣向荣，以更快的速度实现着野蛮生长。这种现象可以看作是房地产行业的一个晴雨表，也可以看作是包括投资创业环境在内的整个宏观经济走势的晴雨表。其中隐藏的一些问题，分析起来比较复杂，有点“乱花渐欲迷人眼”的感觉，我们在这里也不做详细分析。但这种现象最起码说明房地产中介的赢利能力比较强，在国民经济的各个部门当中处于较高的水平，其增长速度，既能跑赢GDP，也能跑赢房租，从业人员相对来说也过得比较滋润。

售楼团队外包商业模式在过去十多年的时间里大致经历了类似的情况。我初中时的一位同学，2000 年到北京当售楼小姐，2003 年开始自己组建售楼团队，承接新楼盘销售业务。到 2012 年，她在北京城区有 3 套房子，郊县有 5 套房子，两口子都开宝马，正准备全家移民加拿大。2013 年新楼盘不太好卖，没有达到她预期的效果。她还是希望将自己的事业一直做下去，如果遇不到好的项目，按照她的设想，35 岁选择退休也未尝不是一件很好的事情。我认识的另外一个大姐，现在 40 多岁，在大连也同样做着售楼团队外包业务。但她 2000 年就开始自己组建团队，最初几年以住宅为主，到后来专门在辽宁省内做城市综合体项目。由于赶上了房地产市场最为黄金的 10 年，其财富数量也呈几何级数增长。实际上类似的故事，在过去十多年的时间里并不鲜见，真所谓时势造英雄，也可以算得上一个时代的印记。也许在未来 10 年，房地产中介和新楼盘销售外包变得越来越难做，但很多机构和从业人员，在行业的发展黄金期，该赚的都已经赚到了，按照世俗标准都还比较成功。

结合我们的六项指标来看，无论是房地产中介还是售楼团队外包，最大的好处就是“交易额”的数量值足够大。就拿现在的北京来说，成交一套房子，价值就好几百万。**在中国城市化进程急速发展的阶段，有中国购房“六一模式”的强劲支撑，各大中城市特别是一线城市和省会城市，必然会产生高房价和高频率的交易**。这种特定阶段的“天时”和“地利”极大地利好我们谈到的那两种商业模式，很好解决了“交易额”“购买频次”“接触人数”以及“转化率”这几项指标的挖潜问题。本书行将结束，从表面上看，我们谈的是六项指标，其实更大程度上谈的是六项指标的平衡。一个项目或商业模式，如果在个别指标上存在硬伤，只要将另外的几项指标调到极致，模式在整体上还是可以成立的。六项指标全都过硬的商业模式，在现实中是极为罕见的，几乎所有的商业模式，其中的某几个指标上，都不是太理想，或多或少存在硬伤。一个好的项目，是能够在这六项指标中找到显著的亮点，或者是通过自己的创意和努力，能够让其中的某几项指标尽可能地释放出潜力。在本案例中，相关的佣金比例，实际上是相当低的，也可以看成是项目本身的硬伤。但在特定发展阶段上，“交易额”“购买频次”“接触人数”和“转化率”这些指标足以对冲低佣金比例，使得房地产中介和售楼团队外包还是门非常不错的生意。其实矿产、粮油、煤炭、金属等大宗交易品贸易，“利润率”往往都很低，关键在于“交易额”具有很好的想象空间。

图书在版编目（CIP）数据

你的项目靠谱吗 / 刘如江著 . —长沙：
湖南人民出版社，2014.10
ISBN 978-7-5561-0226-6

Ⅰ . ①你… Ⅱ . ①刘… Ⅲ . ①公司—项目管理
Ⅳ . ① F276.6

中国版本图书馆 CIP 数据核字（2014）第 066730 号

©中南博集天卷文化传媒有限公司。本书版权受法律保护。未经权利人许可，任何人不得以任何方式使用本书包括正文、插图、封面、版式等任何部分内容，违者将受到法律制裁。

你的项目靠谱吗

作　　者： 刘如江
出 版 人： 谢清风
责任编辑： 胡如虹
项目监制： 于向勇
特约编辑： 袁开春
装帧设计： 主语设计
内文排版： 百朗文化

出版发行： 湖南人民出版社［http：//www.hnppp.com］
地　　址： 长沙市营盘东路 3 号
邮　　编： 410005
经　　销： 新华书店

印　　刷： 北京天宇万达印刷有限公司
版　　次： 2014 年 7 月第 1 版
2014 年 7 月第 1 次印刷
开　　本： 787mm × 1092mm　1/16
印　　张： 18.5
字　　数： 300 千字
书　　号： ISBN 978-7-5561-0226-6
定　　价： 48.00 元

（若有质量问题，请致电质量监督电话：010-84409925）